中国与世界丛书

丛书主编：王健

吴泽林　著

中国跨国行政合作研究

上海人民出版社

丛书总序

2018年6月，习近平总书记在中央外事工作会议讲话中指出："当前中国处于近代以来最好的发展时期，世界处于百年未有之大变局，两者同步交织、相互激荡。"

中国处于近代以来最好发展时期的一个重要标志，就是中国特色社会主义建设进入了新时代，中国与世界的关系越来越紧密。首先，我国的综合国力上了一个新台阶，在全球的地位不断上升。2018年，中国的国内生产总值达到13.5万亿美元，居世界第二位，约占全球经济总量的16%。与此同时，中国还是世界第一大货物贸易国、第二大服务贸易国、近130个国家和地区的最大贸易伙伴和最大出口市场、世界第二大对外投资国。特别是中国已经成为世界经济增长的主要引擎，这些年对世界经济增长贡献率每年超过30%。2018年《全球竞争力报告》显示，中国在全球竞争力排行榜列第28位，是最具竞争力的新兴市场国家之一。其次，中国的国际话语权不断得到增强，越来越走近世界舞台中央。目前，中国在世界银行和国际货币基金组织中的投票权仅次于美国和日本，居世界第三。中国在联合国、世界贸易组织、二十国集团、金砖国家合作机制等多边机制发挥越来越重要的作用，是亚太经合组织、亚信、东亚"10+3"等区域性国家组织或机制的重要成员，还积极创建了上海合作组织，创设了亚投行、新开发银行等国际金融机构、在一系列的重要国际活动中，中国提出了一系列新的外交理念和倡议，如全球治理观、正确义利观、发展观、安全观、合作观、全球化观、新型国际关系、人类命运共同体，并积极推动"一带一路"建设。目前，120多个国家和29个国际组织同中方签署了"一带一路"合作协议。"一带一路"倡议提出6年来，中国同共建"一带一路"国家贸易总额超过6万亿美元，中国企业对沿线国家投资超过900多亿美元，承包工程营业额超过4 000亿美元。中国同沿线国家共建的82个境外合作园区为当地创造近30万个就业岗位，给各国带去了满满的发展机遇。最后，中国承担了与自身发展阶段、应负责任相称的国际义务。中国是联合国会费第二大出资国、联合国维和行动经费第二大出资国、安理会五个常任理事国中派出维和人员最多的国家。中国派出维和人员3.9万余人次，参与维和任务区道路修建工程1.3万余千米，运输总里程1 300万千米，接诊病人17万多人次，完成武装护卫巡逻等任务300余次。中国积极参与反恐、打击海盗等国际合作，中国海军在亚丁湾、索马里海域护航行动常态化。中国积极推动朝鲜核问题、伊朗核问题、巴以问题、叙利亚问题、阿富汗问题等地区热点问题的解决，坚定支持《巴黎协定》。党的十八大以来，中国政府援建重大基础设施项目300余个，实施民生援助项目2 000余个，为受援国培训各类人次近40万名，提供紧急人道主义援助177批次（累计受益人口超过500万人）。中国解决了13亿多人民的温饱问题，减少了7亿多贫困人口，仅过去5年就减贫6 800多万人，占全球减贫人口总数的70%以上，率先实现贫困人口减半的联合国千年发展目标。当然，虽然取得了历史性的进步，但我国基本国情和国际地位并没有发生根本性变化。人均国民生产总值虽然超过9 000美元，但仅仅是美国的七分之一，欧盟的四分之一，在世界上排72位，人均自然资源占有量远低于世界平均水平。同时，我们还有相当数量的贫困人口，城乡、地区差距仍然很大，发展水平总体还处在从中低端向中高端过渡阶段。因此，中国既是一个世界性综合实力很强的大国，又是一个人均收入较低的世界上最大的发展中国家。

今天，中国与世界的关系早已超越了以往任何一个时代。中国深刻地影响着世界，百年未有之大变局下的世界也会更深刻地影响到中国的未来发展。如何看待世界正处于百年未有之大变局，学术界有不同的看法。我以为，要跳出百年看百年，从一个较长的历史视角来观察，或许有助于我们正确把握和认识这一判断。所谓百年未有之大变局，是因为我们正处于全球化发展调整期、世界权力结构转移期和科学革命发展孕育期这三个历史长周期的叠加期，所以矛盾深刻、形势复杂。

首先，全球化发展到今天，出现了一些严重失衡问题，亟须调整。例如，在空间发展上的不平衡。1453 年是一个人类历史上值得予以高度重视的年份。这一年，君士坦丁堡被奥斯曼土耳其帝国攻陷，拜占庭帝国覆灭。此后，奥斯曼土耳其帝国逐渐控制了欧亚地区，试图独占古代丝绸之路的商业利润。但陆路受阻，却迫使葡萄牙、西班牙等欧洲国家积极开辟新的海上贸易航道，推动了大航海时代的到来，世界开始通过海洋连为一体。据统计，全世界经济总量一大半集中在沿海岸带 300 千米之内的地区，美国、日本、欧洲等发达经济体皆是如此，中国也不例外。最近英国的中国经济史研究发现，并非中央对内地不重视，而是大航海时代开启后，东部沿海地区越来越多地卷入全球化，而内地因远离海洋而拉开了与东部的发展差距。突出的表现就在于货币白银。沿海地区获得了大多数的美洲白银，而内地则被海洋时代所抛弃。于是，沿海与内地的资本积累差距日益扩大。从 2016 年美国大选结果和美国各州收入水平相关性来看，沿海地区，特别是西太平洋沿岸地区绝大多数支持全球化，而特朗普和共和党的得票主要来自中西部内陆地区。

又如，文化交往上的不平等。在全球化过程中，很长一段时间是帝国殖民统治下的全球化，而殖民帝国统治下的文化交融不可能是平等的，还往往把宗教作为殖民扩张的工具，这就必然导致文化融合不足，冲突加剧。冷战后，这一文明或文化冲突又伴随着移民流动在全球扩展。其实，就目前全球经济发展来看，一些发达国家和地区如果要维持经济增长，需要大量移民。美国学者布赫霍尔茨提出过一个“25 年法则”，即在现代工业化之后的社会，假如一个国家在连续两个 25 年(也就是两代人)的时间内，国内生产总值的平均增长率超过 2.5%，那么这个国家的生育率就会降至人口置换率的水平，即每个妇女有 2.5 个孩子。如国内生产总值连续增长三代人的时间，那么其生育率通常会降至 2.1，该国就需要通过移民来保持稳定的工作人口。但现实问题是，移民并不仅仅是一个移动的生产要素，他还是一个文化载体，一旦文化交融受阻，就会造成冲突，影响社会稳定。里夫金在 15 年前就撰文指出：移民问题是对“欧洲梦”的根本考验。欧洲每年必须招募至少 100 万移民，但与此同时，移民潮又将威胁甚至压垮已经十分紧张的政府福利预算和人们自身的文化认同。

再如,受益与责任上的不对等。全球化中,受益最大的是跨国公司。它们不仅在全球配置各种资本、劳动力、技术等资源,甚至还配置了税收。例如,美国有些跨国公司直接将外国赚取的利润留在低税率国家不拿回来,或更有甚者,将美国赚取的利润"转让定价"出去放在国外,以"递延"交税。有些干脆不满足于"递延"交税,直接将总部迁出美国,迁到低税率国家,这样,跨国公司在外国的收入直接避免了在美国的纳税。2004 年至 2013 年,47 家跨国公司总部迁离美国。这就是所谓的母子倒置交易。据美国税收和经济政策研究所分析,截至 2016 年年底,世界 500 强跨国企业中,有 367 家在离岸避税地累计利润约 2.6 万亿美元,这使得美国政府每年损失 1 000 亿美元,相当于政府公司税收入 3 000 亿美元的三分之一。2.6 万亿美元离岸利润里,其中四分之一是来自苹果、辉瑞、微软和通用电气这 4 家公司,离岸利润最高的前 30 家公司合计超过 1.76 万亿美元。而政府主要是靠税收来提供公共服务的,这样就导致了受益和责任的不对等,影响了政府促进科技、教育和公共卫生等的发展。罗德里克在《全球化的悖论》一书中就提出了"全球化不可能三角"理论,即经济全球化、民主制度与国家主权三者不可能兼容。政府是每个国家的政府,市场却是全球性的,这就是全球化的致命弱点。这一弱点,加上事实上全球资源配置中的不平衡、不充分,就产生了全球化的另一个大问题:收入差距拉大。以美国为例,美国收入排名前 1%的人,其财富占比达到居民财富总额的 24%。斯蒂格利茨将这种现象调侃为"百分之一有、百分之一治,百分之一享"。美国布鲁金斯学会发布的一份报告显示,近几十年来美国工人的实际工资增长几乎停滞。1973 年至 2016 年,剔除通胀因素,美国工人实际收入年均增长 0.2 个百分点。报告同时指出,虽然过去 50 年美国经济取得长足进步,但处于中间 60%的中产阶级家庭收入变化很小。这一趋势在与收入最高的 20%的人口相比时更为明显:中产阶级家庭收入自 1979 年至 2014 年的真实增长(剔除通胀因素)仅 28%,而同期收入最高的 20%的人口的增长是 95%。更为重要的是,在过去这几十年中产阶级家庭取得的收入增长,全部都来自家庭中女性开始出门工作的贡献。由此可见,美国中产阶级正在逐渐贫困化,而这些失败人群成为了反全球化的主要力量。

总之，全球化发展到今天，确实存在问题和失衡，目前正进入再平衡过程。但是，全球化是人类发展的必然趋势，如何正确应对和协调，事关全球经济的稳定和繁荣。

其次，世界力量和权力格局又迎来了新一轮的权力转移期。肯尼迪《大国的兴衰》一书从战略角度，以500年的世界政治史为背景，探讨了经济与军事的关系及其对国家兴衰的影响。从中可以看出，世界权力结构大约100年出现一次更替。16世纪是葡萄牙、西班牙称雄的时代，17世纪是荷兰的黄金时代，18世纪中叶到19世纪末是由英国主宰，而19世纪末开始美国逐渐夺取全球霸主地位。正可谓"为见兴衰各有时"。当前，世界力量和权力格局的一个重要变化就是新兴市场和发展中国家的整体崛起。2018年7月，习近平在金砖国家工商论坛上的讲话指出："未来10年，将是国际格局和力量对比加速演变的10年。新兴市场国家和发展中国家对世界经济增长的贡献率已经达到80%。按汇率法计算，这些国家的经济总量占世界的比重接近40%。保持现在的发展速度，10年后将接近世界总量一半。"而其中，最为突出的就是中国的崛起。2000年中国的国内生产总值只有美国的10%多一点，但是目前已经接近美国的70%。特别是中国社会主义现代化的目标越来越清晰，世界社会主义运动在中国特色社会主义的带动下开始走出低谷，中国改革开放以来的发展经验引起越来越多发展中国家的关注，这引发了美国战略界的焦虑，并开始把中国视为美国主导的世界体系的修正者和美国世界领导地位的挑战者。2017年以来，美国多份战略报告明确将中国定位为"战略竞争对手"和"修正主义者"。美国副总统彭斯、国务卿蓬佩奥先后指责中国是与美国争夺世界主导地位的"坏人"(bad actor)。《华盛顿邮报》记者金斯指出：新的对华政策融合了国家安全顾问博尔顿的鹰派观点，国防部长马蒂斯的战略定位，白宫贸易顾问纳瓦罗的经济民族主义立场，以及副总统彭斯以价值观为基础的主张。美国学者白邦瑞在《百年马拉松》一书中强调，中国有一项百年计划，就是通过取得西方技术，发展强大经济，最后取代美国成为世界超级大国。哈佛大学肯尼迪政府学院首任院长艾利森认为，在国际关系研究领域，"修昔底德陷阱"几乎已经被视为国际关系的"铁律"。从

16世纪上半叶到现在的近500年间,在16组有关"崛起大国"与"守成大国"的案例中,其中有12组陷入了战争之中,只有4组成功逃脱了"修昔底德陷阱"。虽然中国一再表明,中国无意改变美国,也不想取代美国,并主动提出构建中美之间"不冲突不对抗,相互尊重,合作共赢"的新型大国关系。但是,美国从维护自身的霸权地位出发,将中国的发展壮大视为对美国的挑战和威胁。其实,在美国的"战略词典"里,哪个国家的实力全球第二,哪个国家威胁到美国地位,哪个国家就是美国最重要的对手,美国就一定要遏制这个国家,以往对苏联、日本等国的打压都是有力的例证。为此,目前,美国对中国的崛起从贸易、科技、教育、文化、军事等方面实施成体系性的总体遏制,甚至不惜与中国"脱钩",而这也使得全球安全环境发生了新的变化,即传统安全议题复归主导地位,大国地缘政治博弈加剧,民粹主义上升趋势不减,导致了世界局势更加不稳定、不确定。世界经济论坛最新的《全球风险报告》指出,93%的受访者认为大国间的政治或经济对抗将更加激烈。如何避免中美之间的结构性权力冲突,能否跨越"修昔底德陷阱",不仅关乎中美两国未来的发展,也关乎世界的和平与发展。

最后,科学革命进入了发展孕育期。当前世界正处于新一轮技术创新浪潮引发的新一轮工业革命的开端,全球各主要科技强国都在围绕争夺新一轮科技革命的优势地位进行博弈。新一轮技术革命和产业变革是互联网、大数据、云计算、人工智能与传统的物理、化学和机械等学科的相互结合,是以人工智能、机器人、新能源、新材料、量子信息、虚拟现实等为主的全新技术革命和产业革命,但必须指出,我们现在所有的科技成果都是应用科技的发展,基础理论还停留在20世纪爱因斯坦时代。20世纪初至40年代,人类基础科学理论有了重大突破,代表成果就是量子力学与相对论,这两项成就重建了现代物理学,让人类对自然与宇宙的认识上了一个台阶。在基础理论突破的基础上,带来了第二次世界大战后应用科技的爆炸式繁荣。20世纪七八十年代,美国基于对未来科技发展的乐观前景主动将自己的中低端制造业转移出去,积极推动自由贸易。但是,由于目前新的科学革命尚处于发展孕育期,美国自身处于"科技高原下的经济困境"。教育水平衰落、研发投入停滞、科学家地位下降等又导致美国暂时无力推动出现科学革命的新高峰，继续保持未来发展持续的科技红利。芯片的摩尔定律揭示，基础理论没有突破，应用科技早晚会走到尽头。特别是由于数字经济、人工智能等对于人口基数庞大、交易数据丰富、传统设备缺少的国家形成有利机遇，中国在市场规模、改造成本、应用场景等方面具备“后发优势”，在互联网的相关应用（包括社交、电商、移动支付等）和在新一代信息技术上（包括人工智能、大数据、5G、云计算等）取得了显著进步，这就使得美国担心在高科技领域被中国全面超越。目前看来，在新的科学革命没有产生前，现有的科技革命竞争将在存量基础理论框架内展开，会变得越来越激烈和残酷。唯有新的科学革命产生，才有可能改变目前的争夺态势，并最终决定世界力量和权力结构。

百年未有之大变局下中国的发展必然会受到外部国际环境影响，但中国自身的发展也将最终影响并决定世界格局。为此，我们要认真汲取人类发展的有益文明成果，在坚定走中国特色社会主义道路的同时自觉纠正超越阶段的错误观念，集中精力办好自己的事情，以进一步深化改革开放不断壮大我国的综合国力，不断改善人民的生活，不断建设对资本主义具有优越性的社会主义，不断为我们赢得主动、赢得优势、赢得未来打下更加坚实的基础，塑造更加有利于我国发展的外部环境，维护、用好和延长重要战略机遇期。

上海社会科学院国际问题研究所于 2015 年 3 月经上海市机构编制委员会批准，由成立于 1985 年，汪道涵先生创立的上海市人民政府上海国际问题研究中心更名组建，原上海社会科学院国际关系研究所整建制并入，核定编制 60 人。合并更名之前，吴建民大使和上海市政协原副主席、上海社会科学院原党委书记兼院长王荣华教授曾担任中心的主席，本院著名学者王志平、潘光、黄仁伟等在中心担任过领导。上海社会科学院国际关系研究所的前身东欧中西亚研究所和亚洲太平洋研究所也都是有影响力的国际问题研究机构。作为全国首批 25 家高端智库试点单位之一上海社会科学院属下的国际问题研究机构，上海社会科学院国际问题研究所面对百年未有之大变局，理应坚持以习近平外交思想为指导，牢固树立正确的历史观、大局观和角色观，坚持理论联系实际，深入探寻世界转型过渡期国际形势的演变规律，准确把握历史交汇期我国外部环境的基本特征，研判分析战略机遇期内涵和条件的变化，有力推动中国与世界的良性互动和合作共赢。为此，我们与上海人民出版社合作，将本所研究人员的一些高质量成果以“中国与世界丛书”的形式集中出版，以期为实现中华民族伟大复兴创造良好外部环境提供理论基础和政策建议。

是为序。

上海社会科学院国际问题研究所所长

2019 年 6 月 16 日

序　言

当代国际关系中有一个引人注目的现象，就是各国政府之间越来越通过跨国行政合作解决双边乃至地区和全球治理议题。诚然，过去一段时间，针对双边和多边共同议题的解决，学术界多用力于如何发挥民间、企业和社会力量，由此取得了不少成果，这些成果同时对各国外交政策也产生了一定的影响。然而，人们不得不承认的一个事实是，各国以及国际社会碰到的很多共同问题，更多地或者主要地还是需要通过跨国行政合作来解决。将政府本该发力解决的议题，完全交给民间或者企业去做，有时并非是地区和全球综合治理的有效途径。这就提出了一个重要的学术命题：各国如何发挥政府更有为的作用，通过双边和多边行政合作，有效解决各自共同面临的议题？我的博士生吴泽林大胆地选择这个前沿议题作为自己博士论文专攻方向，研究了中国跨国行政问题，他的博士论文马上就要出版了，请我作序，我很高兴，借序言的机会，想就这个问题说两句。

人们如果有心连贯、连续地阅读这些年来《人民日报》经常刊登的中华人民共和国和他国签署的外交联合声明、合作发展规划等文件，就会注意到，这些文件中包含着丰富的政治学和行政学信息，展现出很多需要双方、多方政府各个部门共同合作解决的议题。现在的外交已经并不局限于各国外交部门，一国的对外工作已经扩大和延伸到政府及其各个职能部门、立法机构、司法、地方部门，等等，这是先前所不可想象的。这些文件中提到的农业、海关、检疫检验、标准、产业、海洋、交通、卫生、网络、环境、反恐、执法安全、教育科技、人文和地方交流等各个事项，极大地开拓了对外工作的范畴，同时，所有这些事项的解决和落实，最后都需要双边和多边跨国行政来参与。也就是说，在一个日益互联互通的世界中,行政的国际延伸成为政府在推进互联互通中理所当然需要扮演的一个新的重要功能。从学术研究角度而言,囿于传统的学科割制,行政学主要关注国内治理,国际关系主要局限于双边和多边外交,前者鲜有从自己的学科角度研究跨国行政的,而后者很少想到从政府行政的国际延伸来思考地区和全球治理议题。但是恰恰在这样一个学科"两不管"的领域,实际上蕴藏着新的交叉研究的机会。吴泽林博士读书期间在阅读《人民日报》的外交声明文件中发现了这样一个议题,这种良好的问题发现意识,确实在治学中非常不易。

跨国行政命题可以触及很多学科过去没有关注到的新问题,是一个对政治学、行政学、国际关系学都很有意义的学术新命题。略作整理,就有以下一系列值得进一步研究的议题。第一,具有学科和基础理论意义的选题:例如,在目前的政治学学科和公共管理学科下面是否有必要根据形势的需要增设国际行政管理方向?国家治理和全球治理之间的关系及其协调的基本理论和方法,其对弥合国内政治与国际政治研究的鸿沟具有什么意义,以及政府的跨国合作对打通国内政治与国际政治研究以及内外政治结合的理论意义何在?进一步说,内外政治的合作对政府理论在互联互通时代的突破和创新有什么启发?第二,问题解决过程中的理论和实践议题:例如,多样类型的政府在跨国合作中如何克服多样性产生的效率问题?怎么克服不少国家由于政党轮替为政府跨国合作带来的多变性和不确定性?政府能力强弱如何影响跨国行政合作,如何解决跨国行政合作中政府行为的可预期性和政策的稳定性?能否通过政府规划之间的协调和衔接来提高政府跨国合作的效率?跨国行政成果怎样更好地在国内落实乃至监督?跨国行政的预算及其评估怎么做?跨国行政中的腐败和反腐败问题有哪些?政府跨国合作中的行政伦理或政策伦理有哪些?第三,与跨国行政有关的教学和人才培养问题:好的行政既在制度,也在人事,两者不可偏废。要推动跨国行政和双多边议题的解决,不仅需要传统的外交官,更需要高质量的参与跨国行政议题的人才。近年来,中国愈来愈重视国际组织人才的培养,从更广泛的意义上讲,国家还需要大量能够参与双边以及小多边合作的跨国行政人才,他们虽然并不在国际组织公务员序列,但同样是新时代中国特色大国外交以及全球治理人才培养的一部分。我们阅读中国外交文件，都会注意到最后部分一般都会提到政府人力资源培训和储备，说明不仅仅是中国，其他国家也意识到行政人力资源队伍对推进双边合作的重要性。研究世界上的双多边行政合作协议会发现，许多协议签署了，但是执行总是有折扣，束之高阁的也不在少数，这固然有各方面因素，但行政人才匮乏未尝不是原因之一。中国提出“一带一路”倡议之后，大量的倡议需要跨国行政来进行落实，这些倡议做得高效了、廉洁了，会为中国政府赢得巨大的政治软实力。就此来说，这确实为中国的政治学、公共管理、国际关系人才培养带来了前所未有的机遇。

最后，吴泽林博士的著作应该是国内外就中国跨国行政问题进行系统研究的少有的一本，其中存在的不足，还需要学界的批评和建议，来提醒他在这一领域继续完善今后的成果。复旦大学国际关系与公共事务学院优秀的学科生态和学科文化，使得他在这里能够完成他的博士论文。当初论文开题的时候，我也担心他这篇论文既不像行政学，又不像国际政治学，但是指导小组和答辩小组的老师们还是给予他包容和鼓励。在此，我也感谢这些老师对吴泽林博士的包容、鼓励和支持。

是为序！

苏长和

2019 年 5 月 5 日

于复旦大学文科楼

目　录

导 论

第一节 问题的提出

全球化的深入发展推动人、财、物、智在世界范围内的互联互通持续加速，在使各国生产方式深刻变革的同时，也使得各个层面的公共问题愈发凸显。这些跨越国界的公共问题很多都不是传统意义上的战争与和平问题，不属于传统外交的议程领域，而是越来越多地涉及非传统安全领域的功能性议题，包括气候变化、国际金融危机、投资风险、双重缴纳社保费，等等。这些功能性议题的出现意味着任何一个国家要想单独应对往往表现“失灵”。“失灵”的背后存在一个悖论，即一国公共事务管理的有界性与公共问题的跨界性之间的矛盾。对此，国际社会当前主要通过政府之间的通力合作与协调配合来解决。互联互通进程的扩展和深化正在显著提升这些功能性议题在国家对外事务活动中的比重，这一方面使外交部门的应对议题和工作重点逐渐发生转型，更多参与功能性议题的国际协调。另一方面要求其他处理国内功能性议题的政府部门扮演更加积极主动的对外角色。因此，传统的外交部门虽然在安全和政治领域依然处于关键位置，但不再能够垄断国家的对外职能，甚至在有些时候还略显逊色。

20 世纪 70 年代诞生的国际机制理论和冷战后出现的全球治理理论及其众多分支，虽然在治理主体、治理过程、治理理念等研究问题上存在一定的差异，但均认识到了国际议题的功能性转向和集体行动的必要性，强调行为体之间的互动与合作对解决全球公共问题的有效性。这些理论运用多种方法，探讨不同的行为体是如何就某些全球公共问题达成共识或制定出政策的，这对于国际合作理论的发展具有重要意义。然而，当国际合作理论围绕政策制定展开，即局限于决策理论的同时，政策执行受到一定的忽视，学术界对此讨论的不多。许多研究止于各国签订合作文件，很少对合作文件的执行过程进行探讨。其中可能的原因是，执行过程纷繁复杂，形式多样，涉及的影响因素和行为主体太多，很难归纳出一个总体性的分析框架，更难提炼出一个具有普遍解释力的理论。当然，也有许多学者默认这样一种假设，即合作共识达成之后会自动执行，执行是不重要的。但现实情况是，许多合作文件在签署并经过法定程序后，却在执行过程中遇到各种各样的阻碍，不能得到及时、有效的执行。例如，1985 年中美两国就和平利用核能达成共识并签署合作协定，但此后却一直未能展开；早在 2010 年就达成的国际货币基金组织改革方案，美国直到 2015 年底才经国会表决通过，同时还附加了对其拥有更大监督权的条件；中国和泰国之间的高铁建设项目一再延期更改；2011 年 9 月，缅甸总统吴登盛突然宣布在其任期内暂时搁置密松水电项目，等等。这样的例子数不胜数，现象的背后反映了现存全球治理机制“失效”的关键所在：如今，国际关系领域不缺少协议，也不缺共识，问题在于这些协议和共识如何能够得到有效的落实。互联互通的跨界属性意味着不仅决策需要各国共同制定，执行同样依赖各国协作完成。国际协议达成之后，合作执行至关重要。

在互联互通时代，作为合作执行的主体之一，各国政府的公共管理行为不再仅限于国内，而是延伸到国界之外。“行政”的跨国化趋势不可阻挡，一度“内向”的政府管理职能和管理方式产生一种“外向”的适应，政府正在呈现出一种“开放的政府管理体系”姿态。早在 20 世纪 70 年代，中国学者周鲠生就多次提到“国际行政”这一概念。2001 年，钱振明提出要将“跨国行政”作为行政学研究的新课题。[1]西方学者也在 2011 年呼吁“公共管理学研究需要一个全球视角”[2]。当今，“行政”概念不应仅仅具有“主权”概念所设定的“国内属性”，应该得到“跨国属性”的补充。这一补充使行政管理与国际关系的结合成为全球化时代的必然表现，“跨国行政”也就成为了全球化时代的新现象。国际关系的行政管理学转向是今后理论创新的一个可能途径，它可以与国际法学、国际关系学并列成为国际问题研究的三大范式。国际公共事务研究有必要更多从行政管理的视角来分析和透视，而行政管理研究也有必要更多地将国际公共事务纳入自己的研究领域之中，以期相互补充，产生理论的创新点。

对中国来说，改革开放以来，中国越来越广泛地介入对外事务，深刻参与全球治理，政府将主要精力置于国内事务的同时，也将注意力逐渐转向国际舞台。中国政府以及各个职能部门每年与各国政府和国际组织开展大量的政治、经贸、社会、文化交流与合作，签署大量的合作协议，执行这些已达成的协议成为政府的一项重要事务。据外交部的不完全统计，2017 年，中国对外缔结的国家间、政府间和政府部门间的双边条约、协定，以及其他具有条约、协定性质的文件约 267 项，参加的多边条约有 7 项。[3]更为重要的是，随着综合国力的提升，中国将承担更大的国际责任，为国际社会作出更大的贡献，中国必须加大国际公共产品的供给。2013 年 9 月和 10 月，中国国家主席习近平相继提出共建“丝绸之路经济带”和“21 世纪海上丝绸之路”(以下简称“一带一路”)倡议。截至 2019 年 3 月，中国已经同 125 个国家和 29 个国际组织签署了 173 份“一带一路”方面的合作文件，同 40 多个国家签署产能合作协议。各国之间如何通过更好的方式及时有效地落实合作协议，如何更好地使中国提出的国际公共产品“落地”，成为中国面临的一大考验，也是中国迫切需要研究的课题，这些都需要运用行政管理的一些理论和方法来进行分析。如果说，执行国家意志的功能被称为“行政”。那么，立足于行政管理视角，可以将共同执行国家间意志的功能称为“跨国行政合作”。本书将尝试以中国为研究对象，对中国参与跨国行政合作的历史实践进行归纳，并逐一回答以下几个问题。本书的结构正是基于对这些问题的回答：

(1) 从宏观层面来说，中国参与跨国行政合作的机制结构经历了怎样的发展与变革？目前的整体面貌是怎样的？

(2) 从微观层面来说，中国参与跨国行政合作的运行过程是怎样的？有哪些方式和特点？运行过程受哪些因素的影响？

(3) 中国参与跨国行政合作的发展趋势是怎样的？面临的机遇和挑战有哪些？

第二节 既有研究及评析

对跨国行政合作的研究，可以从全球行政法、全球公共政策、国际公共管理、跨政府关系等视角得到一定的启发。

一、全球行政法视角

行政行为的跨国化现象因其跨国属性不能用国内法来进行解释，又由于其以行政部门为主体，而得不到国际法上的承认。面对解释困境，法律界学者尝试提出“全球行政法”概念，旨在研究行政行为跨国化趋势背后的规范意义。国外学者很早就开始研究全球化与行政法的关系。以行政法学者阿曼教授为代表，自 20 世纪 80 年代末期即关注全球化对国内行政法的影响，指出“行政法的全球时代”需要“新行政法”。[4] 2003 年，纽约大学法学院和环境与利用土地法律中心共同创立了全球行政法研究项目，参与该项目的学者来自世界各地，已经产生了不少研究成果。该项目认为，全球行政法旨在促进或以其他方式影响全球行政机构可问责性的机制、原则、惯例和支持性的社会认同，特别是确保这些机构达到透明度、参与性、理性决策和合法性方面的适当标准以及对其形成的规则和决定进行有效审查。[5] 该定义试图在复兴历史上“国际行政法”定义的基础上赋予其新的涵义，即有关全球化及全球治理的背景下蓬勃发展的国际行政机构的一系列制度安排。[6] 全球行政法的产生必须要有一个作用场所，也就是前提条件，这一前提条件是由这一项目的代表人物本尼迪克特 · 金斯伯里(Benedict Kingsbury)、尼科 · 克里希(Nico Krisch)和理查德 · 斯图尔德(Richard B.Stewart)所提出的“全球行政空间”(global administration space)的存在。他们在 2005 年发表的《全球行政法的产生》一文中认为，全球行政法出现的背后是应对以下领域全球化相互依赖所产生后果的跨政府规制管理的范围和形式的急剧扩张：安全、对发展中国家发展和金融援助的条件、环境保护、银行业和金融规制、法律实施、电信、货物与服务贸易、知识产权、劳工标准以及包括难民在内的跨境人口流动。分散的国内规制和管理措施越来越难以有效应对这些后果。因为，各种跨国规制体系或规制合作通过国际条约和较为非正式的政府间合作网络建立起来，使得许多规制决策从国内层面转移到全球层面。“全球行政”由国家、个人、公司、非政府组织和其他组织等多元主体构成。主体领域、规制目标、规制问题的差异决定了全球行政机制中多元主体的组合。全球行政规制可以被划分为五种形态：(1)正式的国际组织行政；(2)基于国内官员之间合作安排的跨国网络所实施的共同行动的行政；(3)由国内规制者在网络和其他合作机制下实施的分散行政；(4)政府间和私人混合型安排的行政；(5)具有规制职能的私人机构的行政。他们也强调，在实践中许多层次是相互重合的。[7]这一划分以规制主体为依据，丰富了“全球行政空间”的研究内容。

在“全球行政法”概念提出后，中国学者对“全球行政”及“全球行政空间”有了一些新的思考。[8]林泰较早对这一问题进行系统关注和研究，他同样依据权力行使主体对“全球行政”进行划分。与本尼迪克特·金斯伯里等学者不同的是，他认为，国际组织的内部行政同样是全球行政的重要组成部分。[9]事实上，对于国内行政来说，组织的内部行政是否能够被称为行政管理一直以来具有争议。可以说，全球行政法以全球行政空间为基础，事实上是把全球治理视为一种行政过程，更贴切地说，是一种国际化了的行政行为或行政关系的国际化，把已经泛化了的“全球治理”概念机制化、细致化、可操作化。而承担这样一种行政管理职能的国际组织和联系网络的作用正在增强，影响正在增大。[10]李虹的研究表明了这种认识的合理性，她认为“为了提高公共问题的解决效率和共同利益的实现效果，各国政府和行政机构之间的非正式联系增强，较少使用多边条约、公约等传统国际法方式，而通过大量非正式的行政手段处理公共难题，从而使国内常见的行政手段在跨国家和次国家层次上广泛呈现，在客观上使许多行政决策从国内层面转移到全球层面”[11]。一些学者对国际组织法进行研究。比如，陈一峰认为，国际组织日益成为全球治理的行动者，同时国际组织的官僚化也不断提高，责任缺失现象引起国际社会的广泛关注。这种新的发展趋势要求对国际组织法研究方法和旨趣进行变革，即从关注国际组织内部组织架构，到关注国际组织的外部权力行使及其正当性。[12]高秦伟则以食品安全标准为例，探讨了跨国私人规制的合法性与规范性问题。[13]

作为全球行政法的前提条件，“全球行政”及“全球行政空间”的研究为我们分析跨国行政合作提供了一个广义图谱(见表0.1)。全球行政空间从主体上看是多元的，范围上具有多重维度，方式上以不具有约束性的非正式安排为主。全球行政和全球治理一样，也面临着问责机制、参与性、透明度、合法性、公共性等规范性因素的质疑和挑战。为研究全球行政法对全球行政空间的规制作用，为追求将"全球行政法"作为一门独立的学科，全球行政法学家将"全球行政"作为一个整体内容进行探讨，这促进了跨国行政合作理论在规范层面的发展。

表 0.1　全球行政的广义图谱

	双边	多边	地区	全球	单边
正式的国际组织行政	√	√	√	√	
官员跨国网络	√	√	√	√	
单边域外管辖					√
公私混合行政	√	√	√	√	
私人机构行政	√	√	√	√	
组织内部行政					√

二、全球公共政策视角

"全球公共政策"与"全球行政法"的差异在于不同的关注角度，"全球行政法"聚焦规范意义，涉及合理性与合法性问题。而"全球公共政策"聚焦国际公共事务，目的在于解决国际公共问题，回应国际共同需求，提升国际公共福祉，是一种经验研究和技术性实践，也涉及约束性程度问题。"全球公共政策"在 20 世纪 80 年代就已提出，其背景一方面来自国际组织的大量涌现，另一方面在于跨国公共问题的显现以及集体合作意识的形成。近年来，许多学者将"跨国行政"与"全球公共政策"联系在一起。这些学者关注国际体系中总体的规制安排，探求背后的多元主体及价值观念。[14]全球治理使传统上仅限于一国国内的公共行政与跨越国界的政策制定连接在一起。比如，黛安娜·斯通(Diane Stone)和斯特拉·拉迪(Stella Ladi)将"跨国行政"定义为"公共部门和私人机构对全球公共政策的规制、管理和实施"[15]。也就是说，她们将跨国行政看作是能够对全球公共政策产生重要影响的一种行为，其中，各种公共机构、私人机构或混合机构是全球公共政策的执行机构，她们称之为“跨国政策行为体”(transnational policy actors)。

全球公共政策研究跟踪具体的国际实践，一般以案例研究为主且覆盖的内容相当广泛，强调问题的跨国性质和共同解决。萨拉·迪尔多夫·米勒(Sarah Deardorff Miller)将全球公共政策的特点总结为:过程导向、议题驱动、规范主导。[16]学者们一般认为，全球公共政策过程主要包括以下几个阶段:问题建构、议程设置、政策决定、政策执行、政策评估。[17]全球公共政策可以划分为全球经济政策和全球社会政策，两者分别对国际关系中的跨国经济行为和跨国社会行为进行规制。[18]从全球经济政策来说，随着世界各国相互依赖程度的加深，一国的经济政策越来越可能产生较大的外部效应，而经济政策的负外部性可能与其他国家的政策产生一定的冲突。于馨淼研究了各国反垄断法由于域外适用引发国家管辖权冲突，从而推动国际协调与合作的问题，在归纳了世界上主要反垄断合作模式及其优缺点后，对中国提出了许多建设性的政策建议。[19]崔晓静研究了旨在解决恶性税收竞争和逃避税问题的国际税收行政合作，重点关注全球税收论坛的同行评议机制和经合组织推崇的《多边税收征管互助公约》这两个具有一定约束力的合作机制。[20]陈楚钟研究了由于跨境上市引发各国监管机制冲突，从而推动的跨境上市国际监管合作，值得注意的是，其书中不仅分析了国际金融监管的硬约束合作，还分析了有非政府组织参与的软约束合作。[21]全球社会政策致力于为人类制定最基本的卫生、教育、工作、环境等准则，哈迪·马穆杜(Hadii Mamudu)等学者研究了世界卫生组织颁布的《烟草控制框架公约》(the Framework Convention for Tobacco Control)在各国的接受与执行情况，认为跨国行为体的学习能力、政策的机制化程度、国内各行为体之间的博弈、科学依据的正确性以及社会经济的发展水平决定了这一全球公共政策在国内的实施效果，因为这些因素在各国相差极大，因而执行效果不一，甚至在许多国家面临挑战。[22]这一研究强调了国内政策环境的重要性。妮古拉·耶茨的《理解全球社会政策》(*Understanding Global Social Policy*)一书可以说是全球社会政策领域的集大成者，对全球人口政策、全球劳动力政策、全球健康政策、全球教育政策等都有详细描述，[23]给我们提供了一个关于全球社会政策的总体概览。

总的来说,全球公共政策研究主要关注以下问题:全球公共政策是否存在,全球公共政策的形成原因和演变机理,制定和执行全球公共政策的行为主体,全球公共政策参与者之间的博弈过程,制定和执行全球公共政策所依托的平台和形式,全球公共政策的规范基础,参与全球公共政策和执行网络的动因,影响全球公共政策贯彻和执行的影响因素,等等。在对这些问题进行初步回答之后,部分学者并不局限于案例研究,而是尝试在总体层面对这些问题进行理论构建和规范分析。比如,黛安娜·斯通创造了一个新词——"全球集市"(global agora)用来指涉全球政策产生的全球公共空间,指出这一空间兼具物理性质、政治性质和社会性质,着重论述了国际公务员、走向国际化的公共部门以及跨国政策专家等跨国政策共同体在这一空间中的作用。[24]刘伟运用政策科学理论,把政策过程划分为问题确认、共识达成、政策制定和政策修改四个阶段,将政策类型划分为构成型政策、再分配型政策、规制型政策和分配型政策四种,以他们的模式组合构建了一个全球公共政策的演化路径模型,[25]为我们理解全球公共政策的形成和变迁提供了一条有益的线索。

三、国际公共管理视角

国际公共管理理论第一次将公共管理与国际关系正式连接了起来,致力于从公共管理视角解释和指导国际公共问题的解决,将其视为一种管理行为,涉及组织、预算、决策、执行等环节。[26]王乐夫等学者最早主张"有必要在国际公共事务的研究中更多地采用公共管理的视角,公共管理研究也应该更多地将这类公共事务纳入自己的视野之中"[27]。他们将公共事务分为国家公共事务、政府公共事务、社会公共事务、国际公共事务。因而,公共管理也包括国际公共管理,指"公共部门对涉及国与国之间等相关的国际性公共事务进行管理的社会活动"[28]。吴显庆等学者最早出版了相关著作——《国际公共事务管理》,[29]认为国际公共管理是"对包括国际公共问题(含全球问题)在内的国际公共事务的处理、控制、协调、缓和、缓解和解决并制定规则的活动,特别是指执行规则的活动"[30]。有学者将全球治理与国际公共管理联系起来,指出"全球治理是国际公共管理的新发展，是全球化时代全球公共事务的管理方式"[31]；"国际公共管理已经成为全球治理的重要特征"，甚至认为世界政治正在"官僚化"。[32]也有学者指出两者之间的区别，认为全球治理是一种强调协调的理想模式，而国际公共管理是一种既强调合作，也使用控制的微观实践。[33]此外有学者在探讨全球化对行政管理的影响时谈到了"行政管理全球化"这一现象。[34]

国际公共管理理论既有规范研究，也有经验研究。从规范研究来说，学者们将公共管理对公共性、合法性等问题的探讨延伸到国际公共管理理论。比如，王乐夫、王伟权和阙天舒等学者在国际公共管理中对公共性和合法性等概念做了全新的解读。他们认为，国际公共管理主体的合法性基础与主权国家是相当不同的，其合法性基础较为薄弱，还不具有对各国人民有所交代(即负责任)的机制，也就是不具有普遍性。这与国际公共管理往往不太遵循民主原则，而是利益与强制原则建立起来是分不开的。[35]从经验研究来说，有一类研究主要关注政府间国际组织。沈德昌回顾了中国参与国际公共管理的过程，将其分为有限参与、逐渐融入、全面参与三个阶段。[36]外国文献对国际公共管理的研究也集中于国际组织，[37]视角正从"政府间国际组织的独立性问题转变为，当政府间国际组织制定全球公共政策过程中，形成和阻碍其独立影响的因素有哪些"[38]。另一类研究强调国际公共管理中的多元行为体，除了国际组织之外，还包括国家、跨国公司、第三部门、个人等，他们由于自身所处的环境不同，对国际事务的影响也不同。随着经济全球化的迅猛发展，非国家行为体积极参与国际公共事务管理活动，其影响与作用正在不断扩大。[39]也有文献从管理主义视角看待国际问题，将国际公共管理视为微观管理。张磊对国际公共管理的管理工具做了分类，在自治型、参与型、混合型和强制型四种类型基础上，以国际争端解决为案例，提出了不同管理工具选择的模型和依据。[40]当然，对国际公共管理的研究是广泛的，包括政治、安全、经济、社会等各个领域。可以看到，国际公共管理作为全球化时代的产物，将原本分别归属于国内层面的公共管理和国际层面的国际关系连接在了一起，两大领域在研究对象上的交叉推动了两大学科的融合发展。

四、跨政府关系视角

如果从政府间关系来看，跨国行政合作最早可以追溯到对跨政府关系的研究，而这又借鉴了国内政府间关系的研究成果。20世纪60—70年代，政治科学家逐渐认识到了多元行为体对国际事务的介入，讨论起初关注是否依据行为体的身份和活动性质定义“跨国主义”(transnationalism)。塞缪尔·亨廷顿(Samuel Huntington)认为，跨国关系不应该聚焦于行为体介入的过程中，而应关注活动本身。他将跨国主义视为一个特别的“美国模式的扩展”，以“行动自由”而非“权力的控制”为基础。[41] 1972年，罗伯特·基欧汉(Robert O. Keohane)和约瑟夫·奈(Joseph S. Nye)在《跨国关系与世界政治》一书中将“跨国关系”定义为“不受中央政府对外政策控制的跨国交流、联合与交往活动”[42]。在其后的文章中，他又提出“跨政府关系”(transgovernmental relations)的概念，将它从更广泛的“跨国关系”中区别开来，定义为：“一系列不同政府的次级部门之间的直接互动，这些互动并不受到那些政府内阁或部长们的政府所控制和指导。”[43]“跨政府关系”可以被划分为“跨政府政策协调”(transgovernmental policy coordination)和“跨政府联合”(transgovernmental coalition building)两种形式，区别在于对资源是否能够联合使用。

之后的20世纪80年代到90年代早期，大部分主流国际关系理论学者将注意力放在国际机制研究，跨国关系研究的热度随之减弱。20世纪90年代开始，随着冷战时期两极体系的解体，非政府组织、公民社会、次国家行为体、超国家行为体等一系列非国家行为体，推动国际关系走向全球治理和多层治理，预示着网络模式的到来。安妮-玛丽·斯劳特(Anne-Marie Slaughter)继而提出“跨政府网络”的研究议题，并认为，“新兴国际秩序的主要行为体不是国家，而是次国家”[44]。对于跨政府网络来说，这一现象的出现是由于“随着议题的拓宽和国际公共问题的急剧增多，官僚机构发现，如果要在一个可接受的成本范围内解决问题，必须进行有效合作，而跨国官僚机构应该直接联系而不是间接地通过外交手段”[45]。有学者将国际公共问题分为三类：第一类是共有问题，这类问题许多国家内部都存在，但不是国家间的共同问题，比如人口老龄化、城镇化、环境破坏、腐败等；第二类是跨界问题，比如污染、难民、金融危机等；第三类是国际公用物品问题。比如海洋问题、太空问题、气候问题等。[46]对这三类问题的解决发展出了安妮-玛丽·斯劳特提出的三类跨政府网络（government networks），即信息网络、执法网络和协调网络。其中，信息网络主要是各种思想、技术、经验和问题等有价值的交流。执法网络侧重加强各国监管机构之间的合作，以更好地执行现行法律法规。协调网络旨在促进贸易增长，为协调各国法律法规的复杂技术谈判提供基础。[47]正是由于政府部门间网络的增多，她提出了一个新观点，“国家没有消失，而是‘分解’了”。

五、既有研究评析

总体来看，这些理论研究范式都是在国内问题国际化、国际问题国内化的背景下对处理国际公共问题的回答，而且，这类研究范式正在逐渐由传统安全议题向功能性议题转向，研究领域逐渐扩大。因此，这些理论范式都给本书的分析阐述带来了许多启示。比如，全球行政法的分析谱系对于跨国行政合作的框架搭建具有重要的借鉴意义，国际公共管理中的管理工具和过程分析能够对跨国行政合作过程提供指导价值，全球公共政策在各国落实中的影响因素对于跨国行政合作具有类似的作用，而跨政府关系视角对于跨国行政合作中的政府部门间互动带来很大启发。当然，既有理论研究也存在一定的缺陷。

第一，既有研究主要是决策研究，而非执行研究。大多数理论主要关注国际协议的形成，强调全球治理需要协议、需要共识、需要机制、需要集体行动。理论重在描述、分析和归纳全球治理的各个领域达成了多少正式的或非正式的合作协议和共识，达成协议和共识的博弈过程是怎样的，哪些行为主体参与特定的全球治理，协议和共识的达成反映了怎样的实力对比，背后的价值理念和规范因素是什么，等等。这类“决策研究”或“执行前研究”以路径依赖的形式假设合作共识达成之后或公共政策出台之后，就会理所当然地得到贯彻执行并最终取得理想效果。共识达成,问题也就得到解决。因而,执行研究在其中没有得到应有的重视,处于“边陲”地位,国际合作理论也就与决策理论画上了等号。然而,偏重国际共识制定而忽视执行研究的做法,严重制约了国际合作理论和全球公共政策研究的发展。国际合作理论应该对执行的各个过程、环节和因素进行更为深入的探讨,反映国际合作的整体过程。

第二,既有研究忽视了政府部门的作用。无论是正式的国际组织研究,还是全球治理研究,要么将国际合作的主体设定为主权国家,将政府视为单一的行为体,要么将主体作多元理解,强调政府、企业、个人、非政府组织等多个行为体的比较优势,以此确立在全球治理中不同的角色和作用。两者始终都没有探讨政府内部的组成部分——政府部门的作用以及在国际舞台上扮演的角色。事实上,虽然政府首脑是国际舞台的主角,政府部门在国际舞台的“上镜率”不高,但各个政府部门却是各项对外承诺的实际承担者,从提出政策建议、参与议题谈判到协议的合作执行,大量的政府部门贯穿于国际公共问题解决的始终,特别是对于大政府国家,其掌握的资源较多、管理能力较强,社会力量较为薄弱,在这种情况下,更要发挥好政府的作用。盲目地强调非国家行为体的作用可能会使问题的解决本末倒置,而从政府体系视角思考国际合作,挖掘政府部门的作用和扮演的角色可能更为合适。

第三,对发展中国家关注较少。既有视角都是对全球治理参与方式的研究。然而,在这样一种“全球行政空间”或者“全球治理结构”中,对发达国家及其构建的跨国行政合作网络的研究比较多,针对发展中国家的参与和贡献的研究较少。对于国际公共管理或全球公共政策领域,研究趋势已经从联合国体系转向经济合作与发展组织,对议题引导、政策供应,以及关系到经合组织利益的问题进行探讨。对于跨政府关系研究,主要聚焦由发达国家政府或政府部门组成的非正式网络,这些探讨很少分析发展中国家对全球治理的贡献,特别是新兴经济体在协议执行中的建设性作用。

第三节 本书的章节安排

本书除导论和结论外共有五章，主要围绕研究的核心问题展开，其基本结构分为几个部分：

第一章对传统的“行政”概念进行拓展。在“行政”概念传统的“国内”属性之外加入“跨国”属性。在此基础上提出“跨国行政”的三种模式，即单边跨国行政、一体化行政、跨国行政合作。本书将“跨国行政合作”定义为“各国政府对国际共识的合作执行”。之后，本章对中国参与跨国行政合作的动因、属性、主体、方式等问题进行探讨，并将其细分为两种运行方式——联合行政与协同行政。

第二章主要从宏观层面对中国政府和他国政府建立的共同执行机制进行梳理。当今，中国已经在双边和多边层面构建起广泛的共同执行机制，形成了一个较大的合作执行网络，对协定、谅解备忘录、合作协议这三种主要的国际共识的执行起到了积极作用。本章从机制架构和机制职能角度对共同执行机制进行剖析，并对共同执行机制的影响因素进行探讨。

第三章和第四章是对中国参与跨国行政合作在微观运行层面的分析。第三章关注适用于双边和小多边合作的联合行政方式。在对中巴联合研制地球资源卫星、中哈跨界水资源管理、湄公河联合执法、共建中巴经济走廊这四个典型案例进行研究和比较的基础上提出了联合行政的运行过程，即责任分配、资源供给与协调、组织机构的设定、合作实施、评估反馈、合作协议的修正与深化等，并分析了这一过程中的影响因素。第四章主要对适用于国际组织、大多边合作、跨政府网络的协同行政方式进行研究，其有效性由各国的国际行政能力决定。“国际行政能力”是一国政府执行国际共识的能力，主要由执行意愿、执行资源、执行延续性三个因素组成。在气候变化合作案例中，本章分析了中国“整合式”执行方式中体现出来的国际行政能力。

第五章把跨国行政合作置于共建“一带一路”的背景下进行考察，探讨在中国逐渐加大国际公共产品投入之后，与各国合作执行将面临的机遇和挑战。

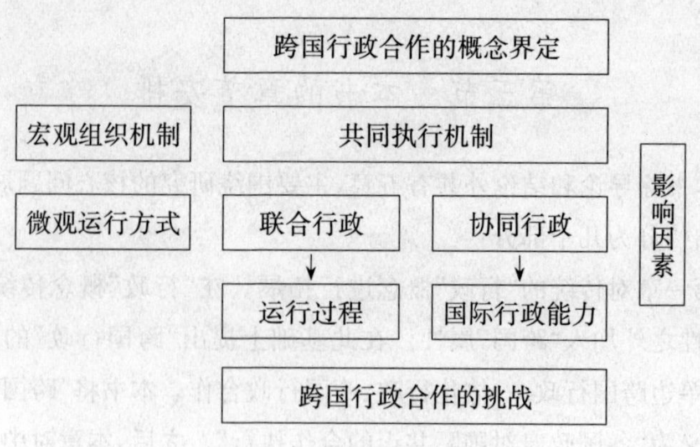

图 0.1　本书的基本结构

注释

1. 钱振明:《跨国行政:全球化时代行政学研究的新课题》,载《中国行政管理》2001年第10期。

2. Y. Hou, A. Y. Ni, O. O. Poocharoen, K. Yang & Z. J. Zhao, "The Case for Public Administration with a Global Perspective", *Journal of Public Administration Research and Theory*, Vol.21, 2011.

3.《中国对外缔结条约概况》,外交部网站,http://www.fmprc.gov.cn/web/ziliao_674904/tytj_674911/tyfg_674913/t1549798.shtml。

4. 姚金菊:《全球行政法的兴起:背景、成因与现状》,载《环球法律评论》2015年第4期,第109页。

5. 纽约大学法学院全球行政法项目网站:http://www.iilj.org/global_adlaw。

6. 林泰:《行政法国际化研究——论全球治理语境下国际行政法的产生》,北京:人民出版社2013年版,第13页。

7. B. Kingsbury, N. Krisch & R. B. Stewart, "The Emergence of Global Administrative Law", *New York University Public Law and Legal Theory Working Papers*, Paper 17, 2005. http://lsr.nellco.org/nyu_plltwp/17.引自:[美]本尼迪克特·金斯伯里、尼科·克里希、理查德·斯图尔德:《全球行政法的产生(上)》,范云鹏译,载《环球法律评论》2008年第5期,第120—122页。

8. 李虹认为,吴之英在1983年就已提出了"国际行政法"概念。同时,林泰的研究表明,张泽想教授在1990年就发表了专门性的文章——《国际行政法初探》。

9. 林泰:《行政法国际化研究》,第101—131页。

10. 林泰、赵学清:《全球治理语境下的国际行政法》,载《南京社会科学》2011年第3期,第99页。

11. 李虹:《全球行政法的概念及其证成》,载《法理学论丛》2012年(第六卷),第35页。

12. 陈一峰:《全球治理视野下的国际组织法研究——理论动向及方法论反思》,载《外交评论》2013年第5期,第113—125页。

13. 高秦伟:《跨国私人规制与全球行政法的发展——以食品安全私人标准为例》,载《当代法学》2016年第5期,第67—77页。

14. 因此,"全球公共政策"又与"跨国公私伙伴关系"(transnational public-private partnership)、"全球公共产品"(global public goods)等概念联系在一起。

15. D.Stone & S.Ladi, "Global Public policy and Transnational Administration", *Public Administration*, Vol.93, No.4, 2015, p.840.

16. S.D.Miller, "Lessons from the Global Public Policy Literature for the Study of Global Refugee Policy", *Journal of Refugee Studies*, Vol.27, No.4, 2014, p.499.

17. 李金珊、叶托:《全球公共政策的一个分析框架——为何提供、谁来提供以及如何提供?》,载《经济社会体制比较》2009 年第 5 期,第 176—177 页。

18. 许多全球公共政策直接对一国自然人进行规制,或者通过一国政府间接对自然人产生约束,规制对象不再仅仅限于国家,而是渗透进国家内部层面。

19. 于鑫淼:《我国反垄断法国际合作的模式选择》,北京:法律出版社 2012 年版。

20. 崔晓静:《国际税收行政合作的新发展及其法律问题研究》,北京:中国社会科学出版社 2014 年版。

21. 陈楚钟:《跨境上市监管的国际合作与协调——监管冲突的全球治理》,北京:经济科学出版社 2013 年版。

22. H.Mamudu, P.Cairney & D.Studlar, "Global Public Policy: Does the New Venue for Transnational Tobacco Control Challenge the Old Way of Doing Things?", *Public Administration*, Vol.93, No.4, 2015.其他关于全球健康政策的研究包括 J.K.Leon, *The Rise of Global Health: the Evolution of Effective Collection Action*, New York: State University of New York Press, 2015。

23. N.Yeates, *Understanding Global Social Policy*, Bristol: Policy Press, 2nd Revised edition, 2014.

24. D.Stone, "Global Public Policy, Transnational Policy Communities, and Their Networks", *Policy Studies Journal*, Vol.36, No.1, 2008.

25. 刘伟:《探索国际公共政策的演化路径——基于对全球气候政策的考察》,载《世界经济与政治》2013 年第 7 期。

26. 张磊:《全球化时代的国际公共管理:理论构建与事实阐释》,上海:上海交通大学出版社 2016 年版,第 5 页。

27. 王乐夫、刘亚平:《国际公共管理的新趋势:全球治理》,载《学术研究》2003 年第 3 期,第 53 页。

28. 同上书,第 53 页。

29. 吴显庆等:《国际公共事务管理》,广州:华南理工大学出版社 2007 年版。

30. 吴显庆:《当代国际公共事务管理概论》,广州:华南理工大学出版社 2007 年版。

31. 王乐夫、刘亚平:《国际公共管理的新趋势:全球治理》,第 54 页。

32. M.Barnett & M.Finnemore, *Rules for the World: International Organizations in Global Politics*, Ithaca, NY: Cornell University Press, 2004, p.165.

33. 张磊:《国际公共管理的工具与工具选择》,载《国际观察》2016 年第 2 期,第 130—131 页。

34. 胡象明:《应对全球化:中国行政面临的挑战与对策》,北京:北京师范大学出版社 2011 年版。

35. 王乐夫、李伟权:《全球化背景下国际公共事务管理主体的合法性思考》,载《中山大学学报》2003 年第 1 期;阙天舒:《公共危机的全球治理——基于公共性的回归》,载《国际观察》2016 年第 2 期。

36. 沈德昌:《中国参与国际公共管理的回顾与思考》,载《中国公共管理论丛》2013 年第 1 辑。

37. F.Heady, "Comparative and International Public Administration: Building Intellectual Bridge", *Public Administration Review*, Vol.58, No.1, 1998; J.Trondal, "Advances to the Study of International Public Administration", *Journal of European Public Policy*, Vol.23, No.7, 2016; C.Knill & M.W.Bauer, "Policy-making by International Public Administration: Concepts, Causes and Consequences", *Journal of European Public Policy*, Vol.23, No.7, 2016.

38. C.Knill & M.W.Bauer, "Policy-making by International Public Administration: Concepts, Causes and Consequences", p.949.

39. 吴显庆等:《国际公共事务管理》,第 25 页。

40. 张磊:《国际公共管理的工具与工具选择》。

41. S.Huntington, "Transnational Organization in World Politics", *World Politics*, Vol.25, No.3, 1973, pp.333—344.

42. R.O.Keohane & J.S.Nye, *Transnational Relation and World Politics*, Harvard University Press, 1972.

43. R.O.Keohane & J.S.Nye, "Transgovernmental Relations and International Organizations", *World Politics*, Vol.27, No.1, 1974, p.43.

44. A.M.Slaughter, *Global Government Networks, Global Information Agencies, and Disaggregated Democracy*, Harvard Law School Working Paper 018, 2001, pp.2—3.

45. Ibid, p.42.

46. M.S.Soroos, "A Theoretical Framework for Global Policy Studies", *Journal of Peace Research*, Vol.27, No.2, 1990, pp.310—311.

47. A.M.Slaughter, *A New World Order*, Princeton: Princeton University Press, 2004, pp.51—61.

第一章

跨国行政合作:基本的概念界定

第一节 行政概念的国内属性

要理解跨国行政合作,首先要对其核心概念——“行政”一词进行探究。无论是东方还是西方,许多古典文献都蕴含着丰富的行政思想,诸如,中国的《贞观政要》《资治通鉴》《史记》等,西方的《理想国》《政治学》《君主论》《政府论》等。张帆所著的《“行政”史话》考察了“行政”一词在中国的古典用法及其至今的演化发展,是现有关于“行政”概念研究中最为详尽的。应当来说,对于中国传统的“行政”的理解,在于“字”,而不在于“词”。根据张帆的研究,中国近代以前的辞书中并没有“行政”一词。在古文中,两者都具有独立的用法和含义。“行政”之“行”可取“实行”之意,“行政”之“政”可取“政治”或“政令”之意。[1]也就是说,中国传统的“行政”并非是一个一般名词,而是动宾结构的连用词。“行”“政”连用最早可见于春秋战国时期的《管子》《孟子》等书,在《史记》中运用的频率最高,其用法和含义对后世有很大影响。[2]“行”“政”连用即“行”其“政”,是施行国家政务之意,其主体大多与君主或大臣有关,且集立法、行政与司法三权于一身。由此可见,中国古代的“行政”概念与今大为不同。其一,只作为连用词,而非词语。其二,只讲贯彻君主权臣的意志,[3]具有浓厚的封建专制色彩。那么,“行”“政”连用是如何转变为一般名词的“行政”呢? 毛桂荣认为,鸦片战争后,中国人对“executive power”的翻译借用了古典的“行法”。流传到日本后,日本借鉴中国古典中的“行政”两字,形成“行政”概念,逐渐普及并创设行政这门独立学科。甲午战争后,在学习日本的潮流下,“行政”概念流传到中国并逐步推广。20 世纪 30 年代之后,美国的行政学开始影响中国行政学的教育和研究。[4]看来，从中国古代至近现代，虽然都有"行政"用法，但在词语结构和含义方面均有较大差异，可谓是同"名"、异"义"、异"构"。

在英语中，administration（行政）由词缀 ad 和词根 ministrare 构成，基本意思包括侍奉、伺候、服侍，与遵循指令相关，强调当事人没有多少自主决策的空间。[5]黄小勇认为，西方古代社会所谓的行政事实上只是存在于王室内部的家计服务和管理活动，属于私人性质，是指协助、服务或作为某人的管家的活动。[6]因此，在英语世界中，行政一词在古代与现代的含义[7]也不尽相同，更多是一种内部行政、私人行政、隶属行政、技术行政。随着社会生产力的提高，君主国家的建立和壮大，职能涉及范围越来越广，管辖的公共事务也愈来愈多且更为复杂，需要专业的技术部门和人才队伍来承担这样的管理活动。这种压力使得管理职位必须走出内部，从社会中选拔优秀人士来担任。至此，行政的私人隶属性质断裂，范围狭隘的私人行政扩展为国内行政，行政具有了一定的公共属性。资产阶级夺取政权后，一方面，社会化大生产加剧，资本主义由自由竞争向垄断形态过渡；另一方面，资本主义固有矛盾所引发的社会问题时有爆发，经济和社会危机此起彼伏，这促进了政府职能和行政权的进一步扩大。"政府的职能逐渐变得更加复杂，更加难以履行，并且在数量上也大为增加。新任务层出不穷，行政管理的触角也变得无处不在。"[8]由此，行政学逐渐满足了作为一门独立学科存在的条件，在西方应运而生。

"19 世纪初，在官房学、警察学、官僚制度等的基础上，德国现代意义上的行政学出现了。劳伦斯·冯·斯坦因（Lorenz Von Stein）以其《行政学》而闻名，对美国学者产生了重要影响。"[9]1887 年，第 28 届美国总统托马斯·伍德罗·威尔逊发表《行政学研究》一文，被认为是现代西方行政学理论的开山之作。他倡导将政治与行政进行分离，明确提出应该把行政管理当作一门独立的学科来研究。"政治是'在重大而且带普遍性的事项'方面的国家活动。行政管理'是国家在个别和细微事项方面的活动'。"[10]之后，弗兰克·古德诺在其《政治与行政》一书中，将政治和行政做了更为明确的区分，分别理解为国家意志的表达和国家意志的执行。[11]这部著作固化了政治与行政的二分法，对于后来的行政学研究产生了重大的影响。伦纳德·怀特（Leonard D. White）认为,“行政是完成或实现一个权力机关所宣布的政策而采取的一切运作,即对其部署所采取的指挥、协调和控制活动”[12]。古利克(L.Gulick)认为,行政就是计划、组织、人事、指挥、协调、报告、预算七种职能。[13]此后,行政学理论历经新公共行政、新公共管理、新公共服务、后新公共管理等几大范式演变,发展出政策分析、组织理论、领导科学等一系列分支理论,逐渐构筑起了西方现代行政学的理论大厦,行政学理论与体系不断丰富和完善。

就受西方行政学理论影响的中国来说,对于“行政”的定义仍然存在一定的歧义。夏书章的《行政管理学》将“行政”定义为“行使国家权力的管理活动”[14]。周世逑认为,“行政是国家行政部门为实现代表统治阶级意志的国家目的和任务,而对所属的国家职能和国家事务的组织管理活动的总体”[15]。王沪宁将行政作了广义和狭义之分:从狭义上说,行政是指“与政府有直接关联的一种活动,是围绕执行社会公共权威而展开的活动和关系,特别是与实现政治目的、制订计划和推动具体过程相关的各项活动”;从广义上说,行政是指“一定机构或部门为达到一个特定的政策目标(一般是非营利性的目标)而展开的各项管理活动。这种活动广泛存在于社会的许多部门、机构、单位、团体之中”[16]。之后,学者们对行政的定义主要沿袭这几种。[17]当今的中国政治学教科书一般都将政府职能划分为对内职能和对外职能两个部分,政府对内具有维护和巩固国家机器、促进经济发展、管理社会事务、满足文化需要等职能,对外主要是保障国家主权与安全。可以看到,对行政概念的研究,分歧主要在行政主体的界定上,即行政主体是否仅限于行政部门。

然而,无论是东方还是西方学者所做的定义以及一系列的研究范式,还是一直以来对其背后“宪政主义”和“管理主义”的争论,及对其民主性、参与性、透明度、合法性等规范层面的讨论。“行政”作为一个概念,其外延一开始就是和主权国家联系在一起的,这一理论研究所延伸出来的行政环境、行政组织、行政伦理、行政法、行政决策、行政生态及规范层面的民主行政、责任行政、法治行政、科学行政等均限定在国家内部层面探讨,以主权作为概念边界。我们可以将这一类“行政”称之为“主权行政”,即国内公共事务的管理活动,也可以说是实现统治阶级意志的一切运行方式。

第二节 行政概念的跨国属性补充

"行政"概念具有与生俱来的国内属性。哪怕在今天,行政仍然被普遍认为是一种管理国内公共事务,解决国内公共问题的活动。这类国内事务或公共问题,一方面是市场失灵所导致的负外部性问题、垄断、信息不对称、公共产品缺乏等经济性事务;另一方面是一些社会性事务的引导、组织、协调、规制、管理、规范,等等。由于国内事务是行政部门得以设置的原因,也是关注的重心。因此,除外交部和国防部之外的其他行政部门对国际事务长期以来关心较少,缺少把行政能力和资源运用到国际舞台的需求和意愿,跨越国界的行政互动并不多。

行政概念的国内属性是由"主权"概念的国内属性所限定的,主权概念涵盖了行政概念及其边界。与"行政"概念的境遇相同,政策、公共性、利益、规制、责任等概念均被"主权"概念所限定。而其背后是一种国家主义的思维方式,即对概念的界定限于主权国家边界之内。概念均有一定的外延,超出这个范围,许多概念的内涵就会发生变化,需要对概念本身进行重新认识和研究,并做出新的界定。学者们事实上总是在某一无形的范围内设计和使用概念。在运用这些概念进行研究、形成理论和搭建分析框架时,也默认了概念的边界。比如,主权、利益、责任、政策、行政等概念往往与一些隐含的词语相组合,即(国家)主权、(国家)利益、(国家)责任、(公共)政策、(公共)行政。"国家"和"公共"等隐性前提为这些概念的探讨和使用限定了范围,使这些概念均具有内向属性。这些概念的内向属性在国与国之间没有联系或缺少互动的条件下具有合理性,即国家主权的任务是维护国家利益、对本国负责,保证行政管理和政策制定在国内的公共性与有效性。然而,世界范围内的互联互通使国与国之间紧密地联系在一起,并被要求有秩序、合礼仪。这就对国家主权及一系列概念提出挑战,即如何将拥有国内属性的概念延伸到国际层面,换句话说,国际层面如何能够像国内层面一样得到充分的、负责的、具有公共性的保障?

西方对"主权"的理解和创造一开始就确立了主权的内向属性。最早提出国家主权观念的法国政治学家让·布丹(Jean Bodin)将"国家主权”定义为“超乎于公民和臣民之上，不受法律限制的最高权力”[18]。雨果·格劳秀斯（Hugo Grotius）将国家主权划分为对内主权和对外主权。他指出：“凡行为不从属于其他人的法律控制，从而不致因其他人意志的行使而使之无效的权力，称为‘主权’。”[19]至此，主权对内最高、对外独立的双重属性被较早确立，这也影响了之后大多数学者对主权的定义，形成了大多数人的固有思维。然而，这一定义来自当时要求加强王权、建立强有力的中央政府的历史情境，是为民族国家的建立提供合法性的理论支撑。在如今相互依赖的世界，这种绝对主权观显得不合时宜。二战后，许多学者基于时代变迁，对这一定义进行反思和再设计，创造出“负责任的主权”“保护的责任”等概念。这些概念一方面暗含着某些国家缺乏行使主权能力的推论，对他国的主权能力主观贬低；另一方面，同样是内向性质的，表明当一国对国内公共事务的执行能力较为薄弱时，应该得到国际社会的“帮助”和干涉。然而，这些概念并没有考虑到国家对外的主权行使能力。比如，2008年国际金融危机爆发之后，美国虽然是这次危机的起因，但其应对措施主要是不负责任地向国际社会转嫁危机，这虽然保证了较快的经济复苏，显示了较强的对内主权行使能力，似乎符合主权要求，但美国的对外主权行使能力无疑是较弱的，是一种不负责任的主权行为。遗憾的是，这一对外主权行使能力却并不属于“负责任的主权”和“保护的责任”思考的范畴，没有任何国际法、国际机制和国际规范设定了行使不负责任的对外主权能力的后果与惩罚机制。传统主权观及其当今的演变与发展仅考虑到国家对内的主权能力行使状况，并没有考虑主权的对外能力。对外主权的独立性保证了主权在国际社会的行动自由，却没有保证国际社会的稳定和有序。作为与国家一同相伴相生的产物，传统主权观一方面树立和维护了国家的合法性，另一方面也为国家“对内负责、对外任性”的姿态提供了可能。

同样的概念还有“民主”“责任”“公共”“利益”“政策”等。这些概念均有着漫长的历史发展和演变过程，许多政治和哲学家都对这些概念进行过论述。但是，这些概念只有在主权国家的知识背景下才能得到较好理解，一旦放到国际体系的知识背景下，我们便会略有茫然。比如，国际上没有世界宪法、没有全球公民、缺少回应性和乐善好施，如何把乔治·

弗雷德里克森(H.George Frederickson)所着重强调的"公共"概念运用到国际,国际上有公共吗,如何定义"公共"或"公共性"。又比如,国际上没有世界政府,那么是否存在全球政策,如果存在又如何理解,谁在制定和执行全球政策,它的合法性依据是什么,与国内的合法性依据有何不同。再比如,国际利益是代表谁的利益,国际责任又是对谁负责,等等。当这些已经被牢固地拴在主权国家知识背景下的概念被运用到国际上进行解释时,出现了一些理解性的障碍。在全球化时代,仅从国家主义视角或国内属性的思维观念理解这些概念显然降低了这些概念在国际社会中的合理性,其出现的负外部性将使概念陷入矛盾,引发争论。应当来说,与其反复创造许多适应相互依赖时代的新概念,不如对许多拥有国内属性的概念进行修正和完善,以适应互联互通世界对它们提出的新要求。我们可以从跨国主义视角对这些概念进行补充和完善。

由于人、财、物、智在国与国之间快速地流动,跨国主义视角和思维方式可以成为一种新的研究模式。[20]跨国主义视角既不像伊曼纽尔·沃勒斯坦(Immanuel Wallerstein)等学者提出的世界体系理论、英国学派探讨的世界社会理论,以及全球治理理论的一些分支等可以被称为"全球主义视角"的思维方式,将世界完全视为一个整体的研究单位,基本上放弃了主权概念,忽视了国家之间仍然清晰的边界。也不像传统的"国家主义视角",对各类具体领域或事务的研究,如认同、移民、金融、环境等完全从主权国家和国家利益角度出发。跨国主义视角既不否定主权国家的作用,又强调目前国际体系中各种问题的相互联系性,从而需要一种超越绝对主权观的新的视角和思维方式。作为一种跨学科的研究方法,它最早来自文化人类学对移民现象的关注。20世纪90年代初期,尼娜·格里克·席勒(Nina Glick Schiller)等人类学家在研究移民现象时发现,现代跨国移民行为并非像以前那样是"连根拔起"或者"一去不返"的,而是和母国维持着各种各样的密切联系,进而提出移民研究要抛弃传统的民族—国家中心范式,从更广阔的全球视角来研究族群和文化的跨国流动现象。他们使用了"跨国主义"一词来描述"由移民打造并维护的用于联结他们的母国和移居国社会的共时的多股绞合的社会关系的过程……并因此而建立一种跨越地理、文化和政治领域的社会场域"。[21]跨国主义对移民问题的研究事实上强调了某些跨界事务的双重属性，而这一特质决定了对于移民问题，既不能采用母国或移居国的属性来研究，也不能完全忽略国家边界，否定移民对各自国家的认同。这一概念提出之后，立刻引发了学者们的强烈关注。此后，社会学、政治学、国际关系学也开始采用跨国主义视角思考跨越国家边界的问题。有学者将跨国主义研究分为五种：经验跨国主义、方法论跨国主义、理论跨国主义、哲学跨国主义、公共跨国主义。其中，经验跨国主义主要描述、描绘、分类、量化新的或者潜在的重要的跨国现象和动因；方法论跨国主义对于现有的以国家为基础展开的数据进行重新分类或创造跨国数据；理论跨国主义寻求解释以及拓展现有的理论框架；哲学跨国主义以形而上的假定为前提，强调世界社会本身就是跨国性的，社会生活并非自动地被限定在国界内部；公共跨国主义创设了一个跨国主义的公共空间。[22]全球公共政策学者妮古拉·耶茨（Nicola Yeates）对方法论国家主义和方法论跨国主义进行了比较（见表1.1），她认为，方法论跨国主义一方面将跨国行为体、跨国机制、跨国活动、跨国交往作为研究重点，另一方面强调国内公共政策、管理机制、运作体系正越来越受到跨国或全球因素的影响。[23]事实上，前者强调的是国家的对外事务能力，后者强调内部事务的外部影响。这反映了从单元到体系与从体系到单元的紧密互动、相互影响、相互建构的过程，单元内部的因素不断向国际拓展，而国际因素也不断渗透进单元内部，两者具有相当大的弹性和张力。因此，有学者认为一国内部的行政管理事务以及制定的公共政策完全由本国垄断的观念已经逐渐被淘汰。一方面，公共政策的制定正越来越多地涉及跨国事务和跨国利益；另一方面，公共政策的制定正受到国际和国内的双重影响。

表1.1　方法论国家主义和方法论跨国主义的对比

方法论国家主义	强调国家内部发生的机制、联系、活动和过程	关注国内政治、政策行为体和机制对国家行政管理、公共政策的影响
方法论跨国主义	强调跨越国界所发生的机制、联系、活动和过程	关注全球政治、政策行为体和机制对国家行政管理和公共政策的影响

资料来源：N. Yeates, *Understanding Global Social Policy*, Bristol: Policy Press, 2014, p.3.

跨国主义视角要求我们对既有国内属性的概念进行改造和修正，使概念不仅具有国内属性，同时兼具跨国属性。主权观念不再是传统的绝对主权观，而是“关联主权”“联系主权”“互联主权”“集体主权”，即“相互之间发生牵连和影响的主权”[24]。国际政治是一种“关联政治”“联系政治”“互联政治”，代表着主权国家之间相互联系、相互影响、共生于国际体系之中，试图形成一种集体理性的国际秩序。一方面，这样的理解并不否定一国主权的重要性，反而认为，随着跨国问题的增多以及复杂性的加剧，主权国家的作用和责任应该更加突出和具体，并且需要具备更强的对外事务管理能力，整合更多的对外事务管理资源。国家主权在国际事务管理中并没有受到削弱，更难说正在逐渐消亡。如今的国家主权只是转变为另外一种运作方式，继续在国际事务中充当着重要的角色，发挥着重要的作用。另一方面，国家主权不能在国际体系中仅仅关注国内利益，完全的内向视野难以被国际体系所认同，主权需要承担起国际责任。由于互联互通所强化的国际问题与国内问题的连通性，关联主权要求一国在制定内部政策时充分考虑其对国际体系带来的负外部性，通过开展沟通与对话，将负外部性降至最低，关联主权也要求各国在面对跨越国界的公共问题时，寻求合作、相互协调、一同管理、共同执行合作共识。通过向国际体系“倾倒”内部“垃圾”从而仅仅解决国内公共问题确实是绝对主权观的最优选择，但这种“自私”的单边行为不是关联主权的最优选择。关联主权并不把国际体系当成一个可以任意妄为的“倾倒站”，而是一个相互尊重的“公共空间”。关联主权要求国家秉持关联责任，在行使对内和对外的国家主权过程中，既对内负责，也对他国和国际社会负责，既反映国内利益，又照顾其他国家的利益，正确行使国家主权本应具备的国内属性和跨国属性。总之，相互负责、共同承担是关联主权对外行为的基本要求。

就此，“行政”概念从古代、近代至现代继续发生着改变。古代的行政主要是“私人行政”，服务于皇帝、王室、权臣等，也称之为“内部行政”。近现代的行政可以做“主权行政”理解，服务于国家利益，背后代表着不同阶级的利益诉求和利益偏好，按照代表性的不同，资产阶级国家和无产阶级国家所体现出来的公共性的程度也不尽相同。从“私人行政”向“主权行政”的发展,不仅意味着行政对象的扩大,也意味着行政概念完成了从“私”属性向“公”属性的跨越和转变,这一概念的变化是根本性的,行政概念开始更多地从“公”属性来理解,[25]之后的发展只是“公”属性的代表性的变化而已。在全球化背景下,行政概念将有一个重要的跨国属性补充。无论是国内公共事务管理还是国际公共事务管理活动,行政概念不仅应具有一直以来的国内属性理解,也需要从跨国属性来理解。[26]在保障国内公共性的同时,也需要符合国际共识,追求国际社会整体公共性和公共利益的最大化。“关联主权”对行政提出了新的要求,行政不仅是对国内公共事务的管理,对国内政治决策的执行,也是对国际政治决策与国际共识的执行,要对所达成的国际共识负责。由于国际政治决策和国际合作的多元性,执行不再是一种线性的官僚制模式,而是不同国家政府的共同执行。“跨国行政”是行政学研究的一种新发展,正在构建起能够连接国内政治和国际政治的制度路径,使国家主权行为既满足国内属性,又满足跨国性质。当然,在国际事务管理中,行政概念仍是以国内属性为主,以跨国属性为辅,特别是当涉及根本性的国家利益时,国内属性就更为突出了。

第三节　跨国行政的模式

一、行政部门的跨国互动

随着全球化的深入发展,国内问题与国际问题的关联性,以及公共问题的跨国延伸,“行政”开始在世界舞台上展现自己的存在,原本局限于一国内部的行政管理方式开始“外向化”,作为其载体的行政部门开始展现自己的对外能力。行政部门不再把目光局限于国内,而是转向了全球,这成为互联互通时代的重要现象。

从全球层面来说,行政部门跨国互动的主要形式是在国际组织中达成并执行国际协议。各国政府为解决国际公共问题,推动互联互通,建立固定的机制,寻求集体行动。当今,政府间国际组织仍然是解决问题、参与治理最具权威和最重要的合作平台。政府间国际组织推动公共政策的形成,即对于某一个问题领域制定和达成较为普遍性和共识性的规则,这一规则有些具有约束性,而另一些则凭借自愿执行。公共政策的实施同样需要各国政府的共同执行。在贸易领域,世界贸易组织及其各项规则和协定是全球最重要的经贸合作内容,比如,技术性贸易壁垒(TBT)协定和动植物卫生措施(SPS)协定的制定要求成员国在制定技术标准时,以国际标准为基础,并且不得对贸易设立不必要的壁垒和障碍;在社会领域,由各国政府和劳动部门参与的国际劳工组织于2006年通过的《国际海事劳工公约》旨在明晰海事劳工的核心权利,提高海事劳工的生活保障标准,还通过港口国检查制度保证《国际海事劳工公约》的有效执行;[27]在环境保护和全球公域,联合国通过了《联合国海洋法公约》《联合国气候变化公约》《联合国生物多样性公约》《濒危野生动植物国际贸易公约》等合作文本。在金融领域,巴塞尔银行监管委员会颁布的《巴塞尔协议》对各国金融标准的制定与改革至关重要,协议对未参加该委员会的国家同样产生较大影响;由各国证券监管机构组成的国际证监会组织已有222个会员机构,其通过的监管准则促进和推动了各国证券监管机制的设立与革新;国际竞争网络(international competition network),通过提供信息和最佳实践的分享平台,推动反垄断规制趋同与执法合作,这对成员国来说有很大的借鉴和学习价值。从区域层面来说,行政部门的跨国互动更多体现在区域经济合作之中。无论是亚洲太平洋经济合作组织、东南亚国家联盟、非洲联盟、南方共同市场等均是由政府部门的沟通机制搭建起来的。比如,亚太经合组织在领导人非正式会议下还设有贸易部长会议、财政部长会议、教育部长会议、人力资源开发部长会议、农业与粮食部长会议等。非洲联盟除首脑会议外,还设有经济部长与财政部长会议、教育部长大会等。对于欧洲联盟而言,其已经对许多跨国问题采取一致性的行政安排,比如在经济领域,建立了共同农业政策、共同贸易政策、共同运输政策,统一的产品标准和技术规范、欧洲汇率体系等。在社会领域,许多行政权力也已经转移到了欧盟层面,比如,建立了共同边境政策、共同避难政策、共同移民政策、警务合作政策等机制。在北美自由贸易区框架下,美国、加拿大和墨西哥的环境机构设立了一个环境执行网络(environmental enforcement network),旨在增强环境规制的有效性。为推动区域经济和社会的紧密合作,各国政府有关的经济和社会部门之间建立起了广泛的对话、协调与执行机制,共同落实各国领导人业已达成的区域经济合作安排。

从双边层面来说,行政部门往往共同管理关涉双方的公共问题。在经济领域,许多国家的经济部门之间通过签署《经济贸易协定》来解决贸易问题,推动经贸的互联互通;税务部门之间通过签署《避免双重征税协定》分配各国税权,减轻跨国公司的税收负担和企业成本;海关部门之间通过签署《海关事务的合作与互助协定》提高货物通关速率,加强各国共同执法水平,提升贸易的安全性和便利性;质检部门之间通过签署《检验检疫合作协定》为各国贸易的运输提供了相互承认的准则。在社会领域也存在双边合作执行的现象,比如,社会保障部门之间通过签署《社保协定》分配各国的社保义务,避免企业重复缴纳社会保障费用,减免企业负担;公共卫生部门通过签署《卫生合作谅解备忘录》共同抵御传染病的蔓延,促进合作实验和共同研发药物;等等。可以看到,行政部门的跨国互动现象出现在多个层次,所涉及的领域也相当广泛。

二、跨国行政的三种模式

如果将所有跨越国界的行政行为均称为"跨国行政"。那么,跨国行政可以划分为三种模式,分别为单边跨国行政、一体化行政、跨国行政合作。这里先对前两种模式进行探讨,这有助于更好理解跨国行政合作。

(一) 单边跨国行政

单边跨国行政意味着政府跟随市场延伸监管权力,将监管权力伸入他国的监管范围,从而形成监管重叠,这很容易造成相关国家政府之间的监管冲突,引发他国的反对。单边跨国行政,也被称为"长壁管辖"或"长臂监管",其国内属性最高,跨国属性最低,通常是一种霸权行为。美国是"擅长"单边跨国行政的典型国家,时常进行域外规制。在金融领域,在安然和世通等丑闻爆出之后,2002 年,美国颁布《萨班斯·奥克斯利法案》,赋予美国会计监督委员会监管向上市公司编制审计报告的外国会计事务所的权力。这一法案显然造成各国管辖权冲突。日本法律界人士曾指出:“新法案会令美国的法律凌驾于日本证券和会计法则之上。”[28]在税收领域,2008 年国际金融危机爆发后,为缓解财政压力,美国总统奥巴马于 2010 年签署《海外账户税收合规法案》(Foreign Account Tax Compliance Act)(以下简称《合规法案》),旨在避免持有离岸资产的公民和永久居民逃避美国税法。然而,《合规法案》超出了原有税法的规制范围,将税收信息报告的主体拓展至外国金融机构、外国非金融机构,这样就间接约束了全球绝大部分的金融机构和非金融机构。[29]同时,《合规法案》还建立了预提税机制,即如果外国金融机构和非金融机构不履行信息报告义务,那么美国国税局将要求外国机构向美国人账户代扣代缴 30%的预提税。这一长臂管辖条款可以说对其他国家的税收主权形成了巨大挑战。此外,美国还颁布《爱国者法案》,通过规制各国金融机构打击恐怖主义和洗钱等犯罪行为,实质上是利用各国金融机构帮助美国行动。

(二)一体化行政

一体化行政是多国政府或政府官员在某一领域或多个领域创设一个超越主权国家之上的新的行政实体,这一新的行政实体能够对该领域或多个领域采取具有一定约束力的行政管理措施。一体化行政也可以被称为“同一行政”。因为,跨国化使行政最终走向另一个极端,即行政变“多”为“一”,使多个行政部门变为单一行政部门。一体化行政也就呈现出最低的国内属性和最高的跨国属性。国际政治学者经常提到,国际政治与国内政治的最大不同在于国际关系中没有一个具有强制力的中央政府,而这是一个主权国家的基本特征。一体化行政就是在世界政府不能建立的背景下,功能相近的政府之间,往往是重要的经济贸易伙伴之间建立一个地区或双边层面的跨国性质的政府或政府部门,以期对某些领域提出更具有权威性的措施和约束性的管理方式,以更广泛地照顾到各方利益。显然,这需要各国政府让渡一部分行政主权。在实践中,有两个案例已经走在了一体化行政的道路上,分别是,双边层面上,澳大利亚和新西兰在食品安全领域的合作,以及多边层面上,欧盟行政架构的建立。

1. 澳大利亚和新西兰在食品领域的一体化行政

澳大利亚和新西兰有很长的合作历史。早在1922年,两国就签署了《特惠贸易协定》。1965年,两国签署《新西兰和澳大利亚自由贸易协定》,削减了五分之四的关税和配额。1982年,为进一步消除贸易壁垒,特别是非关税壁垒,两国又签署了《更加紧密的经济与贸易关系协定》(Closer Economic Relations Trade Agreement),旨在建立一个"无缝"的经济区域。这一协定消除了所有关税和配额,[30]并建立了统一的食品监管机构和一体化的合格评定体系。

1995年,澳大利亚和新西兰签署《食品标准条约》,旨在建立统一的食品安全标准体系。[31]《食品标准条约》有两大突破:第一,建立了一个统一的食品监管机构——澳大利亚和新西兰食品标准机构(Food Standards Australia and New Zealand),这一机构有责任发展、修改和评估两国食品标准。第二,推动建立了澳大利亚和新西兰食品标准法典(Australia New Zealand Food Standards Code),对于商品的标签、食品以及与食品相关的商品的成分提出要求。此外,两国还签订了《关于建立澳大利亚与新西兰联合认可体系(JAS-ANZ)全体委员会、技术顾问委员会与认可评定委员会的协定》,统一了两国的合格评定体系。可以看到,澳大利亚和新西兰两国的食品监管部门通过让渡一部分行政主权,创建了一个超越两国食品监管部门的新机构,这一新机构承接了两国政府部门原有的某些职能,对两国的食品做出统一且具有约束力的管理,事实上是建立了一个类似于国内政府部门的行政机构,这是一体化行政在某一具体领域的体现。

2. 欧洲一体化行政:欧盟委员会

澳大利亚和新西兰的一体化行政目标和欧洲比起来要小得多,毕竟只涉及两国的食品安全部门。欧洲六十多年的区域整合进程事实上是一个行政一体化的过程,最终是要在欧洲各国之上搭建一个具有约束力的地区政府,这一地区政府在目前的形态就是欧盟委员会(European Commission)。欧盟委员会是欧盟常设的执行机构。根据《欧洲联盟条约》第17条规定:"欧盟委员会应促进欧盟整体利益,并为此提出适当动议。委员会应确保两部条约及联盟机构根据两部条约所采取之措施的实施;它应在欧洲联盟法院控制下监督联盟法的适用;它应执行预算,并对规划进行管理。委员会行使两部条约规定的协调、执行和管理职能。除共同外交与安全政策及两部条约规定的其他情形外,委员会对外代表联盟。”

执行欧盟法律,实施欧洲议会和欧洲理事会通过的决定,促进欧盟整体利益是欧盟委员会的职能。作为欧洲的地区政府,欧盟委员会同样由众多的行政机构组成,这些行政机构具有以下特征:(1)受欧盟法管辖;(2)通过二级法律设立;(3)有独立的法律人格;(4)对于第三方,有时通过具有法律约束力的决定;(5)往往由共同体预算拨款;(6)在欧盟成员国中具有永久席位;(7)金融与行政自治,独立于被分配的任务。[32]欧盟的行政机构可以分为两类:一类是欧盟委员会的部门,也就是常说的总司(Directorate-Generals),目前欧盟委员会下设了33个总司;另一类是欧盟委员会主管的独立机构(Decentralised Agencies),主要是“以技术和科学的专业性,帮助欧盟制定和实施政策”[33]。目前,欧盟至少有41个独立机构,分别设立在欧盟的各个成员国。20世纪90年代开始,欧盟的独立机构开始大量产生。独立机构的创设与美国独立机构相似,都是为应对特定时期的问题、依据特定法令而建立的。比如,为了解决跨境能源贸易的技术性障碍,协调成员国能源监管当局的政策立场。欧盟通过《规制(EC)713/2009》建立能源监管合作局。2011年,《规制(EU)1227/2011》为该局增加了总体能源市场整合与透明度的职能。具体来看,独立机构可以分为行政类及非行政类,行政类机构为欧盟行政的顺利展开提供准备,并监督欧盟法律执行;非行政类机构没有正式的决策权,主要是提供技术帮助、评估风险、收集与分析信息,等等。[34]

第四节　跨国行政合作的界定

跨国行政合作不像单边跨国行政那样几乎完全从国内属性出发,对合作漠不关心,也不像一体化行政那样趋向于消灭行政的国内属性,而是兼具国内属性和跨国属性,使两者处于一定的均衡状态。本书将**跨国行政合作定义为:各国政府对国际共识的合作执行。**

一、跨国行政合作的属性

全球化时代,国与国之间的界限日益模糊,产品、服务、人口、资本、信息等资源的跨国流动急剧增强,这种前所未有的紧密和快速的互联互通使各国的相互依赖程度逐渐加深。同时,全球化也充满了挑战、矛盾和问题,使利益结构发生深刻调整和变革。当前,国际社会呈现出三类国际公共问题:(1)自然界产生的国际公共问题,如地震、海啸、台风等;(2)人类社会与自然界互动产生的国际公共问题,如南北极冰盖融化、臭氧空洞、资源枯竭、生物多样性消失、环境污染等;(3)人类社会产生的国际公共问题,如贫富差距、金融危机、难民危机、跨国犯罪、恐怖主义等。[35]苏长和指出,国际公共问题“不是指单个国家面临的个体问题,而是指多个国家乃至全球社会所面临的共同问题;不只是国家与国家之间面临的共同问题,也是个人—国家—全球面临的共同问题;公共问题的性质决定了,它们的解决需要的不是单边而是多边的联合行动”[36]。当今,通过政府间的集体行动解决国际公共问题已经成为国际社会的广泛共识。在非传统安全问题爆发性增长的背景下,“外交和国防事务的重要性虽然没有下降,但在整个涉外国务活动中的比重却在降低,国际相互依存的现实逼迫国家不得不更多地在双边和地区关系中,处理那些先前仅被限定在国内的管理事项,国家开始被赋予更多的国际事务管理职能,政府的各个部门不同程度地都被推到国际关系领域,大量的跨国功能性问题正由这些专业部门去直接面对”[37]。因此,跨国行政合作的出现是大量功能性议题爆发的产物,具有功能属性。

跨国行政合作还有更加细致的研究重点。从理论上而言,目前,政府间国际合作的理论研究文献汗牛充栋,没用哪个领域不被涉及。但是,大多数既有研究重在描述、整理和分析全球治理的各个领域达成了多少政府间合作协议和共识,达成协议和共识的博弈过程如何,哪些行为主体参与特定的全球治理,协议和共识的达成暗含着怎样的实力对比,背后的价值理念和规范因素是什么。这一类研究可以被称之为“决策研究”或“执行前研究”。赫伯特·西蒙(Herbert Simon)就曾提到,管理就是决策。[38]国际合作理论与公共政策研究类似,它以路径依赖的形式假设合作共识达成之后或公共政策出台之后,就会理所当然地得到贯彻执行并最终取得理想效果。共识达成,问题也就得到解决,执行总被认为是不重要的环节。因而,执行研究在国际合作领域和国内公共政策领域一直不太受重视,处于“边陲”地位。米德(Van Meter)和霍恩(Van Horn)对政策执行研究被忽视的原因归结为四个方面:第一,执行过程较为简单,不值得关注;第二,过度强调权威决策者作用,忽视作为执行者的所谓“低层次”官员;第三,执行研究非常困难,难以界定行为体;第四,执行研究是对时间和资源的浪费。[39]如果说,国内公共政策执行研究的难度都如此之大。那么,国际共识的执行由于涉及跨越国界的多元行为体,则更为困难和复杂。但是,偏重国际共识的制定而轻视执行的做法,严重制约了国际合作理论和全球公共政策研究的发展,需要进行纠正,对执行的各个过程、环节和因素有必要进行全面深入的分析。如果说,行政是对国家意志的执行。那么,跨国行政合作就是国家间意志的合作执行。从现实来看,对合作执行的研究是必须而紧迫的。在当前的全球治理中,一个普遍而显著的问题是,国际关系和大国关系领域缺少的不是协议,也不是没有共识,而是共识和协议如何得到有效落实。[40]在这方面,“执行前研究”对于公共问题的解决还远远不够。[41]共识达成后,各国政府如何通过特定的合作形式推动共同执行,同样需要进行归纳、整理和研究,并探讨哪些因素会影响执行的效果。一般的政府间国际合作研究的重点是如何达成共识,核心是决策。跨国行政合作的重点是如何执行已经达成的共识,核心是共同执行,因此具有执行属性。

二、跨国行政合作的主体

一直以来,国际合作研究往往将政府视为单一行为体,政府内部始终是一个大的“黑箱”,国际合作研究忽略了政府部门的对外交往活动,而这却是长期存在的国际关系事实。合作执行需要政府部门之间的直接交往,这就拓展了西方行政学中“法约尔跳板”的适用范围。“法约尔跳板”是工业管理中为协调等级秩序与迅速联系之间的矛盾而提出的一种方法。法约尔提出,等级秩序显示出组织内权力执行的路线和信息传递的渠道,能够保证统一指挥,但并不是最迅速的信息传递渠道,这条渠道花费的时间是巨大的,无疑会影响到执行效果。因而,是否可以把等级秩序和行动迅速相结合呢?[42]从图 1.1 中可以看到,如果要求 C 和 G 之间取得联系,由于等级制原因,常规做法是 C—B—A—F—G,而反馈过程将是 G—F—A—B—C,一次交互过程需要耗费大量的时间和精力。然而,如果 C 和 G 各自的领导同意其下属进行直接联系,而且 C、B、F、G 在相互知情的情况下,“C—G 跳板”的建立就有利于信息的直接和快速传递,对于处理问题的有效性和及时性具有积极作用。同时,由于相互知情及上级同意,也能够满足等级制的上级管辖要求,有助于命令执行和信息迅速传递的统一。

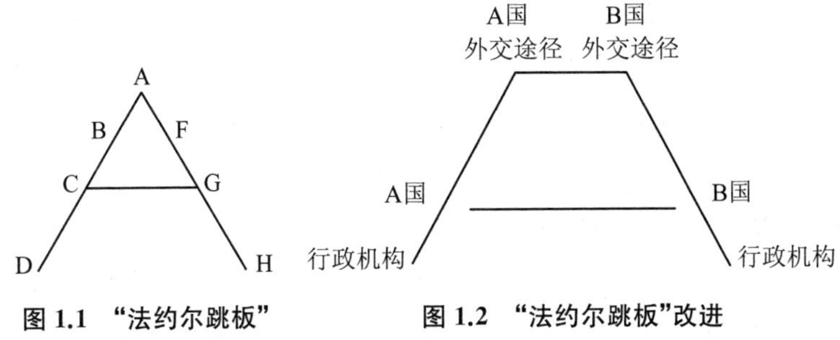

图 1.1 “法约尔跳板”　　**图 1.2 “法约尔跳板”改进**

“法约尔跳板”的提出对跨国行政合作具有借鉴意义。按照传统的外交惯例,特别是中国“外交无小事”的理念,任何外交事务都应通过外交渠道进行联系。然而,随着跨越国界的事务日益增多,外交渠道越来越显得“心有余而力不足”。通过将“法约尔跳板”稍作调整,我们可以看到跨国行政合作在两国间搭建合作执行桥梁的优势,本书称之为“法约尔跳板”改进(见图 1.2)。

与“法约尔跳板”有所不同的是,跨国行政合作的优势不仅在于处理问题的及时、有效、有弹性,更在于合作的专业性和针对性。通常,外交部门擅长处理大国关系、地区冲突、和平构建、国际援助等政治和外交事务,对这类问题的处理有一套既定的规则、机制、程序和话语体系,但对于功能性事务,外交部门在专业性方面有所欠缺。将这些问题交给专业的行政部门,推动专业部门之间的直接联系,有助于公共问题的最优解决。同时,行政部门在对外交往过程中,国家领导人、国务院和外交部门享有知情权,这就既能确保国家对外的一致性,不致因对外事务的"多窗口"而导致统一外交政策的破坏，也能确保行政部门的灵活性，保证外交属性和专业属性的统一。

三、跨国行政合作的方式

跨国行政合作是多国政府为解决国际公共问题而在执行方面进行的合作。跨国行政合作并不打算像一体化行政那样，建立一个新的行政机构以取代国内原有的行政机构，而是搭建一个政府间对话与共同执行平台，其根本宗旨是通过持续的沟通对话，解决发展中的共同问题。

跨国行政合作的具体形式是建立政府之间的合作委员会、工作组、联络部门、行政网络等对话、磋商与共同执行机制。从世界范围来看，这是一种较为普遍的合作形式。比如，亚美尼亚和土库曼斯坦之间设有副总理级别的经贸混委会；喀麦隆和英国设立了部长级经贸混委会；越南和伊朗成立经贸混合委员会后，至 2014 年已举行了 8 次会议；2012 年，乌克兰和印度两国正式成立了政府间科技合作委员会；美国和印度于 2009 年成立了"美印经济金融伙伴关系"高级对话机制，该部长级对话每年举行一次；1997 年，巴西和俄罗斯成立了副总理级别的高级合作委员会，并下设政治事务委员会和政府间经贸与科技合作委员会，后者进一步下设 7 个分委会。在多边层面，七国集团、二十国集团、亚太经合组织等国际组织均设有财长和央行行长会议等一系列专业部长会议。在每一次国家领导人进行对话与磋商之后，这些跨国行政合作机制推动落实已达成的合作共识。

为便于具体阐述，我们将跨国行政合作根据方式划分为两类：其一是基于联合行动的行政，简称为"联合行政"；其二是基于一致行动的行政，简称为"协同行政"。许多国际共识往往是框架性质的，需要各国政府采取联合行政的方式共同参与大部分执行过程。比如，联合技术研究、联合执法、地质勘探、治理经验分享、海关行政互助、联合审计、产能合作、打击犯罪、药品联合研发，等等，这些合作的有效性不仅取决于先前决策共识的达成，更在于联合行动的过程和效率。因此，一种过程研究在联合行政中是必须的。协同行政是各国政府在决策过程中，就责任分配达成共识并签署协议，在执行中，各国政府以独立姿态完成国际协议对本国的规制要求，也就是说，如果各国均完成了所给定的任务，那么协议就是有效率的，这是一种基于共识目标的一致行动过程。比如，社会保险协定谈判已将互相免除的社保种类、社保人群等做出规定。在执行阶段，相关国家政府只要做好本国的互免工作就可以了；贸易协定已经规定了相关国家各个物品的关税税率，各国仅需对原有的关税税率进行调整即可，又比如，各国政府共同开展根除天花的行动。当然，“联合行政”与“协同行政”并不是完全不同的两种方式，在很多时候存在联系，做出这样的区分，主要是为更加细致的研究提供便利。

跨国行政合作的两种运行方式可以进一步细分为双边维度和多边维度。从中国的实践看，联合行政主要是对双边或小多边协议的执行，许多合作项目需要两国政府共同参与整个执行过程。而协同执行主要是对多边国际协议的执行。在联合行政中，主要探讨国际协议在执行阶段，两国或多国政府共同参与联合行动的过程及影响因素，以及中国政府在其中的作用。在协同行政中，主要探讨国际协议达成之后，各国政府根据目标和要求各自执行合作协议的措施和效果，从政府的国际行政能力出发，分析各国政府在国内执行过程中的影响因素，重点考察中国的国际行政能力。

当然，无论是联合行政还是协同行政，都是对合作项目的落实，是一种微观的运行方式。很多时候，政府间交往与具体的合作项目落实之间并非直接贯通，政府签署的国家发展合作协议往往仅是确定合作的优先领域或者是提出一定范围的规划，需要政府部门进一步在这类发展合作协议下确定具体的合作项目，这就需要政府在合作协议和具体合作项目之间的共同执行机制，作为两者之间的桥梁。如果说，联合行政和协同行政是跨国行政合作在微观层面的两种运行方式，那么，政府间构建的共同执行平台是一种宏观层面的机制构建，是微观运行方式的前提和基础，这样一种共同执行机制在双边和多边层面普遍存在。

注释

1. 张帆：《“行政”史话》，北京：商务印书馆 2007 年版，第 11—14 页。
2. 同上书，第 15—16 页。

3. 同上书，第 34 页。

4. 毛桂荣：《"行政"及"行政学"概念的形成：中国与日本》，载《中国公共管理论丛》2013 年第 1 辑，第 15 页。

5. 曾峻：《公共管理新论：体系、价值与工具》，北京：人民出版社 2006 年版，第 11 页。

6. 黄小勇：《"行政"概念疏义》，第 23 页。

7. 张帆认为，所谓"行政"的现代含义指，与"三权分立"体制相关，与"政治与行政分离"理论相关，甚至与"行政学"相关的"行政"。张帆：《"行政"史话》，第 253 页。

8. [美]伍德罗・威尔逊：《行政学研究》，转载于：[美]弗兰克・古德诺：《政治与行政》，丰俊功译，北京：北京大学出版社 2012 年版，第 220 页。

9. 张康之、张乾友：《公共行政的概念》，第 39 页。

10. 丁煌：《西方行政学说史》，第 21 页。事实上，孟德斯鸠在《论法的精神》中已经有了对行政权这种执行特征的阐述："(立法权)一种权力不过是国家的一般意志，(行政权)另一种权力不过是这种意志的执行而已。"[法]孟德斯鸠：《论法的精神》，张雁深译，北京：商务印书馆 1995 年版，第 157 页。

11. [美]弗兰克・古德诺：《政治与行政》，第 15 页。

12. 孙学玉：《关于行政概念的再思与再认》，载《江苏社会科学》1999 年第 6 期，第 44 页。

13. 丁煌：《西方行政学说史》，第 114 页。

14. 夏书章：《行政管理学》，太原：山西人民出版社 1984 年版，第 5 页。

15. 周世逑：《行政管理学理论》，北京：劳动人事出版社 1989 年版，第 4 页。

16. 孙学玉：《关于行政概念的再思与再认》，第 45 页。

17. 之后的大多数行政管理教材都对"行政"作了广义和狭义之分。

18. [法]让・布丹：《国家论六卷》(英文版)，纽约，1955 年，第 4 卷，第 8 章。引自：徐大同：《西方政治思想史》，天津：天津教育出版社 2005 年版，第 111 页。

19. [荷兰]格劳秀斯：《战争与和平法》，何勤华等译，上海：上海人民出版社 2005 年版，第 88 页。

20. 也包括蔡拓所说的"全球主义的思维"。参见蔡拓：《全球主义与国家主义》，载《中国社会科学》2000 年第 3 期。

21. L.Basch, N.G.Schiller & C.S.Blanc(Eds.), *Nations Unbound: Transnational Projects, Postcolonial Predicaments and Deterritorialized National-States*, Langhorne: Gordon and Breach, 1994, p.8.引自丁月牙：《论跨国主义及其理论贡献》，载《民族研究》2012 年第 3 期，第 1 页。

22. S.Khagram & P.Levitt, Constructing Transnational Studies, in Pries, L.*Rethinking Transnationalism: The Meso-link of Organizations*, Routledge, 2008, pp.22—23.

23. 尼娜・格里克・席勒和妮古拉・耶茨虽然都使用"方法论跨国主义"(methodological transnationalism)一词，但可以看出，两者在使用时的含义是不同的。

24. 中国社会科学院语言研究所词典编辑室：《现代汉语词典》修订本，北京：商务印书馆 1996 年修订第 3 版，第 462 页。

25. 之所以说是"更多地"是因为现在许多企业、政府部门、第三部门的内部管理活动仍然被称为"行政管理"，但"行政管理"确实更多的指涉政府对公共事务的管理活动。

26. 就像前文已经提到的，行政概念还没有到具备"全球属性"解释的时候，全球属性强调边界和主权消失，而在全球治理中，完全不顾国家边界是不现实的。

27. 港口国检查制度是指如果港口国在检查中发现船舶存在严重违反公约的问题，港口国可以滞留船舶，禁止船舶在采取必要措施前离港，并且未批约国不享受豁免，必须接受检查。

28. 陈楚钟:《跨境上市监管的国际合作与协调——监管冲突的全球治理》,北京:经济科学出版社2013年版,第3页。

29. 崔晓静:《国际税收行政合作的新发展及其法律问题研究》,北京:中国社会科学出版社2014年版,第118—125页。

30. 这些关税壁垒的消除在1990年就得以完成,比计划提前了5年。

31. Agreement Between the Government of Australia and the Government of New Zealand Concerning a Joint Food Standard System, http://www.foodsafety.govt.nz/policy-law/food-regulation/australia-nz-cooperation/.

32. *Definition and classification of "European Regulatory Agency"*, http://europa.eu/european-union/about-eu/agencies/overhaul_en.

33. 欧盟网站, https://europa.eu/european-union/about-eu/agencies/decentralised-agencies_en。

34. 谈康林:《欧盟独立机构与欧洲治理模式的变迁》,载《武汉大学学报》2011年第4期,第103页。

35. 李少军:《当代全球问题》,杭州:浙江人民出版社2006年版,第13页。

36. 苏长和:《国际公共问题与国际合作:一种制度分析》,上海:上海人民出版社2000年版,第6页。

37. 苏长和:《共生型国际体系的可能——在一个多极世界中如何构建新型大国关系》,载《世界经济与政治》2013年第9期,第20页。

38. 赫伯特·西蒙:《管理决策新科学》,北京:中国社会科学出版社1982年版,第37页。

39. Donald S. Van Meter & Carl E. Van Horn, "The Policy Implementation Process: A Conecptual Framework", *Administraion and Society*, Vol.6, No.4, 1975, pp.450—451.

40. 苏长和:《共生型国际体系的可能——在一个多极世界中如何构建新型大国关系》,第20页。

41. 虽然大多数学者在思维上都认为执行与共识达成是同等重要的,但具体到写作过程中,大多数文献并不探讨执行过程和执行因素。

42. 丁煌:《西方行政学说史》,第62—63页。

第二章
宏观层面的共同执行机制

由于各国的发展水平不同、资源禀赋不同、比较优势不同、基础条件不同,大多数时候,两国政府一开始签署的往往仅是一种框架性合作协议。在这一框架性协议下,相关国家的行政部门需要搭建共同执行的机制,在对接国家发展需求和战略的基础上,进一步确定合作的重点领域,明确合作的部门。就双边而言,对上,两国行政部门要落实好领导人业已达成的合作共识,成为框架性合作协议的共同执行者;对下,行政部门要共同研究两国之间具体的合作项目,共同决策、协商决策,在执行过程中以联合执行、协作执行、协同执行的方式加以推进,遵循共商、共建、共享的合作主义与共生思维。也就是说,国家领导人根据本国偏好划定国家之间的合作领域,形成国家间合作的共同偏好,这种共同偏好随着行政层级的降低而在执行互动中逐步细化为具体的合作项目。虽然跨国行政合作将“决策”与“执行”进行二分,但与国内政策过程的“决策—执行”二分法不同。在国际合作中,决策和执行往往具有相对性和多层性。相对性代表了决策与执行的相互转化,行政部门对于国家领导人来说是执行者,对于具体的合作项目来说又成为了决策者。多层性意味着执行过程并非在第一层次的行政部门之间就能完成,而是需要不断“下沉”。事实上,大多数政府间合作不仅需要行政部门的参与,还需要科研院所、企业、高校、社会团体来共同完成,呈现出行政部门主导、多元行为体共同参与的特点。

根据对 1949 年至 2011 年历年的《中华人民共和国条约集》的考察发现,中国政府与其他国家政府之间的合作很多时候就是遵循这样的路径。无论在国家间合作领域还是具体部门之间的合作领域,国家领导人或政府之间往往首先签署框架性的合作协议,其后才进一步商讨和拓展具体的合作项目。同时，随着关系的密切与合作的深入，协议也得以持续拓展。既然跨国行政合作是各国政府共同执行业已达成的合作共识，那么，政府间合作的发展与变化将深刻影响共同执行机制的变迁。本章将从机制变迁角度探讨政府间框架性合作协议的共同执行机制，具体包括机制的组织结构、组织职能、发展特点及发展趋势。

第一节　政府间合作共识

既然跨国行政合作是关于国际共识的合作执行，那么，这一类合作共识包括哪些呢？从新中国成立至今中国外交的实践来看，就双边层面而言，中国政府与他国政府达成的合作共识主要有以下三种形式：协定、协议、谅解备忘录，其中，政府间达成的合作共识主要以协定的形式签署，签署谅解备忘录的情况很少，而具体的政府部门之间主要签订谅解备忘录，几乎不签署协定，协议则是政府之间或政府部门之间都会使用的形式（见表 2.1）。[1]虽然，在国际法的一些教材上，协定、协议和谅解备忘录都被认为是条约的一种形式，从而属于国际法的一部分，具有法律拘束力，[2]但在具体的中国外交实践中，它们存在一定的区别。

表 2.1　合作共识的文本形式

	使用最多	使用较多	使用较少
政府间	协定	协议	谅解备忘录
政府部门间	谅解备忘录	协议	协定

一、协定

毫无疑问，协定属于国际法的一部分，具有国际法下的权利和义务关系，有很强的拘束力。依照国际法，协定的签署主体为主权国家的中央政府，政府所属的工作部门、政党、社会组织、企业、个人均没有资格签署协定。从法律程序来看，协定也通常需要完成国内法律程序，且相互书面通知后方能生效。[3]这一类合作较为稳定，如果违反将遭到惩罚，同时也会给国家声誉带来不可估计的损失，使今后的合作举步维艰。

协定的签署通常要经过政府间多轮谈判与磋商，谈判作为一个博弈过程并不轻松。协定存在着一种“名义”和“实际”不对称的现象，包括两种情况：第一种情况是由政府部门进行谈判，交由政府部门领导人以“国家政府”名义签署。比如，为解决在境外投资就业人员双重缴纳社会保险费的问题，各国人力资源部门就社会保险问题进行多轮谈判，如果达成共识，则交由部长签署两国社会保险协定，且该协定是以“国家政府”的名义签署的，如中韩之间于2012年签署的《中华人民共和国政府和大韩民国政府社会保险协定》。第二种情况是由政府部门进行谈判，由外交部长或政府首脑以“国家政府”名义签署。比如，为解决双重征税问题，各国税务部门就避免重复征税进行谈判，由外交部长或副部长签署避免双重征税协定。中国第一个类似协定是1983年与日本签署的《中华人民共和国政府和日本国政府关于对所得避免双重征税和防止偷漏税的协定》，协定由时任国务委员兼外交部长吴学谦签署，而2011年9月生效的《中华人民共和国政府和阿拉伯叙利亚共和国政府对所得避免双重征税和防止偷漏税的协定》则由外交部副部长翟隽签署。[4]协定是我们最为熟悉的政府间合作形式，也是传统国际合作理论已经着重讨论的内容。

二、谅解备忘录

全球化的深入发展在带来巨大利益的同时，也亟须各国共同应对越来越多的非传统安全问题。外交部门由于缺乏专业性，缺少对这类问题的解决方法。此时，拥有技术优势的行政部门走出国界，负责处理这些较为专业的功能性事务。政府部门之间的合作诞生了一种非法律性质的谅解备忘录。谅解备忘录通常表示一种自愿的合作意向，不受国际法约束，不具有国际法下的权利和义务关系，大多无需经过国内法律程序签字即能生效。应当来说，谅解备忘录是部门合作最好的代表，由于各国政治制度差异较大，行政体系和执行机制也不尽相同，要在差异中达成硬约束性质的协定，要么较为困难，要么时间冗长，而谅解备忘录这种灵活的、有弹性的、低成本的方式既能避免双方对国内体制的争论、对国内否决的担忧，又能表达出双方意向，为下一步具体合作做好准备。陈楚钟称其为“软约束合作”，指出“软约束合作不涉及国家主权问题，没有硬约束合作那种改变国家制度的效果，这种形式不对国家产生约束力，不改变国内的产权安排制度，不直接引起制度变迁，国内利益集团也不会太敏感”[5]。在国际法学界，这被称为“国际软法”。吴永辉认为，“国际软法以其制定方式的多元化与民主性，实施方式的自主性与灵活性，逐渐成为全球治理中新兴的有效形式，在全球化过程中将发挥越来越重要的作用”[6]。

三、协议

直接以“协议”命名的文件在实际中运用的不多。现在的许多文献和语境中，(合作)协议一般泛指各国政府或政府部门达成的合作共识，包含协定、谅解备忘录、议定书、执行计划等文件形式，具有上文提到的国际法中“条约”一词相同的用法。协议较为灵活，兼容协定和谅解备忘录的两种特点。有些协议属于法律性文件，而另一些则不是，具体要看文件的性质和法律要件。在法律程序上，既有需要完成国内法律程序的协议，也有不需要完成的协议。发展趋势上，协议正越来越倾向于谅解备忘录的性质，作为一种软约束方式加以使用。当然，作为政府间合作共识，无论是协定、协议还是谅解备忘录，虽然有名称之分、有是否属于法律性文件之分、有约束力的程度之分，但一经签署，如没有侵害国家利益，相关国家政府就应当积极贯彻执行。对于谅解备忘录，“签署能够终止的合作共识”和“签署为了终止的合作共识”有很大差异。

表 2.2　中国政府与他国政府签订的主要合作文件

	文　件　名　称
政府间合作共识	1. 避免双重征税和防止偷漏税协定
	2. 税收情报交换协定
	3. 海关行政互助与合作协定
	4. 卫生与动植物检验检疫合作协定
	5. 社会保险协定

（续表）

	文　件　名　称
政府间合作共识	6. 促进和保护投资的协定
	7. 和平利用核能合作协定
	8. 海上搜寻救助合作协定
	9. 基础设施建设领域合作协定
	10. 标准、计量和认证认可领域合作协议
	11. 关于打击非法贩运和滥用麻醉药品、精神药物和易制毒化学品的合作协议/备忘录
	12. 相互承认学历学位的协议
	13. 知识产权合作协定
	14. 打击犯罪的合作协议
	15. 运输协定
	16. 贸易协定
	17. 科学技术合作协定
	18. 经济技术合作协定
政府部门间合作共识	1. 反垄断合作谅解备忘录（国家发改委、国家工商总局、商务部）
	2. 基础设施和制造领域合作谅解备忘录（商务部） 经济合作与贸易促进谅解备忘录（商务部）
	3. 节能/能源和矿业合作谅解备忘录（国家发改委） 产能与投资合作重点项目谅解备忘录（国家发改委） 气候变化合作谅解备忘录/合作协议（国家发改委）
	4. 农业合作谅解备忘录/合作协议（农业部）
	5. 地质矿业领域合作的谅解备忘录（国土部） 土地资源与行政管理谅解备忘录（国土部） 移民安置合作谅解备忘录（国土部）
	6. 劳动和社会保障领域合作谅解备忘录（人保部）
	7. 城乡建设和治理领域合作谅解备忘录（住建部）
	8. 工业/信息通讯/产业合作谅解备忘录（工信部） 中小企业合作谅解备忘录（工信部）
	9. 环境保护合作谅解备忘录/合作协定（环保部）
	10. 社会救助与福利/慈善领域合作协议（民政部） 紧急情况/灾害管理合作谅解备忘录（民政部）

（续表）

	文　件　名　称	
政府部门间合作共识	11. 卫生合作谅解备忘录 医学科学/药品合作的谅解备忘录	（卫生部） （卫生部）
	12. 交通合作谅解备忘录	（交通运输部）
	13. 水资源领域合作谅解备忘录	（水利部）
	14. 审计合作谅解备忘录	（审计署）
	15. 商标注册与保护谅解备忘录 市场监管合作谅解备忘录 消费者保护合作谅解备忘录	（国家工商总局） （国家工商总局） （国家工商总局）
	16. 知识产权边境执法合作备忘录	（国家海关总署）
	17. 和平利用外层空间的合作协定	（国家航天局）
	18. 海洋领域合作谅解备忘录	（国家海洋局）
	19. 银行业监管合作谅解备忘录	（中国银监会）
	20. 证券期货监管合作谅解备忘录	（中国证监会）
	21. 保险监管合作谅解备忘录	（中国保监会）
	22. 知识产权合作谅解备忘录	（国家知识产权局）
	23. 健康与安全合作谅解备忘录	（国家安监总局）

当今，国家领导人在出访他国时，随同出行的不仅有外交官，还有经贸、财金、农业、科技、工业、劳动、质检、工商等各个部门的官员，在领导人会晤的同时，对应部门的官员也在进行对话与沟通，针对专门领域进行具体磋商。同时，各个政府部门也会出访或接待他国对应部门官员的来访，充分交流治国理政的经验。中国政府及各个部门已经广泛地进入国际舞台，在达成共识的基础上签署合作文件。国际共识的有效落实在于合作执行，中国政府与他国政府通过搭建各种形式的共同执行机制来保障国家领导人或政府高官之间签署协议的落实，为推动具体合作项目的达成提供平台与基础。对上，共同执行机制作为国际协议的共同执行者；对下，则作为具体合作项目的决策者、协调者、推动者，在跨国行政合作中起到承上启下的作用。

第二节　双边共同执行机制的历史变迁

一、历史发展

双边共同执行机制主要体现在合作委员会的建立,这种由社会主义国家创设的合作模式最早出现在20世纪50年代,也被称为"联合委员会""混合委员会""协调委员会""指导委员会""管理委员会"等。这一模式往往要求从不同的部门里选出当权官员担任联合主席,在两国间轮流召开定期会议,广泛讨论双边关系问题并做出共同决定。"该方法使各方都将注意力集中到优先议题上,有利于在准备和后续阶段达成协调一致的内部决定。"[7]这一合作模式从新中国成立之初就已推开。

从1949年新中国成立至1978年改革开放之前,中国政府与其他国家政府达成的合作共识主要集中在经济和科技领域。在经济领域,中国同许多国家特别是社会主义国家签署贸易协定或经济技术合作协定。在科技领域,主要是签署科学与技术合作协定。为共同执行协定,选择和拓展具体合作项目,中国政府与其他国家政府建立了相应的合作委员会。最早成立的合作委员会在科技领域。1952年5月6日,中国签署了新中国成立后第一个政府间科技合作协定,即《中华人民共和国与捷克斯洛伐克共和国科学与技术合作协定》。当时,签署协定的是中国中央人民政府燃料工业部部长陈郁和捷克斯洛伐克政府轻机器工业部副部长尤利斯·摩勒,协定建立了中捷科学与技术合作联合委员会,作为执行和协调机构。1953年5月,科技联合委员会第一届会议召开,捷方代表团一行4人来华参会。随后,中国还同罗马尼亚(1953年1月)、匈牙利(1953年10月)、波兰(1954年7月)、阿尔巴尼亚(1954年10月)、苏联(1954年10月)相继签署了科学与技术合作协定,并分别成立科学与技术合作联合委员会(或称"技术和技术科学合作联合委员会"),各个科技联合委员会于1953年9月、1955年1月、1954年6月、1954年12月、1954年12月分别举行了第一届会议,确定了双边的具体合作项目。[8]随后签订的科技合作协定也相继建立了联合委员会。20世纪70年代,中国在与其他国家签署贸易协定时，开始在这一框架下建立经贸联合委员会或经贸混合委员会，主要任务是检查协定的执行情况，提出适当建议和采取必要措施，同时促进双边贸易的不断增长。比如，1972 年，中国与智利建立经贸混合委员会；1973 年，中国与加拿大、新西兰和澳大利亚分别成立经贸联合委员会；1974 年，中国与瑞士设立贸易混合委员会；1975 年，中国与法国建立经贸混合委员会；1976 年中国与菲律宾成立贸易联合委员会。

改革开放之前，科技或经贸联合委员会的作用较为有限，主要体现在：第一，在美苏冷战的大背景和中国“一边倒”的外交方针下，这些合作机制受到国家间关系的重要影响，中国主要同社会主义国家建立合作委员会，涉及的国家并不多，这一情况在美国总统尼克松访华之后有所改观；第二，联合委员会主要作为解决问题的平台，会议没有固定频次，具有临时性质，所涉及的合作议题也比较狭窄，对两国贸易和技术的发展作用有限；第三，无论是来华参会的外国代表团，还是赴国外参会的中国代表团，人数都较少，大多数是几人，至多十几人，基本由政府官员组成；第四，在二战后各国面临国家重建和复苏的背景下，技术援助占了合作内容的大部分，这些机制有很多是对技术援助的落实。总之，联合委员会机制从社会主义国家阵营中诞生，在经贸和科技领域生根发芽。但受到当时的历史条件影响，其在国内的地位不高，影响力偏弱，对推动双边关系发展的作用有限。

实行改革开放政策之后，在以经济建设为中心的时代背景下，“刚刚决定改革开放的中国政府对外部世界有着极高的认识热情，派出各路‘侦察兵’外出考察”[9]。中国不仅与社会主义国家保持高强度的经济合作，也开始广泛地与发达国家和更多的发展中国家签订政府间贸易协定或经济合作协定，推动经济发展和贸易畅通。为便于协定的顺利执行，同样成立了经济和贸易混合委员会。在经济合作逐渐展开的同时，科技领域的合作也上升到了一个新的高度。1978 年，邓小平在全国科学大会上指出，“四个现代化，关键是科学技术的现代化”；“任何一个民族、一个国家，都需要学习别的民族、别的国家的长处，学习人家的先进科学技术。我们不仅因为今天科学技术落后，需要努力向外国学习，即使我们的科学技术赶上了世界先进水平，也还要学习人家的长处”;“我们要积极开展国际学术交流活动,加强同世界各国科学界的友好往来和合作关系”。[10]这次座谈会明确把科技放在中国发展战略的重要位置,并把向世界学习,建立与世界各国的科技友好关系与合作作为今后工作的方向。之后,中国与许多国家签订科技合作协定,并成立相应的科技合作委员会。与改革开放之前的科技合作相比,科技合作已由出版物、情报和文献交换,组织讲习班等形式,发展到共同调查和研究项目、联合研发、技术合作、大学和科研机构的直接合作等,科技合作的内容不断扩大,使参与国相互受益。对于更多国家,中国通常与其订立涵盖经济、贸易和科学技术领域的综合性协定。比如,根据 1978 年《中华人民共和国政府和南斯拉夫社会主义联邦共和国政府长期经济、科学和技术合作协定》成立的委员会命名为“中南经济、科学和技术合作委员会”[11];1980 年中国同巴基斯坦建立了经济、贸易和科学技术合作联合委员会;1983 年同约旦和孟加拉国分别成立了类似的联合委员会。

改革开放初期是中国第一次密集地同世界各国开展合作的重要时期,开创了中外经贸和科技合作的谈判与执行模式,建立了一套管理各类合作的办法,即在协定的基础上以经贸和科技合作委员会为形式,有组织、有目的、有计划地开展经贸与科技合作,为之后中国双边共同执行网络的发展奠定了扎实的基础。从 1978 年到 1984 年的短短 7 年间,中国至少与 55 个国家签订了经贸或科技合作协议,以此建立了数量繁多的合作委员会或混合委员会。联合委员会的作用与改革开放前相比有了很大提高,开始成为双边合作的推动力,潜移默化地助推了双边关系的稳定与发展。1984 年,波兰政府经济代表团访华时,代表团团长塔·奈斯托罗维奇曾提道:成立波中经济合作混合委员会是“可取和有益的”[12]。美国总统科学顾问兼科技政策局局长在 1981 年的科技联委会会议上谈道,“科技联委会在建立以后的短暂时期内,完成了大量工作”;“美国社会已开始从双方合作项目的成果中在科学上得到重要利益”。[13]通过联合委员会的努力和技术外交的影响,“美国在 20 世纪 80 年代全面放宽对华技术管制,美国对华技术出口转让也大幅增加”[14]。

表 2.3 1978 年至 1984 年建立的联合委员会或混合委员会对象国

亚洲及大洋洲
泰国 日本 土耳其 伊拉克 巴基斯坦 叙利亚 约旦 孟加拉国 斯里兰卡 澳大利亚
欧洲
罗马尼亚 法国 意大利 南斯拉夫 瑞典 比利时 芬兰 荷兰 联邦德国 西班牙 苏联 民主德国 波兰 奥地利 塞浦路斯 丹麦 葡萄牙 希腊 挪威 保加利亚 匈牙利 捷克斯洛伐克
美洲
智利 美国 阿根廷 哥伦比亚 圭亚那 加拿大 哥伦比亚 巴西
非洲
尼日利亚 加蓬 阿尔及利亚 利比亚 毛里求斯 卢旺达 突尼斯 刚果 上沃尔特 多哥 毛里塔尼亚 肯尼亚 津巴布韦 尼日尔 贝宁

冷战结束后，国际格局向“多极化”转型的趋势愈加明显。全球化的深入和互联互通进程的加速，使传统的国家间对抗模式逐步让位于“一荣俱荣、一损俱损”的相互依赖模式。气候变化、恐怖主义、传染病、跨国犯罪等非传统安全问题在给各国发展带来挑战的同时，也给各国开展广阔务实的合作带来机遇。中国参与国际合作的拓展与深化显著影响着中外共同执行机制的发展与变迁。冷战时期，中外政府间合作以经济和科技领域为主，共同执行机制的搭建主要在这两大领域。冷战结束后，中国政府在独立自主的和平外交原则下，与各国政府拓宽了合作领域，开展了广泛的互利合作，作为共同执行机制的合作委员会得到了全方位扩展。1997 年，中泰签订《中国卫生部和泰国卫生部关于卫生医药科学和药品领域合作谅解备忘录》，双方成立了卫生合作联委会，制定了为期两年的执行计划。[15] 1999 年，中菲签署《中华人民共和国政府和菲律宾共和国政府关于农业及有关领域合作协定》，成立了农业联合委员会，促进农业和有关领域的发展。制定目标，提交政策性建议，由两国农业部作为协调和主管机构。[16] 2002 年，中西签订《中华人民共和国政府和西班牙王国政府打击有组织犯罪的合作协定》，中国公安部和西班牙内政部成立联合委员会，执行和深化合作的具体内容。[17] 2003 年，中国和印度建立由双方各 5 人组成的海洋合作联合委员会，以执行双方签订的《海洋科技领域合作谅解备忘录》。[18] 2005 年，中国和意大利签订《中华人民共和国水利部与意大利共和国环境与领土部

的合作谅解备忘录》并成立中意联合指导委员会，确定、指导、促进和管理所有的合作活动。[19]可以看到，合作委员会机制在横向层面受合作领域的扩大得到极大扩展，各个曾经“内向”的行政部门都开始参与其中，作为合作协议的共同执行者。

随着中国的发展以及与世界交往的日益密切，中国政府与某一国政府通常会成立各个领域的合作委员会，少则两至三个，多则九至十个。这些委员会的级别设定不一，会议频次不一，开会时间不一，相互之间彼此独立，缺乏沟通与协调，不利于两国政府高官了解双边关系和总体合作的执行情况，且难以服务于双边长远合作规划和整体发展。此外，越来越多的委员会的成立，意味着两国合作需求的扩大与深化，这也日益受到更高级别领导人的关注。为了畅通和理顺政府间合作，协调与统筹各个共同执行机制，同时也为配合最高层面的国家间合作协议的落实，中国政府开始同一些关系较为紧密的国家以及合作较为深入的国家建立覆盖所有合作领域的综合性合作委员会，包括 2003 年，中国与新加坡建立的双边合作联合委员会；2004 年，中国与哈萨克斯坦建立的中哈合作委员会；与南非建立的国家双边委员会，[20]与墨西哥建立的中墨常设委员会，[21]与巴西建立的中巴高层协调与合作委员会，[22]与意大利建立的中意政府委员会，等等。同时，两国政府把原来各个领域的委员会下设为分委会，即由各个政府部门负责的较为分散的行政合作，逐渐发展成为政府高层综合协调与统筹规划的综合性行政合作，在这一过程中，合作委员会呈现出向上建构的发展趋势，而级别的提升是机制变迁的核心标志。就拿中国和哈萨克斯坦来说，1992 年，两国成立了副部长级别的经贸合作委员会和科技合作委员会，之后，其他领域的合作委员会也相继建立。2004 年，为了深化两国睦邻友好关系，落实《中华人民共和国和哈萨克斯坦共和国 2003—2008 年合作纲要》，两国成立中哈合作委员会，并提升为副总理级，中哈合作委员会的宗旨是协调各领域合作，规划具有战略意义的大型项目和制定长期合作纲要，并在两国分别设立秘书处。同时，中哈合作委员会将之前的安全、人文、能源、经贸、交通、地质矿产、口岸和海关、金融、科技等九个委员会下设为分委会，之后新成立的委员会也下设其中。在 2004 年举行的中哈合作委员会第一次会议中，中国国务院副总理吴仪指出：

"成立中哈合作委员会是两国国家元首达成的共识，是双方全面推动各领域合作的重要举措。委员会的中心任务是落实两国国家元首会晤时达成的各项协议和《中哈 2003—2008 年合作纲要》，推动两国各领域互利合作取得更多实际成果。"[23]

伴随着双边关系的发展，务实合作的提质升级，向上建构的综合性合作委员会持续增加。比如，2006 年建立的中越双边合作指导委员会，2008 年设立的中国—土库曼斯坦合作委员会，2011 年成立的中国—乌克兰合作委员会均为副总理级，新建立的中国—沙特高级别联合委员会、中国—土耳其政府间合作委员会也为副总理级，并已于 2016 年 8 月和 11 月分别召开了首次会议，达成了一系列共识和成果，达到了增进互信、加强协调、拓展合作的目的。2017 年 4 月，中智政府间常设委员会(两国委员会)第一次会议在北京召开，双方一致同意在两国委员会框架内，继续加强沟通协调，拓展务实合作，推动中智全面战略伙伴关系持续深入发展。[24]同年 5 月，中国外交部长王毅同阿联酋外交与国际合作部长阿卜杜拉共同主持中阿政府间合作委员会首次会议。双方共同签署了《关于成立中阿两国政府间合作委员会的谅解备忘录》。[25]

二、机制结构

合作委员会的设立不仅需要在政府间合作协定或谅解备忘录中指明，还需要签署关于成立合作委员会的协定或议定书，制定委员会章程。目前存在的综合性合作委员会由综合性合作委员会和部门分委会组成，其中，综合性合作委员会成员一般由两国政府指定的代表组成，包括主席、委员和秘书，为确保尊重国家主权，实行"双头领导"，依据重要性的不同，设置不同级别的官员作为主席，在中国主要由国务院副总理、国务委员、部长担任，[26]主席的级别也就成为了合作委员会的级别。因而，综合性合作委员会级别较高，通常为副总理级或部长级。比如，中国—新加坡双边合作联合委员会、中国—巴西高层协调与合作委员会、中国—乌克兰合作委员会、中国—柬埔寨政府间协调委员会、中国—泰国贸易、投资和经济合作联委会等为副总理级，中国—墨西哥常设委员会为部长级。

部门分委会有些在综合性合作委员会建立后创设，有些在其之前就已产生。部门分委会同样需要在政府间合作协定或谅解备忘录中指明，签署关于成立合作委员会的协定或议定书，并制定委员会章程。一般也设置主席、委员和秘书等职位。主席职位同样采用“双头领导”方式，由涉及具体领域的两国部长或副部长担任。目前，中委高级混合委员会下设双边关系、经贸、能源、科技与文化、农业5个分委会；中墨两国常设委员会下设政治、经贸、文教、科技4个分委会；中巴高委会至今已下设政治、经贸、科技、空间技术、文化、农业、财金、能源矿产、航天、工信、卫生、教育等12个分委会；中国—沙特高级别联合委员会下设政治外交，“一带一路”，重大投资合作项目，能源，贸易和投资，文化、科技和旅游6个分委会。根据需要，还可以成立工作组或临时性的工作机构。到目前，中国所有的政府部门都已经广泛加入了各个综合性合作委员会或分委会。

合作委员会的基本工作形式是委员会会议。委员会会议轮流在中国和另一国举行。综合性合作委员会会议一般每年一次或两年一次，基本上都会在两国分别设立秘书处。会议由两国主席共同主持，各分委会负责人需要出席会议，随着这一会议形式的开放和变革，不少会议也会邀请企业代表和科研人员参会。综合性合作委员会下设的分委会会议。从实践来看，除了经贸会议、财金会议之外，大多数无需和综合性合作委员会会议同频次召开，和其他委员会会议一样，一般为每年一次、两年一次、三年一次或必要时开会。分委会会议和合作委员会会议的参加人员身份多样，不仅包括政府官员，有关研究机构、顾问、企业代表、厂商也可以专家的身份参与。会议根据实际需要，也可召开特别会议。当然，由于各种各样的原因，除了综合性合作委员会会议之外，大多数会议并非按照先前协议规定的频次召开。比如，中国与非洲各国建立了多种形式的联合委员会、混合委员会，大多商定两年召开一次，但基本上都不能实现。比如，中国—几内亚经贸混合委员会平均每三年召开一次；中国—津巴布韦经贸混合委员会第八次会议于2010年召开，而第九次于2014年才召开。同时，不管是综合性合作委员会会议、分委会会议还是独立的合作委员会会议都要形成会议纪要，并由主席签署。在综合性合作委员会和分委会的关系上，各个分委会要为综合性合作委员会会议设定议程，提交议案，向其汇报本委员会的合作进展，受其指导、协调和监督。分委会根据综合性合作委员会的要求将其贯彻执行。在会议中，两国人员相互尊重，在共商、共享、共建的原则基础上发展两国各领域合作。

合作委员会不仅在于常设委员会的建立，也在于其他行政机构的协调与执行。为保证两国委员会休会期间，以及委员会达成的共识能够得到顺利畅通地执行，双方往往还会指定各自的执行机构，通过执行机构的直接联系和沟通，以使各项计划和活动能够正常运行、持续推进。比如，中美科学技术合作联合委员会设置的执行机构是中方的国家科学技术委员会和美方的科学技术政策办公室；中国—巴基斯坦经济、贸易和科学技术合作联合委员会的执行机构是中方的对外经济贸易部和巴方的财政经济事务部。

三、向上建构的动因

中国联合委员会机制的拓展和向上建构的趋势，既服务于中国国内的发展需要，也适应了国际体系和国际环境的变化要求，是在国家间的良性互动过程中逐渐生发出来的。从国际层面的因素来看，当今世界，人、财、物、智在各国各地区的流动速度和规模达到前所未有的程度，互联互通已经成为不可阻挡的一个世界潮流，凸显了国家间关系的强烈关联性。[27]我们正在进入一个互联互通的世界，互联互通世界要求各国加强协作，推动更大范围和更深程度的互联互通，同时解决好互联互通进程中出现的问题。互联互通世界的国家间关系不是相互之间的孤立和国家阵营之间的分割，“结盟外交”正失去其市场和舞台；互联互通世界的秩序亦非超级大国的独步天下，“霸权稳定论”已不能够解释这一变化的世界；互联互通世界的合作不再以国家主权的让渡为核心条件，“一体化”理论的普遍性已受到较大阻碍；互联互通世界的治理更不是以某一特定类型的国内政治制度为先决要求，“民主和平论”在国际合作中并不能展现出优势。互联互通的世界是一个平等、通达的关系网络，需要各国政府共同来管理国际公共事务，开展跨国行政合作，推动治理体系与治理能力的共同现代化。联合委员会及向上建构而来的综合性合作委员会是一种符合互联互通世界的合作模式，既避免了对国家主权让渡和国内制度形式的要求，又创设了在多极化和相互依赖背景下的新模式，体现了包容性合作理念，以及发展为先、治理为先的共处原则，是中国走和平发展道路，积极推动全球互联互通进程，提供互联互通产品的机制体现。

从国家间互动关系来看，首先，综合性合作委员会反映和服务于伙伴关系的提升。通过这一向上建构的趋势，能够发现中国逐渐清晰的"战略支点"。中国正在聚焦国际体系中的关键对象，即具有重大地缘政治利益、经济价值和战略利益的国家，使其在全球联合委员会网络中形成"战略支点"。如果参照中国的伙伴关系网络，可以明显发现两者的一致性，搭建综合性合作委员会的国家基本上都与中国有很高层次的伙伴关系，按一些学者的研究中，至少是第二层次以上。[28]比如，中国与意大利、墨西哥、委内瑞拉、巴西、白俄罗斯、哈萨克斯坦等国是全面战略伙伴；中国与越南、柬埔寨是全面战略合作伙伴；中国与土库曼斯坦、乌克兰是战略伙伴。[29]可以看到，综合性合作委员会以战略互信为基本前提，是伙伴关系提升的重要机制载体，两者事实上互为因果。一方面，为加快提升伙伴关系，两国通过综合性合作委员会的建立对双方发展做出综合协调与统筹规划。比如，早在2000年就建立的中国—南非双边委员会和2004年的中巴高委会，对于将两国关系从战略伙伴提升至全面战略伙伴至关重要。另一方面，已提升到更高层次的伙伴关系需要更高级别的联合委员会机制的支撑，以巩固和深化各领域发展。比如，2004年，中国和意大利在确立全面战略伙伴关系的公报中正式建立政府间委员会；2016年，中沙高级别联合委员会也在同样情况下设立。其次，综合性合作委员会服务于中长期合作发展规划的落实。如何摈弃国家间传统的对抗性思维，树立新型国家间关系与合作模式是当今时代中国需要思考的重要问题。对此，中国以"结伴外交"取代一些国家偏爱的"结盟外交"，以"对接国家发展战略"取代对其他国家国内制度和发展道路的干涉。"对接"以各国发展"同向不同路"为前提，寻求各国发展过程中的"互助点"，通过一国"优质资源"与另一国"发展需求"的结合创造出新的合作领域，助力两国各自的发展战略。[30]

随着这一国家任务提上日程，原本较为分散、相互独立的联委会显得“力不从心”，需要统筹协调为一个更具整合性的架构来承担这一责任，引领、指导双边各领域合作，规划具有战略意义的大型项目，制定和落实好长期合作纲要。这一机制将不仅扮演共同执行者的角色，还将作为双边发展的顶层设计师。

从国内的政府管理体系来看，解决政府部门“内向”和僵硬的官僚作风是联合委员会机制发展演进的内部因素。一方面，大多数国内政府部门具有传统的“内向”属性，把精力主要放在国内公共事务上，对外交往的动力和需求不足，开展对外活动的人力资源和经费有限。另一方面，政府部门总是具有一定的官僚作风，部门架构较为僵硬，部际沟通较为缓慢，部门间协调较为笨拙，致使决策进程的时间冗长，增加了达成共识的难度。此外，分领域的联合委员会级别通常并不是特别高，权威性的不足也影响到了合作的进程。综合性合作委员会的创建至少可以显现出四个方面的优势。第一，有助于各方在国内发展需求的基础上，使各方都将注意力集中到优先议题上，推动实质性合作，有利于在准备和后续阶段达成协调一致的内部决定。第二，由于大多数综合性合作委员会是副总理级别，意味着会议通常得到了高层的认可、支持或直接参与，这使每次会议的决定都具有权威性，对于合作的执行是一个重要的信誉保障。第三，联合委员会机制有助于缓解僵硬的官僚作风以及部门间协调不畅等问题，通过双方副总理级别官员的直接对话与沟通，可以迅速促进决策进程，缩短时间，在协商基础上尽快达成共识。第四，联合委员会机制可以推动官僚机构的“外向化”，更加注重从全球视角审视公共管理，[31]有助于建立一个开放的政府管理体系。

第三节　共同执行机制的多边体现

一、多边共同执行的双重架构

宏观层面的共同执行机制不仅存在于双边关系中，多边层面同样普遍存在。当今，除了国际组织之外，一些多边平台格外引人注目，正在全球治理中发挥着越来越重要的作用，在大部分时候充当起全球治理的方向引领者、实际决策者与合法性承担者。这些多边平台和传统意义上政府间国际组织的相同之处在于，都是以主权国家的身份参与，国家领导人在其中扮演着决定性的角色。而不同之处在于，第一，这些多边平台的创建并不源于正式的政府间协定。有时，第一次领导人会议或部长级会议就成为机制的开端，因而不具有国际法律地位和国际法律人格；第二，多边平台主要是国家首脑之间的对话与协调机制，很多属于论坛性质，一般不设独立的职能机构，不一定有实体性组织；第三，这些多边平台往往建立一个多元政府部门参加的整合性政府间合作与执行体系，在这方面，其体制架构又与双边共同执行机制中的综合性合作委员会类似；第四，普遍来看，多边平台形成的决议，其约束力要比正式的政府间国际组织相对弱一些。

曾经最重要的，也是较早成立的此类多边平台是20世纪70年代初，国际经济危机之后建立的七国集团。七国集团是世界上最强大的经济体领导人进行国际宏观政策协调的论坛，有国际组织的正式地位，只能称之为是一种多边机制，但它曾经是全球经济治理的重要里程碑，在危机时刻往往能做出迅速而关键的决策。如今，七国集团的主导性正逐渐衰减、影响力下降、合法性遭疑，已被称为“过时的老男孩俱乐部”[32]。然而，七国集团这种形式却催生出了其他“G+”集团，比如，G20、G22、G15等。这些多边机制一方面包含国家首脑，另一方面也包含政府部门。同时，各国政府部门之间召开的专门会议主要作为首脑会议的落实者，受到首脑峰会指示，处理一些具体的问题和难题。此外，随着区域经济一体化的迅速发展，这样的多边平台也存在于区域经济合作之中。美国和欧盟一直致力于建立跨洋自由贸易区，经济合作可以追溯到1990年签订的《跨大西洋宣言》，此后，双方还在1995年签订《新跨大西洋议程》，1999年签订《跨大西洋经济伙伴关系协定》。2008年国际金融危机爆发之后，双方就《跨大西洋贸易和投资伙伴关系协定》进行谈判，每一次谈判过程和协议签订都激起双方政府部门之间召开各种专门会议，落实国家领导人的决定，解决共同问题，而这些专门会议得到最高层支持，并被统筹协调。

这些多边机制遵循向下建构模式，这与双边共同执行机制有所不同。向下建构的多边机制虽然同样是以国家首脑为核心，但国家首脑会议机制创设了这些共同执行机制的总体架构，政府部门之间的对话与合作是随着国家首脑会谈议题的扩展，逐渐地、主动地由政治领导人设立的，便于新的合作协议（新的领域）的落实。[33]向下建构发展模式正好与向上建构相反，但政府部门同样主要作为执行者参与其中。因此，向下建构模式由统一的双重架构组成，架构的上层是各国国家元首或政府首脑经过谈判达成的协议或共识。架构的下层是政府部门之间在此框架内召开专门会议，共同贯彻落实。[34]从中国的实践来看，中国参与的多边合作机制可以划分为小多边平台和大多边平台。其中，小多边平台是中国与特定地区建立的对话机制，体现了双多边外交相结合的新型外交模式。大多边平台是中国参与的多边对话机制。在这些平台上，政府部门主要作为合作共识的共同执行者，共同执行协议或为推动进一步的合作提供基础。

二、小多边合作与共同执行

"小多边"是中国与某一地区开展的合作。近几年来，这种新的合作形式正普遍推开，成为中国外交的一大亮点，也有学者称之为"整体合作外交"，定义为"以中国为一方，以某地区各建交国及其所属区域组织为另一方，双方共同开展领导人会晤、各层级定期会议、经贸合作、人文交流等多种形式机制化合作的复合型外交"[35]；"中国并不希望看到其他国家和地区的分裂，而是倡导各个地区联合自强，支持周边地区和其他地区走向更加紧密的联合，走'合而治之'的道路……这点使中国的大国外交与一些传统大国擅长使用的分而治之或者离岸平衡外交形成了强烈的对比"。[36]"合"的思维而非"分"的思维，是中国处理外交事务的重要价值理念。

中国的小多边合作起源于1991年中国与东盟建立的正式对话机制。随后，中国与东盟关系发展迅速。至2017年底，中国与东盟之间的自贸区升级版谈判已经完成，携手推动成立了亚洲基础设施投资银行，创建了澜沧江—湄公河合作机制；双边贸易额从2002年的548亿美元增长到2018年的5 878亿美元，增长超10倍，累计双向投资超过1 800

亿美元;双方产能合作积极推进,铁路、电站等重大项目得以开工或建成,这些合作契合彼此发展需要,给双方人民带来了实实在在的利益。而这一发展成果的背后,有众多小多边共同执行机制的协调与推动作用。为落实数次中国—东盟领导人会议成果,中国与东盟之间建立了高官磋商会、联合合作委员会、发展合作工作组、经济高官会、科技联委会、交通部长会议、旅游部长会议、信息通信部长会议、卫生部长会议、质量监督检验检疫部长会议、打击跨国犯罪高官会、新闻部长会议等一系列共同执行机制。

小多边合作机制能够避免中国挨个与个别中小国家分别谈合作,有助于把分散的市场统一为整体,并勾画出全面的发展合作蓝图,"整体合作外交使得中方可以找到体量、规模较为接近的合作方,双方能够从整体上规划彼此合作事宜"[37]。这极大地推动了规模效应,开启了中国外交的整体规划。近几年,为推动中国与发展中地区整体发展,对接地区发展战略,中国以互联互通的方式与发展中地区构建了小多边合作伙伴关系。比如,2012 年举行了第一次中国—中东欧国家领导人会晤;2014 年,首次中国—拉美和加勒比国家领导人会晤举行,会议宣布建立全面合作伙伴关系。同年,中国与太平洋岛国领导人进行会晤,并建立战略伙伴关系。再加上之前建立的中阿合作论坛、中非合作论坛,中国小多边合作的外交安排已覆盖所有发展中国家和地区。为落实国家领导人之间达成的合作共识,"中国+R(地区)"的小多边共同执行机制开始生根发芽(见表 2.4)。

表 2.4 中国参与的小多边共同执行机制

共同执行机制	成立时间	共同执行机制	成立时间
中国—东盟领导人会议——1997 年			
经贸部长会议	2002 年	质检部长会议	2007 年
交通部长会议	2002 年	打击跨国犯罪部长级会议	2009 年
总检察长会议	2004 年	文化部长会议	2012 年
卫生部长会议	2006 年	科技部长会议	2012 年
电信部长会议	2006 年	旅游部门会议	2016 年
新闻部长会议	2007 年		

（续表）

共同执行机制	成立时间	共同执行机制	成立时间
中非合作论坛（部长级会议）——2000 年			
教育、科技与卫生分会	2000 年	科技合作论坛	2011 年
高官委员会	2002 年	金融合作论坛	2012 年
工业合作发展论坛	2009 年	文化部长论坛	2012 年
农业合作论坛	2010 年	卫生合作发展部长级会议	2013 年
减贫与发展分论坛	2010 年		
中阿合作论坛（部长级会议）——2004 年			
高官委员会	2004 年	新闻合作论坛	2008 年
环境合作会议	2006 年	能源合作大会	2010 年
中国—中东欧国家领导人会晤——2012 年			
旅游合作高级别会议	2014 年	卫生部长会议	2015 年
林业合作高级别会议	2015 年	农业部长会议	2016 年
交通部长会议	2015 年	环保合作部长级会议	2018 年
经贸促进部长级会议	2015 年	央行行长会议	2018 年
中国—拉美和加勒比国家领导人会晤——2014 年			
部长级会议	2014 年	科技创新论坛	2015 年
农业部长论坛	2014 年	基础设施合作论坛	2015 年

三、大多边合作与共同执行

大多边平台有时也被称作“论坛性国际组织”，中国的实践可以从 1991 年加入亚太经合组织说起，其作为亚太地区最具影响力的政府间经济合作论坛，成立的标志是 1989 年第一次部长级会议的召开。部长级会议又被称为“双部长会议”，即由各成员国的外交部长和负责经贸或商业的部长出席的会议。1991 年 11 月，时任中国国务委员兼外交部长钱其琛和对外经济贸易部部长李岚清率中国代表团出席亚太经合组织第三届部长级会议。1993 年，亚太经合组织第一次领导人非正式会议召开，意味着亚太经合组织整合性政府间合作体系的正式启动。在之后的会议上，不仅有中国国家主席的参与，外交部门的参与，更有越来越多属于功能性质的政府部门的参与。其中,领导人非正式会议作为最高决策机构,部长级会议作为实际决策机构,处于亚太经合组织的上层,主要是就各国感兴趣的问题阐述自己的立场,通过反复磋商,达成共识性的宣言或声明。各成员国政府部门为落实宣言或声明建立起直接联系的专门会议机制,商讨具体的合作领域与合作项目,发表平行声明,使合作"落地"。当然,在发展过程中专业部长会议也已经开始自主地探讨一些相关的重要议题。

世纪之交,中国逐渐推开这种模式,参与创建了东盟—中日韩合作机制。2008 年国际金融危机爆发之后,中国更加积极参与二十国集团、金砖国家等世界主要的多边合作机制,并致力于共同提升这些机制在全球治理中的地位和作用。随着互联互通进程的加速,跨国议题的增多,政府间合作向财金、环保、劳工、科技、警务、海洋、能源、新闻、审计、卫生、交通、统计、农业、移民等各个领域扩展,专业部长会议机制也因此在领导人共识的基础之上逐年丰富与完善(见表 2.5)。如今,中国的政府部门,比如财政部、中国人民银行、商务部、人保部、教育部、农业部等,几乎参加所有的大多边共同执行机制。而工信部、农业部等部门有时则需要在一个大多边共同执行机制中参加几场专业部长会议,有些专业部长会议通常需要几个政府部门共同参与。

表 2.5　中国参与的大多边共同执行机制

会议机制	机制启动年份	参与部门
A. 亚太经合组织		
部长级会议	1989 年	外交部、商务部
教育部长会议	1992 年	教育部
领导人非正式会议	**1993 年**	**国家元首**
环境部长会议	1994 年	环保部
中小企业部长会议	1994 年	工信部
财政部长会议	1994 年	财政部
贸易部长会议	1994 年	商务部
电信部长会议	1995 年	工信部
人力资源开发部长会议	1996 年	人保部

（续表）

会议机制	机制启动年份	参与部门
能源部长会议	1996 年	国家能源局
旅游部长会议	2000 年	国家旅游局
海洋部长会议	2002 年	国家海洋局
矿业部长会议	2004 年	国土资源部
结构改革部长级会议	2008 年	发展改革委
粮食安全部长会议	2010 年	农业部
林业部长会议	2011 年	国家林业局
B. 东盟—中日韩		
领导人会议	**1997 年**	**政府总理**
经贸部长会议	1998 年	商务部
财长和央行行长会议	1999 年	财政部、中国人民银行
农林部长会议	2001 年	农业部
环境部长会议	2002 年	环保部
劳工部长会议	2002 年	人保部
旅游部长会议	2002 年	国家旅游局
文化部长会议	2003 年	文化部
能源部长会议	2004 年	国家能源局
打击跨国犯罪部长级会议	2004 年	公安部
信息通信部长会议	2004 年	工信部
社会福利与发展部长会议	2004 年	民政部
卫生部长会议	2004 年	卫计委
新闻部长会议	2009 年	国务院新闻办
教育部长会议	2012 年	教育部
C. 二十国集团		
财长和央行行长会议	1999 年	财政部、人民银行
领导人峰会	**2008 年**	**国家元首**
劳工就业部长会议	2010 年	人保部

（续表）

会议机制	机制启动年份	参与部门
旅游部长会议	2010 年	国家旅游局
农业部长会议	2011 年	农业部
贸易部长会议	2012 年	商务部
能源部长会议	2015 年	国家能源局
科技创新部长会议	2016 年	科技部
D. 金砖国家		
财长和央行行长会议	2008 年	财政部、人民银行
领导人会晤	**2009 年**	**国家元首**
金砖国家国际竞争大会	2009 年	国家发展改革委、国家工商总局
农业部长会议	2010 年	农业部
统计局局长会议	2010 年	国家统计局
经贸部长会议	2011 年	商务部
卫生部长会议	2011 年	卫计委
知识产权局局长会议	2013 年	国家知识产权局
教育部长会议	2013 年	教育部
科技创新部长会议	2014 年	科技部
人口部长会议	2014 年	卫计委
通信部长会议	2015 年	工信部
环境部长会议	2015 年	环保部
文化部长会议	2015 年	文化部
工业部长会议	2015 年	工信部
最高审计机关领导人会议	2016 年	审计署
紧急灾害部长级会议	2016 年	民政部
劳工就业部长会议	2016 年	人保部
能源部长会议	2016 年	国家能源局

第四节　共同执行机制的影响因素及今后发展

中国共同执行机制的构建正在以横向、纵向和时间三个维度全方位展开。在横向维度上，共同执行机制正随着议题的拓展广泛延伸，各个政府部门已全部参与其中；在纵向维度上，各个委员会机制在逐步发展过程中得到高层的统筹协调，与重点国家建立了综合性委员会机制，其级别逐渐提高；在时间维度上，共同执行机制正在以国家间中长期合作发展规划和共建“一带一路”合作文件为引领，致力于长期性、规划性和稳定性，缓解各种因素对执行的影响。这三位一体的发展始终伴随着中国国内改革开放进程的发展需要，伴随着中国与世界关系的深刻变革，伴随着政府间国际合作的深入发展。当前，一个较为完善的共同执行网络已经搭建成形（见本书附录），中国政府已经呈现出了一种“开放的政府体系”和“大外交”姿态，这一网络也将助益今后的政府间国际合作。

由于共同执行机制事关双边关系的长期性和持续性。因此，仅仅发生于具体合作项目的微观因素不会对其产生重大影响。然而，如果两国政治和外交关系发生重大变化，那么，势必对这一宏观机制造成影响，而且这种影响要么不发生，一旦发生，则往往是重大的，特别是当双边关系由于某一事件突然遇冷，双边共同执行机制往往会立即中断或终止。比如，1993 年 1 月，法国政府向中国台湾出售幻影战斗机，两国经贸混合委员会会议一度中断。同时，中国政府还撤销了部分拟议中与法方的大型合作项目，并不再与法国商谈新的重大经贸合作项目；2012 年，日本对钓鱼岛实施所谓的“国有化”。两国关系跌入冰点，之后几年，双方中断了任何政府层面的沟通与交流。中日财长对话从 2012 年 4 月举行第四次会议之后搁置三年，直到 2015 年双边关系呈现出一些改善迹象后才得以重启。此前已举行三轮的中日社会保障协定谈判同样中断，直到 2015 年 11 月，中国人力资源和社会保障部国际合作司和日本外务省亚洲大洋洲局才进行了第 4 轮谈判。除了共同执行机制容易受到国家间重大的政治和外交的变化影响之外，也要注意到，有些联合委员会的建立是为了象征性目的或者有些建立时双边合作的内容较为有限。这些联合委员会“会议推迟或对话缺乏严肃内容。有时多年之后才会有人突然醒悟并问是否需要召开一次会议。这降低了该机制的价值,最终往往无疾而终”[38]。

全球联合委员会网络的构建符合时代要求和中国的国家利益,如何创造性地推进“联合委员会外交”,中国仍需不断努力。第一,将综合性合作委员会定位于关键国家。如果说,高级别对话机制的对象是一些能够对国际体系产生较大影响的关键领域,例如经济、财金、能源领域,那么,综合性合作委员会的构建应定位于前文提到的“战略支点”国家,在这一点上,与中国伙伴关系网络的构建是非常相似的。当今,中国的外交利益是全方位的,中国的海外利益迅速增长、遍及世界,需要将有限的外交资源投入到关键国家,以伙伴关系增强与关键国家的政治互信,以综合性合作委员会加强与关键国家在更宽领域和更深层次的合作,通过“伙伴”与“机制”的互动,深化与拓展各方的共同利益,并在这一过程中形成中国在全球的总体战略布局。

第二,将联合委员会机制与大双边合作机制进行整合。大双边合作是中国特色大国外交的一大亮点,可以将分散的市场统一为整体,使中方能够找到规模较为接近的合作方,从整体上规划彼此的合作事宜,这极大地推动了合作的规模效应。因此,鉴于大双边合作机制的优势,可以把原先在某一地区内部与多个国家设立的联委会整合进大双边合作框架,在大双边合作会议召开时同步举行,这在很大程度上可以激活原本可能不太活跃的某些联委会,也能够大为降低讨论的时间和人力成本。例如,中国与中东欧 16 国分别建立的联委会可以纳入中国—中东欧国家领导人会晤机制之下,在领导人会晤期间一并进行。对于中非合作论坛、拉美和加勒比国家领导人会晤、中阿合作论坛等大型区域,中国可以在进一步进行区域细分后纳入相关国家的联合委员会机制。

第三,结合“一带一路”倡议,聚焦具有重要战略意义的重大项目。在 2017 年 5 月举行的“一带一路”国际合作高峰论坛上,中国与老挝、柬埔寨签署共建“一带一路”政府间双边合作规划;中国与意大利签署《关于加强经贸、文化和科技合作的行动计划(2017—2020 年)》;中国国家发展改革委与希腊经济发展部签署《中希重点领域 2017—2019 年合作计划》，与捷克工业和贸易部签署关于共同协调推进"一带一路"倡议框架下合作规划及项目实施的谅解备忘录。随着"一带一路"倡议的务实推进，越来越多的国家间中长期合作发展规划和共建"一带一路"合作规划将被制定，联合委员会机制的重要性将提升到一个新的高度。事实上，2015 年发布的《推动共建丝绸之路经济带和 21 世纪海上丝绸之路的愿景与行动》已指明了联合委员会机制的作用，建立完善双边联合工作机制，研究推进"一带一路"建设的实施方案、行动路线图。充分发挥现有联合委员会、混合委员会、协委会、指导委员会、管理委员会等双边机制作用，协调推动合作项目实施。[39] 在落实协议中，要积极推进对双边关系有重要战略意义和重大政治经济价值的项目，获取早期收获。同时，推动与"一带一路"密切相关的创新、产能、海洋科技、环保领域的合作，在没有相关机制的国家增设联委会，在已有相关联委会的国家关注这些新兴的合作领域，使联合委员会机制成为双边关系长期发展的稳定器、推进器和聚合器，成为抵制国家间对抗与冲突、促进国家间合作交往的重要模式。

注释

1. 各国政府也签署联合声明、宣言等文件形式，这些合作往往涉及政治与外交合作，较少涉及功能性合作。

2. 在梁淑英的《国际法》一书中，她认为，"协定"和"谅解备忘录"只是处理的事项大小不同，从而名称不同，但是在法律性质上却没有什么不同，都是"条约"。参见梁淑英：《国际法》，北京：中央广播电视大学出版社 2002 年版，第 289—290 页。

3. 有些协定相互通知后立即生效，有些则规定在相互通知后达到一定时期后生效。

4. 最新的《中华人民共和国政府和津巴布韦共和国政府对所得避免双重征税和防止偷漏税的协定》由国家税务总局局长王军签署，这又回到了第一种情况。

5. 陈楚钟：《跨境上市监管的国际合作与协调——监管冲突的全球治理》，北京：经济科学出版社 2013 年版，第 135—136 页。

6. 吴永辉：《全球治理中的国际软法的勃兴》，载《国际经济法学刊》，北京：北京大学出版社 2008 年第 15 卷第 1 期，第 62—85 页。

7. [印]基尚・拉纳：《双边外交》，罗松涛、邱敬译，北京：北京大学出版社 2005 年版，第 119 页。

8. 当时，参加中罗科学与技术合作联合委员会第一届会议的中国代表团仅有 4 名，即中罗科学与技术合作联委会中国组主席、中央人民政府燃料工业部副部长李人俊（作为代表团团长），中央人民政府纺织工业部副部长张秋琴（作为代表团团员），中国驻罗马尼亚大使馆商务参赞张子克（作为代表团团员），中央人民政府燃料工业部石油管理总局副局长刘放（作为代表团秘书）。参见《参加中罗科学与技术合作联合委员会第一届会议我国代表团从北京启程前往罗马尼亚》,《人民日报》,1953 年 9 月 6 日,第 1 版。参加中波科学与技术合作联合委员会第一届会议的中方代表团共有 23 人,并由时任交通部副部长王首道率领。参见《我国技术与技术科学代表团到华沙》,《人民日报》,1954 年 6 月 28 日,第 4 版。参加中捷科学与技术合作联合委员会第二届会议的中国代表团共有 19 人,由时任燃料工业部副部长刘澜波率领。参见《参加中捷科学与技术合作联合委员会会议我国代表团离京去布拉格》,《人民日报》,1954 年 7 月 22 日,第 3 版。参加中苏科学技术合作委员会第一次会议的中国代表团共计 20 人,并由时任国家计划委员会副主任兼国家统计局局长薛暮桥率领。参见《参加中苏科学技术合作委员会我国代表团启程去莫斯科》,《人民日报》,1954 年 12 月 7 日,第 1 版。

9. 李巍:《理解中国经济外交》,载《外交评论》2014 年第 4 期,第 15 页。

10.《邓小平文选》(一九七五——九八二年),北京:人民出版社 1983 年版,第 91 页。

11. 中华人民共和国外交部条法司:《中华人民共和国条约集第二十五集》,北京:世界知识出版社 1983 年版,第 57—60 页。

12.《波兰外贸部长表示希望扩大波中贸易》,《人民日报》,1984 年 2 月 22 日,第 6 版。

13.《中美科技合作委员会会议在美举行》,《人民日报》,1981 年 10 月 17 日,第 6 版。

14. 王勇:《中美经贸关系》,北京:中国市场出版社 2007 年版,第 232—234 页。

15. 中华人民共和国外交部条法司:《中华人民共和国条约集第四十四集》,北京:世界知识出版社 1999 年版,第 117—118 页。

16. 中华人民共和国外交部条法司:《中华人民共和国条约集第四十六集》,北京:世界知识出版社 2001 年版,第 176—180 页。

17. 中华人民共和国外交部条法司:《中华人民共和国条约集第四十九集》,北京:世界知识出版社 2004 年版,第 558—561 页。

18. 中华人民共和国外交部条法司:《中华人民共和国条约集第五十集》,北京:世界知识出版社 2005 年版,第 72—75 页。

19. 中华人民共和国外交部条法司:《中华人民共和国条约集第五十二集》,北京:世界知识出版社 2006 年版,第 477 页。

20. 中委高级混合委员会下设双边关系、经贸、能源、科技与文化、农业五个分委会。

21. 中墨两国常设委员会下设政治、经贸、文教、科技四个分委会。

22. 中巴高层协调与合作委员会至今已下设政治、经贸、科技、空间技术、文化、农业六个分委会,许多分委会还下设工作组。之后,中巴高层协调与合作委员会还增设财金、能源矿产、航天、工信、卫生、教育等六个分委会。目前,一共设立了 12 个分委会。

23.《中国—哈萨克斯坦合作委员会一次会议在京召开》,《人民日报》,2004 年 7 月 3 日,第 4 版。

24.《外交部副部长王超同智利副外长里韦罗斯举行中智政府间常设委员会第一次会议》,外交部网站,http://www.fmprc.gov.cn/web/wjbxw_673019/t1456193.shtml。

25.《中阿政府间合作委员会首次会议举行》,人民网,http://world.people.com.cn/n1/2017/0503/c1002-29249578.html。

26. 部长担任人选一般为外交部长或发展改革委主任。

27. 苏长和:《互联互通世界的治理和秩序》,载《世界经济与政治》2017 年第 2 期,第 26 页。

28. 戴维来:《中国的"结伴外交"战略:特征、缘由及路径》,载《现代国际关系》2015 年第 10 期,第 32 页。

29. 唯一的例外可能就是中国与新加坡早在 2003 年就建立了副总理级别的双边合作联合委员会,但在 2015 年才建立"与时俱进的全方位合作伙伴关系"。

30. 吴泽林:《亚洲区域合作的互联互通:一个初步的分析框架》,载《世界经济与政治》2016 年第 6 期,第 79—80 页。

31. Y.Hou, A.Y.Ni, O.O.Poocharoen, Yang, K., & Zhao, Z.J. "The Case for Public Administration with a Global Perspective", *Journal of Public Administration Research and Theory*, Vol.21, 2011.

32.《七国集团在全球经济治理中的作用下降》,商务部网站,http://www.mofcom.gov.cn/article/i/jyjl/m/201606/20160601331650.shtml。

33. 这些多边平台的发起可能有政府部门的重要作用,但总体架构还是由国家领导人逐渐决定的。

34. 在共同执行机制创设之后,这些政府部门间的对话也开始主动创设一些新的议题,而并非仅仅作为共同的执行者。

35. 扈大威:《中国整体合作外交评析》,载《国际问题研究》2015 年第 6 期,第 76—77 页。

36. 苏长和:《从关系到共生——中国大国外交理论的文化和制度阐释》,载《世界经济与政治》2016 年第 1 期,第 14 页。

37. 扈大威:《中国整体合作外交评析》,《国际问题研究》2015 年第 6 期,第 84—85 页。

38. [印]基尚·拉纳:《双边外交》,罗松涛、邱敬译,第 120 页。

39.《推动共建丝绸之路经济带和 21 世纪海上丝绸之路的愿景与行动》,人民网,http://finance.people.com.cn/n/2015/0328/c1004-26764666.html。

第三章
作为微观运行方式的联合行政

在共同执行机制下，各国政府和企业就具体的合作项目进行对接并达成共识，具体合作项目的落实涉及跨国行政合作在微观层面的运行方式。学术界目前对这一过程的研究并不多。许多研究聚焦某个具体合作项目的运行，还没有从整体层面归纳出一个统一的执行框架。国际关系中的合作理论主要探讨各国如何达成合作共识，也就是决策，由此发展出许多决策理论、决策模型和方法，但缺乏对合作共识的执行研究。作为一种微观运行方式的联合行政以联合行动为特点，各国政府及多元行为体调动国内资源，共同参与到具体合作项目的执行过程中去，共同完成协议的目标和内容。本章尝试对具体合作项目的联合执行过程进行探讨。

第一节　来自政策执行研究的启示

联合行政作为具体合作项目的共同执行过程，可以从其他学科汲取养分。在这方面，公共政策对执行研究或许是最丰富的。20 世纪 40 年代末，公共政策从公共行政学中独立出来。但是，它主要关注政策制定，政策执行长时期内并没有得到足够的重视。这一原因在于政策能够自动执行的假定。20 世纪 60—70 年代，随着政策科学的深入研究，人们日益发现“偏重政策制定或规划的研究而忽视对政策执行的研究的做法，严重制约着政策科学的发展，必须加以纠正，并强烈要求对政策系统、政策过程的各种因素和环节做更加全面深入的研究”[1]。最初政策制定与最终政策效果的偏差，甚至反差，使政策执行上升为 20 世纪 70 年代初西方政策科学研究的重要议题之一。[2]

学术界普遍认为，拉斯韦尔（H.D.Lasswell）和拉纳（D.Lerner）于1951年出版的《政策科学：范围和方法的新近发展》一书被认为是公共政策学或政策科学诞生的标志。1973年，杰弗里·普雷斯曼（Jeffrey Pressman）和艾伦·怀尔德夫斯基（Aaron Wildavsky）出版的《执行：联邦政府的期望在奥克兰市落空》则成为了政策执行研究的奠基之作。该书以美国联邦政府创造就业机会的"奥克兰计划"的执行为基础，分析没有达到预期目标的原因，认为多元参与者联合行动的复杂性是其主要原因。他们的研究对于政策执行问题成为显学功不可没，[3]促使美国人转而关注政策的执行过程，而非仅仅关注政策过程的决策阶段。至此，学者们认识到，把位于"政策形成"与"政策结果"之间的行政管理过程当作一个与"政策结果"不相干的"黑匣子"可能是有问题的，[4]政策执行之于政策效果相当重要。学者们随后运用多种方法提出了不少政策执行模式。政策执行也就成为公共政策教科书的重要章节和政策有效性的关键变量。中国学者陈振明将"政策执行"定义为："政策执行者通过建立组织机构，运用各种政策资源，采取解释、宣传、实验、实施、协调与监控等各种行动，将政策观念形态的内容转化为实际效果，从而实现既定政策目标的活动过程。"[5]这一定义几乎涵盖了政策执行的所有议题，包括政策执行的载体、方式、过程等。当前，政策执行模式的构建主要从政策利益者之间的关系、政策执行的影响因素、政策执行阶段三个方面进行。

第一种研究聚焦政策利益者之间的关系。英国学者苏珊·巴雷特（Susan Barrett）和科林·富奇（Colin Fudge）的研究得益于组织理论的发展，他们特别强调政策执行因反对作用的影响，随着时间的变迁逐渐由不规则的非线形过程发展为稳定的线形过程，政策执行最终是上层官员和下层官员在协商中达成的妥协，在"推动—反对"的反复循环中，执行过程趋于定型。[6]麦克拉夫林（M.Mclaughlin）提出的"互适模式"与此类似，他以美国教育政策的执行为基础，认为政策执行是政策机构与受影响者之间就政策目标与手段进行相互调适的动态平衡过程。由于双方具有不同的利益，要想让政策得到有效执行，必须进行协调。[7]尤金·巴达奇（Eugene Bardach）认为，执行过程需要被理解为一个包括"博弈"的过程，他概括了可能出现的博弈的多种形式。可以看到，几位学者的研究都强调政策执行中的互动过程，包括政策制定者与政策执行者之间的互动，以及政策制定者与政策影响者之间的互动，而非曾经认为的只是一种简单的自上而下的线性过程。

第二种研究分析政策执行的影响因素。美国学者多纳尔德·范米特(Donald Van Meter)和卡尔·范霍恩(Carl Van Horn)所做的贡献是把普雷斯曼和怀尔德夫斯基所提供的更为一般性的方法向前推进，并提出可以对执行过程进行分析的模型，即“系统模式”，他们将影响政策执行的内外因素分为六类：(1)政策目标；(2)政策资源；(3)执行方式；(4)执行机构的特性及其整合程度；(5)系统环境；(6)执行者的意向或偏好。他认为，“政策将导致的变化程度”和“政策相关方对政策目标达成的共识程度”是影响政策执行的关键因素。他以这两大维度为基础将其划分为四种类型：强变化/低共识型、强变化/高共识型、低变化/高共识型、低变化/低共识型，并得出结论：目标共识对政策的影响大于政策变动的影响。[8]史密斯(T.B.Smith)的“过程模式”是较早开始分析这些因素的。在《政策执行过程》(*The Implementation Process*)一书中，他强调压力结构对政策执行的影响。压力结构由理想化的政策、执行机构、目标群体和环境因素组成。其中，理想化政策是合理、合法、可行的政策方案；执行机构是负责施行政策的机构，目标群体是在政策下需要调整行为的群体；环境因素是整个政策执行空间的影响因素。他认为，这四个因素的不同组合形成不同的压力结构，从而对政策执行产生影响。[9]萨巴蒂埃和他的合作者提出的“综合模式”将政策执行的影响因素划分为三类：分别为问题的可能性、政策本身的规制能力、政策本身以外的变项，在这三类中，又细分为具体的17个主要因素，包括现行有效的理论与技巧、标的团体行为的多样性、明确的政策指令、充分的财政资源、安排外界人士参与的机会、经济社会环境与技术、大众的支持、执行人员的热忱与领导技术，等等。[10]陈振明将影响因素同样分为三类：(1)政策问题的特性，包括政策问题的性质、目标团体行为的多样性、目标团体人数、目标团体行为需要调适量；(2)政策本身的因素，包括政策的正确性、政策的具体明确性、政策资源的充足性、政策上安排执行机关与人员；(3)政策以外的因素，包括目标团体的服从、执行人员的素质与工作态度、执行机关的特性、机关组织间的沟通与协调、政策监督、政策环境等。[11]丁煌将影响因素称为“执行阻滞”，包括行为和制度两个大类，其中，行为因素包括认知缺陷、认同障碍和行为方式，制度因素包括正式制度、非正式制度和政策质量。[12]张金马认为，政策有效执行的条件包括：(1)政策的质量较高；(2)必要的政策资源；(3)恰当的执行方法；(4)合格的执行人员；(5)顺从的目标群体；(6)正确的沟通协调；(7)适宜的执行环境；(8)有效的监督控制。[13]总之，这些政策执行模式可以看到学界对构建一个综合性的执行过程分析的尝试，致力于较为全面地指出政策执行过程中内外部的影响因素。

第三种研究关于政策执行阶段的分类。雷恩(M.Rein)和拉宾洛维茨(F.F.Rabinovitz)在《执行的理论观》中提出“执行循环”模式，将政策执行分为议定纲领阶段、分配资源阶段和监督执行阶段，这三个阶段是“上令下行”和“下情上达”的相互循环过程，并且遵循合法性、理性、共识三项原则。[14]朴贞子等学者将政策执行阶段分为：政策解释、信息分析、执行计划、组织化、物质和服务的供给、危机管理、公共关系等。[15]萨巴蒂埃和他的合作者将政策执行过程分为五个阶段，分别是执行机构的政策产出、标的团体对政策产出的顺服、政策产出的实际影响、对政策产出所知觉到的影响、政策的主要修正。[16]在中国学界，陈振明的政策执行过程分类较为具有代表性，他认为政策执行过程包括政策宣传、政策分解、物质准备、组织准备、政策实验、全面实施、协调与监控等。[17]

对公共政策的主体互动、影响因素和执行阶段的分析无疑具有重要的启示意义。一方面，要将国际协议落到实处，同样需要计划制定、资源准备、组织化、实施监督等多个环节，这对于分析联合行政的运行过程具有借鉴价值。另一方面，执行者偏好、目标群体、执行方式、国际环境等内外部因素同样也会很大程度地影响到联合行政的运行过程。

当然，我们也要注意到两个研究领域的区别。第一，对于政策执行的研究，由“自上而下”阶段、“自下而上”阶段发展到整合互动阶段，已形成了较为完整的模式架构。然而，联合行政不仅是一种“上下互动”的纵向模式，也是一种横向互动，包括行政机构之间的互动，参与的企业、科研院所、社会团体之间的互动等。在执行方式上，包括各国人、财、物等资源的联合供给和责任分配、联合组织的结构和职能安排、行为体之间的沟通原则等。这一横向互动关系是影响执行有效性的关键因素之一。毕竟,联合行政的难度很大程度上就在于联合行动。第二,公共政策研究很少涉及政府的行政意愿问题。因为,行政是政府的基本职能,是政府必须承担的公共责任。但是,联合行政的内容主要是国际合作项目。有时,合作的背后反映了国家之间的竞争和各国对国家利益的"盘算",国际协议的制定与执行之间隔阂很大,而这往往受到政府的行政意愿或合作偏好的影响。

第二节 联合行政作为运行方式的具体实践

目前,中国已经在双边和多边层面与世界各国在各个领域缔结了协定、协议或谅解备忘录。总的来说,国家发展的需要、跨界问题的解决以及突发性危机的产生是开展国际合作、达成国际共识、制定国际协议的三大动因。应当来说,在各国发展战略对接的基础上,合作项目逐渐进入政府高层官员的议程,在谈判成功的前提下,国家领导人或政府高官确定具体合作项目并签订合作协议,协议经过合法化程序后就进入跨国行政合作阶段。就联合行政来说,我们将首先挑选四个典型案例,从中归纳出联合行政的运行过程,这四个案例分别为中巴联合研制地球资源卫星、中哈跨界水资源管理、湄公河联合执法、共建"中巴经济走廊"。选择这四个案例的原因在于,第一,这四个案例的执行都需要相关国家政府,以及其他行为体在执行阶段的共同参与,否则无法有效实施。第二,这四个案例覆盖了国际合作的三大原因,中巴联合研制地球资源卫星是为了中国和巴西两国科技的发展,共建"中巴经济走廊"是为了促进中国和巴基斯坦两国的经济社会进步,中哈跨界水资源管理是为了解决中国和哈萨克斯坦的跨界水资源保护和分配问题,湄公河联合执法由突发性危机引发,是以打击跨国犯罪为主而采取的联合行动。第三,这四个案例的发生时间点可以体现出联合行政运行过程的普遍性。中巴联合研制地球资源卫星始于20世纪80年代;中哈跨界水资源管理开始于20世纪90年代;湄公河联合执法始于2011年;共建"中巴经济走廊"始于2013年,这些合作均仍在进行。第四,有关这四个案例的资料和研究成果较为丰富,对于考察联合行政的运行过程有较为清晰的分析依据。因而，从这四个案例去归纳联合行政的运行过程或许能够产生一定的普遍意义。

一、中巴联合研制地球资源卫星

20 世纪 50—60 年代，发展中国家基本上依靠美国等发达国家的资源卫星图像。70 年代末 80 年代初，中巴两国对空间技术等高端领域的需求开始增大，都希望研制自主生产的地球资源卫星。1981 年，中国空间技术研究院的专家对研制资源卫星展开论证，命名为“实践三号”。后来，航天工业部对其进行重组，更名为“资源一号”，并提出了在技术上赶超法国“斯波特”卫星和美国“陆地卫星”的目标。[18] 由于经费缺乏，研制工作的进展较为缓慢，正式启动一直要到 1986 年国务院批转了航天工业部关于加速发展航天技术的报告。

为早日实现目标，中国的决策者和研制工作者寻求通过国际合作推动资源卫星项目。一开始，中国希望同欧洲进行合作，但由于种种原因没有得到积极回应，与此同时，美国对巴西提出的资源卫星合作设想也不热情，这就让两个具有共同诉求的发展中大国走到了一起。1987 年，中国航天工业部领导和专家在访问巴西时介绍了中国的研制进度，这吸引了巴西政府的注意力。没过多久，来中国访问的巴西空间研究院代表团就与中方进行协商，决定联合研制地球资源卫星。1988 年 3 月，中国空间技术研究院与巴西国家空间研究院签署了中巴联合研制地球资源卫星工作报告，将两国的技术优势和资金整合到一起，这使巴西空间研究项目进入到了一个新的阶段。[19] 在同年 7 月巴西总统萨尔内访华期间，中国外交部长钱其琛和巴西外交部长阿布雷乌·索德雷在两国元首的见证下签署了《关于核准研制地球资源卫星的协议书》；8 月，中巴两国外交部长签署《关于联合研制中巴地球资源卫星的协议书》。至此，两国共同研制工作正式启动。依照协议，资源一号卫星由 15 个分系统组成，总质量为 1 540 千克，设计寿命 2 年。卫星由中国空间技术研究院和巴西国家空间研究院联合研制，总投资为 1.5 亿美元，其中，中国投资 1.05 亿美元，巴西投资 4 500 万美元。[20] 同时，两国成立了作为最高领导机构的项目委员会，确保卫星计划的顺利执行。双方确定,中国空间技术研究院副院长王和忠为中方主席,其职责是:(1)确定总政策,下达指示;(2)重大问题的决策;(3)审核合作计划,批准计划的实施;(4)批准工程技术组和工程管理组所提交的方案设计、方案评审、研制计划流程等系统级报告,委员会还下设2名项目负责人,负责研制项目的组织、实施;批准分系统级的各种文件;协调处理联合研制中发生的问题等。[21]

1988年起,两国航天专家在这一架构下紧密协作,从共同评审卫星和分系统方案,到确定接口关系和技术指标,从制定工程实施的管理办法,到按照分工进行技术攻关和设备的研制,[22]一步步探索,不断在困难中前行。当然,联合研制过程中,两国也存在一定的分歧。比如,巴方希望能够参与卫星测控,但中方因责任问题没有答应;巴方提出第二颗星在巴西总装测试,但中方因经费问题也没有同意。基于此,两国合作曾于20世纪90年代初一度陷入困境。直到1993年钱其琛外长访问巴西,两国签署《关于核准地球资源卫星的补充协议书》之后,这两个问题才得到了圆满解决。[23]在两国航天专家的辛勤工作和两国政府的大力支持下,资源一号卫星经过方案、初样、正样、地面模拟实验等阶段后,于1999年在太原卫星发射中心顺利发射升空。2003年,项目的第二颗卫星在同一地点被送入轨道。值得一提的是,中巴地球资源卫星提供数据的成本仅仅是其他发达国家卫星的一半。[24]为了保证地球资源卫星的持续应用,2000年,在外交部长唐家璇访问巴西期间,他代表中国政府与巴西签署《关于空间技术合作的议定书》,推动后续地球资源卫星的合作开发。2002年,双方又签署了补充议定书,计划建造“地球资源卫星”3号和4号。2014年12月,资源一号04星发射成功,这进一步巩固、加强和提升了两国的航天合作水平,为后续的长期合作打下了扎实的政治和技术基础。

中巴两国的合作开拓了国家间新型合作模式,是高科技领域南南合作的成功典范,也为两国经济社会的发展带来了巨大的利益。对于中国来说,它加速了空间技术在中国的运用,包括农作物种植、灾害监测、地下矿产和水资源勘探、森林保护、海洋资源开发、环境资源变化、城市规划等等,地球资源卫星为此提供了很大的便利,对于政府的政策制定和国家经济建设发挥了积极作用。[25]对于巴西来说,地球资源卫星可以用于控制森林砍伐、生物多样性研究、城市规划等，特别是为了解亚马逊流域的原始森林提供了关键的技术便利。[26]此外，广大的发展中国家可以免费享有中巴地球资源卫星的相关数据，这对国际社会，特别是许多发展中国家来说是一项重要的国际公共产品。

“中巴地球资源卫星”项目也推动了双边合作机制的完善。2003年，为加强在卫星应用领域及其他航天技术的合作，双方成立了跨部门的中巴空间技术合作协调委员会，对接、协调、决定航天领域合作的重大事项，委员会中方主席由国防科工委主任担任，成员包括外交部、财政部、商务部、国土资源部、国家航天局、中国卫星发射测控系统部、中国航天科技集团公司的有关负责人；巴方主席由巴西科技部部长担任，成员包括外交部、工业发展贸易部、国防部、财政部、航天局、巴西空间技术研究院的有关负责人。[27] 2007 年，空间技术合作协调委员会正式上升为中巴高层协调与合作委员会框架下的航天合作分委会，并在其下建立了联合项目委员会，沟通、协调与解决中巴地球资源卫星的研制、应用、发射等事宜。[28] 2010 年，中巴两国签署了《2010 年至 2014 年共同行动计划》，重申加强航天合作意愿，并在中巴地球资源卫星框架下扩大和丰富合作。[29] 2013 年，中巴两国航天局长签署《2013—2022 年航天合作计划》，商定于 2018 年 12 月发射 04A 星，以保证中巴地球资源卫星项目用户继续获取卫星图像等服务。[30] 2015 年 4 月，中巴航天合作协调会议在巴西空间技术研究院召开，双方决定正式启动中巴地球资源卫星项目 04A 星的研制工作。两国还表达了合作发射 05 星、06 星的意愿。此外，中巴还计划在气象卫星等方面实现突破。

二、中哈跨界水资源管理

中国新疆不仅与哈萨克斯坦有 1 700 多公里的边界线，还拥有 23 条跨界河流，其中，伊犁河、额尔齐斯河是较大的河流。额尔齐斯河哺育着中国新疆阿勒泰地区近 90 万人口和哈萨克斯坦 250 万人口；在伊犁河流域，中国境内的人口约 251.7 万人，哈萨克斯坦境内的人口约 113.6 万人。[31]对中方来说，新疆缺水问题较严重，额尔齐斯河与伊犁河被视为当地经济和社会发展的基础资源。额尔齐斯河流在中国境内河长633公里，流域面积53 700平方公里；伊犁河在中国境内河流长637公里，流域面积56 953平方公里；这两条河的多年平均地表径流量占全疆地表径流总量的1/3。额尔齐斯河不仅保障新疆阿勒泰地区畜牧业发展、采矿业冶炼等方面的供水，还通过修建“引额济克”和“引额入乌”等引水工程保障新疆乌鲁木齐市的供水及农、林业的灌溉。中国境内的伊犁河水能蕴藏量700多万千瓦，占新疆水能蕴藏总量21%，现已建成一百多座中小型水电站，其中，喀什河托海水电站规模最大，还有一些水坝(库)处于规划阶段。[32]与此同时，西部大开发也要求西北地区的水资源得到更为有效的利用。对哈方来说，哈萨克斯坦是欧亚大陆的干旱内陆区，大部分地区由沙漠和半沙漠组成，虽然河流较多，但水量很少，且分布极不合理。更为重要的是，其地表水中有将近一半来自跨界河流。额尔齐斯河是哈萨克斯坦中部、首都阿斯塔纳及周边区域发展的主要水源，这一地区能源、工业和农业的可持续发展都与该河流水资源直接相关。哈萨克斯坦计划在其境内的该河河段修建十三个梯级电站，现已修建了布赫塔尔马、舒尔奥斯克和乌斯季卡缅诺戈尔斯克三座电站，并在支流乌里巴河上也修建了一些中小型电站。伊犁河对哈萨克斯坦东部地区工农业生产非常重要，为了发电和灌溉，在阿拉木图州和塔尔迪库尔干州的伊犁河上，已修建了卡普卡盖水库。[33]因此，哈萨克斯坦对水资源的保护利用相当关注。事实上，水资源安全问题很早就成为涉及政治、经济、社会的国家战略问题，《2003～2015年国家工业创新发展战略》中就已将水资源利用率作为一项重要国策，[34]被视为与石油和天然气一样是一种战略资源。对于哈萨克斯坦来说，“水资源对于国家经济的竞争力具有直接影响”[35]。

1992年，两国建交之后，由于担心中国的开发利用对跨界河流产生影响，包括粮食产量、水力发电和适航性等，[36]哈方于当年提出就跨界河流水资源制定法律体系的建议，并转交了哈方方案。中方随即提出共同利用跨界河流水资源的计划。1999年，纳扎尔巴耶夫总统在给江泽民主席的私人信件中，希望就解决跨界河流产生的问题进行谈判，并呼吁中方采取紧急措施。[37]中方迅速回应，同年就举办磋商会议，宣布会完全考虑哈方利益。在10月的第二次磋商中，两国同意对伊犁河和额尔齐斯河跨界河流水资源设施问题以及两河水资源状况定期交换信息。之后，双方还批准了联合专家工作组章程。2000 年，双方进行第三次磋商，中方再次强调水资源使用中对哈方利益的最大限度考虑，双方批准了中哈界河联合专家组章程，规定在合理使用和保护跨界河流免遭污染方面，基于研究和绘图工作，进行联合评估的原则。

在以上三次磋商的基础上，2001 年，两国签署了《关于利用和保护跨界河流的合作协定》，为两国分水合作奠定了坚实的法律基础。同时，协定成立了中哈利用和保护跨界河流联合委员会（以下简称“联合委员会”），负责制定联合委员会工作条例和处理执行协定的有关事宜。联合委员会每年一次轮流在两国举行，就跨界河流水资源利用问题开展务实对话与合作。2003 年，联合委员会第一次会议在北京举行。此后，在这一框架下主要达成了以下成果：2005 年双方签署《关于中哈双方紧急通报主要跨界河流洪水与冰凌灾害信息的实施方案》[38]；2006 年双方签订《关于相互交换主要跨界河流边境水文站水文水质资料的协议》和《关于开展跨界河流科研合作的协议》。2007 年，联合委员会被正式纳入更高级别的中哈合作委员会。2010 年，中哈利用和保护跨界河流第八次联委会会议审议并通过了《中哈跨界河流水量分配技术工作重点实施计划》，同时还签署了《关于共同建设霍尔果斯河友谊联合引水枢纽工程的合作协定》[39]。2011 年，总投资为 956 万美元、由两国政府各承担 50％的中哈霍尔果斯河友谊联合引水枢纽工程正式开工，这一工程将“有效提高农业灌溉、生态用水的保证率，减轻下游地区的洪水危害，特别是下游霍尔果斯口岸及中哈贸易合作区的防洪压力”[40]。同时，大大提升科学调度和水资源管理水平。工程于 2013 年 7 月正式竣工并投入使用。为帮助哈方解决苏木拜河引水困难问题，2017 年 11 月，在中哈跨界河流联合委员会第十五次会议期间，中国水利部副部长周学文和哈萨克斯坦农业部副部长内桑巴耶夫代表两国政府签署了《中华人民共和国政府和哈萨克斯坦共和国政府关于苏木拜河联合引水工程改造的协定》，[41]工程于同年 12 月正式开工，项目总投 589.52 万元，其中，中方投资 319.39 万元，哈方投资 270.13 万元。项目建成后，能确保实现两国公平合理利用苏木拜河水资源，具有良好的经济效益、社会效益和环境效益，对两国加快发展农业供给侧改革、推动经济社会可持续发展以及进一步深化两国合作具有重要意义。至今，联合委员会已举行十四次会议。虽然,两国在某些问题上仍存在分歧,需要进一步磋商,[42]但应当来说,两国水资源合作正在稳步推进,不断取得积极的成效,这在很大程度上得益于联合委员会的功劳。

2018 年 6 月,纳扎尔巴耶夫总统对中国进行国事访问时发布的《联合声明》中提到,“双方高度评价中哈利用和保护跨界河流联合委员会的工作成果。双方将在平等、睦邻和互利原则基础上,巩固和深化两国跨界河流领域的保护和利用工作”。同时,“双方将尽快完成苏木拜河联合引水工程改造,加快霍尔果斯河阿拉马力(楚库尔布拉克)联合泥石流拦阻建设,继续共同做好霍尔果斯河友谊联合引水枢纽工程的管理和运行,造福跨界河流沿岸两国人民。双方将力争尽早完成中哈跨界河流水量分配技术工作重点实施计划,扎实做好并尽快完成中哈额尔齐斯河、伊犁河、额敏河等主要跨界河流全流域水资源评价工作,愿积极开展《中华人民共和国政府和哈萨克斯坦共和国政府关于跨界河流水量分配协定》草案研究协商工作,以便下一步签署该文件”[43]。总之,在两国领导人的关心和联合委员会的协调与执行下,中哈两国已在跨界河流水量分配基础性技术工作、跨界河流水量分配协议草案研究协商、自然灾害信息紧急通报、边境水文站水文资料交换等领域开展了许多务实合作。[44]

三、湄公河联合执法

湄公河发源于中国青海,全长 4 908 公里。20 世纪 90 年代,沿岸国家逐渐意识到湄公河对于经济社会发展的巨大潜力,包括农业灌溉和渔业。在 1991 年柬越战争结束后,各国在水资源领域达成的合作项目显著增加。[45] 2000 年,中老缅泰签署《澜沧江—湄公河商船通航协定》,便利湄公河通航通商。此后,湄公河逐渐成为沿岸各国经贸发展和深化友谊的“黄金水道”。据统计,水上运输可以比路上运输节省 40%—60%的运输成本。但是,经济合作日益密切的同时,其安全状况始终令人担忧,贩卖毒品、抢劫勒索、走私枪支等一系列非传统安全问题频频发生。从 2008 年开始,中国警方就陆续收到湄公河发生凶杀案的报告。[46] 2011 年 10 月,两艘中国籍商船“华平号”和“玉兴 8 号”在金三角水域遭到枪击，13名中国船员全部遇害，这起震惊世界的惨案严重危害了中国公民的生命财产安全和边境安全，也反映出加强湄公河航运安全的重要性和紧迫性。[47]

为尽快缉拿凶手，维护航运安全，在中国政府强烈呼吁和积极倡导下，2011年，中老缅泰发表《关于湄公河流域执法安全合作的联合声明》，正式建立湄公河流域执法安全合作机制，这成为联合执法的纲领性文件。[48]执法安全合作机制为解决问题提供了有效的路径。为落实声明，同年，四国执法安全部门代表发布《湄公河联合巡逻执法部长级会议联合声明》，同意自2011年12月中旬起开展联合执法，并在中国关累港设立联合指挥部，四国派驻官员和联络官，交流情报，协调各国执法工作。[49]2011年12月，联合指挥部正式揭牌，标志着四国执法警务合作建立了一个新的平台。[50]12月10日，四国联合巡逻执法首航仪式举行，由10艘货船和5艘巡逻执法船组成的船队驶离关累港。[51]首航仪式拉开了四国联合巡逻执法的序幕。至2017年底，中老缅泰已开展湄公河巡逻执法65次，中缅界河巡逻勤务23次，动用执法船艇561艘次、执法人员10 760人次，总航行2 175小时，总航程3.3万余公里。联检船只698艘次，人员3 555人次，货物5万余吨，救助遇险船只120艘、船员462人，为900多艘货运商船护航，查获毒品案件24起，缴获毒品740千克，查获走私案件14起。[52]在该机制框架下，2012年3月，中老缅泰抓获"10·5"案主犯糯康及另外5名骨干成员，移交中方进行了公开审判。与此同时，四国执法安全合作愈发密切，执法人员往来更加频繁，不断拓展合作领域，包括联合扫毒等。2015年的部长级会议发布《关于加强湄公河流域综合执法安全合作的联合声明》，声明扩大了执法安全合作范围，进一步涵盖网络犯罪、贩卖毒品、恐怖主义等，将打击有组织偷渡和非法移民、缉捕遣返逃犯纳入重点合作领域，建立湄公河流域执法安全合作部长级、高官级会议机制，要求部长级会议每两年举行一次，高官会每年举行一次。同时建立澜沧江—湄公河综合执法与安全合作中心。[53]会议还邀请柬埔寨和越南成为湄公河流域执法安全合作机制的观察员国。

在2016年12月举行的湄公河流域执法安全合作机制成立五周年部长级会议上，中国公安部部长郭声琨指出："湄公河流域执法安全合作机制成立五年来,有效维护了地区安全稳定,有力促进了地区繁荣发展,已成为不同国家开展地区执法安全合作的成功典范。中方愿与各方共同努力,弘扬'湄公河精神',全面深化务实合作,把建设'平安湄公河'作为机制发展的目标,共同建设澜沧江—湄公河综合执法安全合作中心,进一步深化联合巡逻执法、禁毒、反恐和边境管理等各领域合作,努力打造湄公河流域执法安全合作升级版,为地区乃至世界的安全繁荣作出更大贡献。"[54]可以看到,湄公河联合执法合作领域已由单一的联合巡逻向联合扫毒、联合搜救、打击拐卖人口和网络犯罪等其他非传统安全合作领域迈进。虽然,湄公河流域仍不安宁,各类袭击仍时而发生,但总体的安全状态较之前相比已经有了较为明显的提高,湄公河流域再没有发生大规模的犯罪活动,毒品泛滥、犯罪活动猖獗的"金三角"地区已经发生了巨大的变化。通过各国执法安全部门的持续保障,关累港重现当年生机,根据中国关累边境贸易区管理委员会的统计数据,2011 年,关累码头全年进出口货物总额为 15 932 万美元,2014 年该值已达 26 799 万美元,同比增长了 68.2%。[55]湄公河联合执法第一次实现了中国警力的海外派遣,[56]显示了中国保护海外利益的决心和能力,也保障了沿岸各国的经济社会发展与航运安全。未来,湄公河沿线国家将继续拓宽合作领域、创新执法安全合作方式方法、创建新的合作平台,推动和保障沿线人民的安定和发展。湄公河行动,还只是一个开始。

四、共建"中巴经济走廊"

巴基斯坦位于南亚次大陆西北部,全境 3/5 为山区和丘陵地形,基础设施建设滞后,能源供应不足,经济发展必须首先解决这两大瓶颈。2013 年 5 月,李克强总理在访问巴基斯坦期间提出携手打造"中巴经济走廊"倡议,具体以喀什为起点,以巴基斯坦瓜达尔港为终点,全长 3 000 公里,旨在促进中巴两国、南亚和东亚地区的互联互通,带动周边经济发展和民生改善,不断拉紧中巴利益纽带。双方同意,在充分论证的基础上,共同研究制订中巴经济走廊远景规划,推动中巴互联互通建设,促进中巴投资经贸合作取得更大发展。双方决定由中国国家发展和改革委员会和巴基斯坦计划委员会成立联合工作组,开展互联互通相关项目的研究。[57]同年7月,巴基斯坦总理谢里夫访问中国,双方发表了《关于新时期深化中巴战略合作伙伴关系的共同展望》,其中提到,将"尽快启动中巴经济走廊远景规划相关工作。远景规划涉及的合作领域主要包括互联互通建设、经济技术合作、人文和地方交流";"在远景规划合作框架下,近期重点推进的合作包括:适时启动中巴跨境光缆项目,加快推进喀喇昆仑公路升级改造工程,探讨推动太阳能、生物质能合作、探讨开展沿线产业园区建设、尽快启动政府间磋商,实现中国地面数字电视国际标准在巴基斯坦落地、协调TD-LTE在巴基斯坦的商业运营,加强无线宽带技术领域的合作"。[58]2015年4月8日,"中巴经济走廊委员会"在伊斯兰堡正式成立。同月20日,习近平主席访问巴基斯坦,两国宣布建立全天候战略合作伙伴关系,启动了460亿美元的投资计划,推动两国关系在更高水平上向前发展。这次访问提出了"1+4"的合作布局,即以中巴经济走廊建设为中心,以瓜达尔港、能源、基础设施建设、产业合作为四大重点。双方共同宣布了5项重大电力工程动工,并签署了51项合作协议和谅解备忘录,着力解决巴基斯坦经济社会发展中面临的能源和基础设施瓶颈,提升巴基斯坦的"造血"能力。

为积极稳妥地推动中巴经济走廊建设,两国政府从倡议一经提出就成立了"中巴经济走廊远景规划联合合作委员会"(以下简称联合委员会),联合委员会的职责在于制定中巴经济走廊建设的远景规划,确定中巴经济走廊项目的安排与实施。联合委员会通过协商达成共识,每半年举行一次工作会议,至今已经举行了七次会议。每一次联合委员会会议都旨在为下一阶段的工作进行探讨,确定中巴经济走廊的重点建设目标,具体领域的建设规划和项目编制,各个阶段的优先推进项目和重点项目,等等。2017年12月,《中巴经济走廊远景规划》(以下简称《规划》)在巴基斯坦首都伊斯兰堡正式发布,《规划》分为前言、走廊界定和建设条件、规划愿景和发展目标、指导思想和基本原则、重点合作领域、投融资机制和保障措施六部分。《规划》的发布标志着中巴经济走廊理论、现实建设和发展方向都有了较为清晰的轮廓。不仅如此,这一规划还会在未来进行优化调整,不断趋于完善,促进在建项目不断推进,引领未来项目科学布局,指导中巴经济走廊建设的发展方向。同时,对有意参与中巴经济走廊建设的其他国家提供明确的指导信息。[59]当前,中巴经济走廊已经硕果累累,43 个早期收获项目中有 22 个项目在建或完成。在能源领域,2017 年 7 月,萨希瓦尔燃煤电站全面建成并实现投产发电,2018 年 4 月,卡西姆港电站投入商业运行,大大缓解了巴基斯坦国内电力短缺问题,默蒂亚里至拉合尔直流输电工程进入全面实施阶段;在基础设施领域,喀喇昆仑公路升级改造二期(塔科特至哈维连段)、卡拉奇至拉合尔高速公路(苏库尔至木尔坦段)稳步推进,拉合尔"橙线"轨道交通项目开始试运行,双方就 1 号铁路干线升级改造及新建哈维连陆港项目签署了有关协议,完成了初步设计,并将加快推进实施;在产业合作领域,双方已成立产业合作联合专家组,对在经济走廊沿线推进园区合作进行深入研究。巴基斯坦拟在未来两到三年完成经济走廊项下九个工业园区建设。[60]在 2017 年举行的联合专家组会议上,双方就吸引中国企业产业转移、优惠激励政策、建设特殊经济区的合作条款等问题进行详细探讨,同意在第 7 次中巴经济走廊联合委员会前完成 9 个优先发展的特殊经济区可行性研究报告及其他相关程序;[61]在货币合作领域,巴基斯坦国家银行(央行)发表声明,批准贸易商在与中国的双边贸易中使用人民币作为结算货币,巴中两国的公共和私营企业在双边贸易和投资活动中可自由选择使用人民币;在瓜达尔港,瓜达尔港自由区起步区于 2018 年 1 月 29 日举行开园仪式,并举办首届国际商品展销会,目前已有 20 多家中巴企业入园,覆盖物流、渔业加工、家电组装以及银行、保险等金融服务领域,这标志着瓜达尔自由区投入实际运营。在人文交流领域,中国红十字援外医疗队进驻瓜达尔港,由新疆克拉玛依市政府捐助的气象站也已建成使用。走廊联合委员会双方秘书处为巴政府公务员及一线职工举办了五期共计 200 多人的培训,不但提升了巴方官员和工人的业务能力,也增进了两国人民的深厚友谊。[62]在走廊建设带动下,巴基斯坦经济增速近年来显著提高。在世界银行 2018 年发布的最新报告提到,受益中巴经济走廊大型基础设施的推动,巴能源供应不断改善,个人消费持续增长,预测巴基斯坦 2017—2018 财年国内生产总值增速将达到 5.8%。[63]

第三节　联合行政的运行过程

这四个案例涉及四个领域的联合行政，即联合研制、联合管理、联合执法、联合开发。从中可以看出，联合行政的基本运行过程至少包含责任分配、资源供给与协调、组织机构的设定、合作实施、评估—反馈、合作协议的修正与深化六个阶段。[64]

一、责任分配

由于联合行政是各国政府共同执行协议、共同实施合作项目。因而，各方就任务和责任进行分配成为第一步需要考虑的问题。责任分配将为接下来的出资比例、人员配备、物质支持等提供必要的基础。责任分配一般考虑到相关各方的比较优势，或者是在资金和人才方面，或者是在一些专业的技术方面，通过比较优势的结合实现合作目标。在联合研制地球资源卫星项目中，为共同落实《关于核准研制地球资源卫星的协议书》，实现研制出“中巴地球资源卫星01星”和“中巴地球资源卫星02星”的合作目标。两国依据历史研制的经验和优势，在一开始就将具体的责任分配作较为清晰的说明。在“01星”的15个分系统中，双方各自承担了部分分系统的研制。比如，中方负责姿态和轨道控制分系统、推进分系统、数据管理分系统和总体电路分系统等，巴方负责电源分系统、结构分系统等。[65]在中哈跨界水资源管理中，为落实《关于利用和保护跨界河流的合作协定》，双方提出了责任分配要求。一方面不能相互妨碍对跨界河流水资源的保护利用。另一方面，要尽力防止或降低洪水灾害和人为事故。在湄公河联合执法中，为贯彻《联合声明》，实现航运安全、经贸和人员正常往来的目标，四国均设立水上执法机构参与联合执法，明确各国分工。在共建“中巴经济走廊”进程中，中方企业根据双方共同做出的规划，参与投资、建设一系列能源和基础设施项目；而巴方则为合作项目提供一定的政策支持和机制保障。

二、资源供给与协调

在责任分配之后，各方就本国的责任提供相应的资源保障，包括必需的资金、能够胜任的人员、必要的物资，等等，这是保证协议顺利执行的经济基础。也只有充分的物质准备，才能为有效执行创造有利条件和良好环境。在这方面，各国政府就总体资源的投入比例进行协商谈判，有时甚至陷入争吵。一般来说，投入比例总是按照这一合作的收益偏向或者国家的经济实力来决定的。在地球资源卫星 01 星的合作中，在确定了 1.5 亿美元的资金条件后，双方商定了中方出资 70%、巴方出资 30%的资金比例。随着巴西国内经济的发展，之后的合作双方都以各 50%的比例出资。同时，双方都派出了当时在国内具有最强实力的航天专家，共同参与研发。在跨界水资源管理中，中国和哈萨克斯坦派出水利部门的专家进行磋商，在共同建设霍尔果斯河友谊联合引水枢纽工程时，双方在确定了 956 万美元的总投资后，商定各自承担 50%的费用。为推动湄公河联合执法，中国按照维和标准精心挑选了具有极强战斗力的官兵，形成了 280 多人规模的云南公安边防总队水上支队。缅甸则派出 30 余名警察，老挝则派出 20 余名警察参与联合执法。各方还共同协力配备了 5 艘经过改装的武装巡逻船只和 10 艘短程巡逻小快艇。同时，中国保障联合指挥部的日常运行，为老挝、缅甸、泰国提供必要的设备和物资，并对执法人员进行有关培训。

三、组织机构的设定

任何行动往往都以组织为载体，组织机构的设立是协议执行的必要准备，组织功能的发挥直接决定着目标的实现程度。组织的设定包含两个层面，一个是占主导地位的政府，另一个是负责具体执行项目的组织。组织机构同样要配备能够胜任的领导者和政策执行人员，制定必要的规章制度，并配以合理的人力、物力和财力。在中巴地球资源卫星 01 星的合作过程中，在政府层面，成立了涵盖中国外交部、商务部、国土资源部、航天局、卫星发射测控系统部和巴西外交部、工业发展贸易部、财政部、航天局等在内的中巴空间技术合作协调委员会，对协议执行起主导作用，安排、决定和监督两国的具体合作事宜。在具体执行层面，两国建立由双方技术人员组成的项目委员会，协调、处理卫星的研制及研制过程中产生的问题。在中哈跨界水资源管理中，双方首先由水利部专家组成联合专家组进行磋商，建立联合专家工作组章程，其后设立由水利部为主要参与方、多个政府部门共同参与的利用和保护跨界河流联合委员会。在具体执行层面，比如，共同建设霍尔果斯河友谊联合引水枢纽工程，则指定中国新疆北新建设工程（集团）有限责任公司负责建设，哈萨克斯坦设计院负责设计图纸，双方共同参与。在湄公河联合执法中，四国建立了部长级会议机制以及联合指挥部，又分别指定了各自的参与机构，包括中国云南公安边防总队水上支队、缅甸水警局和“金三角”水警支队、泰国湄公河预防和打击犯罪行动协调中心、老挝在湄公河沿岸的执勤点和执法联络点等。上层组织机构负责领导和决定具体的合作内容，提供必要的政治、资金和人员支持，而具体执行机构为各国协调行动提供平台，为顺利执行提供组织保障。“中巴经济走廊”倡议通过设立远景规划联合合作委员会，统筹安排与协调合作项目，并为每一个阶段的合作提供智力和政策支持。

四、合作实施

在人力、财力、物力得到充分保障并就责任分配与分工达成一致之后，执行就会启动。从以上案例中可以看到，虽然政府往往在国际合作的谈判和执行中起主导作用，但具体执行有许多都会落到企业、科研院所、社会团体等其他行为体中，联合行政不仅有政府部门的协调和参与，更有多元行为体的具体执行。地球资源卫星项目始终由中国空间技术研究院和巴西国家空间研究院联合研制；中哈跨界水资源的管理和建设施工离不开相关企业的参与，跨界河流的联合研究离不开两国科研院所的实际承担；湄公河联合执法离不开各国基层执法人员无数次的英勇航行。

联合行政具有多元参与属性，但其中，政府无疑起主导作用。反过来，政府间合作也推动着越来越多的企业和科研院所“走出去”，承担起促进共同发展的企业责任、国家责任和国际责任。比如，“中巴经济走廊”项目是中国和巴基斯坦携手打造的重要倡议，被认为是“一带一路”的旗舰项目。项目虽然由两国政府作为决定方、协调方与支持方，但具体执行还要借助中国电建集团海外投资有限公司、中国路桥工程有限责任公司、中国建筑股份有限公司、中国海外港口控股有限公司、中国铁路总公司、中核集团中国中原对外工程有限公司，以及巴基斯坦的企业，甚至第三方企业联合参与建设，当然，企业的积极参与配合也提升了两国的外交关系。当然，合作实施是一个全过程，与之前阶段的资源供给、机构设置，与之后的评估反馈有着密切的联系，合作过程并不总是一帆风顺的，时常会出现一些问题，各国政府持续性的调适在此时就显得尤为必要。“互适模式”运用在此是较为恰当的，合作实施是相关国家的政府、企业、科研院所等多元行为体之间的互动过程，而各方之间的良性互动有利于共同执行的顺利展开。

五、评估—反馈

评估—反馈发生于联合行政的整个过程，是对于合作进程的效果审查和问题分析，在效果评价的基础上，确定(进一步的)合作计划。在中巴地球资源卫星 01 星的联合研制过程中，巴方为提升研制能力，希望参与卫星测控，并在巴西进行总装测试，这就对卫星运输的财力和卫星发射的时间等提出了要求，增加了额外成本。这一要求曾一度使合作陷入困境。所幸在两国高层官员的谈判和协商中，最终达成共识。同时，01 星和 02 星的成功发射给两国的发展带来了巨大的经济和社会利益，在灾害监测、地下勘探、生物多样性研究、城市规划等多个方面发挥了重要作用，推动了后续的航天合作。中哈跨界水资源管理中，两国领导人给予高度评价，认为这一合作树立了国与国处理跨界河流问题的典范，双方合作始终在良好的氛围中持续推进。评估—反馈的平台包括项目委员会、政府层面的合作委员会，各方领导人和政府高官的会谈，等等，其中，合作项目最主要的监督者就是政府间合作委员会，如果项目被纳入政府间(综合性)合作委员会，相关项目的执行情况就要求在每次开会期间向大会提交报告和汇报情况，接受国家领导人和政府官员的指导和监督，协商解决项目运行中的问题。

六、合作协议的修正与深化

评估与反馈是指导合作执行的指南针，效果评价较差可能会使合作项目走向终止或暂停，效果评价较高将继续推动合作项目的完成和新的项目形成。中巴地球资源卫星01星中关于巴方参与卫星测控和在巴西进行总装测试问题的解决使两国签署了一份补充议定书，01星的成功发射推动了两国继续联合研发03星、04星、05星、06星的强烈意愿，新的空间技术合作议定书再次签署。中巴空间技术合作协调委员会也上升为中巴高委会框架下的航天合作分委会。同时，两国航天局还制定了长期的航天合作计划。中巴地球资源卫星的“外溢”效应非常明显，推动了双方在其他航天领域的合作，甚至是两国关系的全面发展。湄公河联合执法的成效推动了合作领域由联合巡逻向联合扫毒、联合搜救、打击拐卖人口和网络犯罪等其他非传统安全合作领域迈进，这就使水上巡逻向陆地打击犯罪逐渐延伸。云南公安边防总队国际执法处副处长黄伟就曾提到，中国和老挝已经就在某些“关键的陆地”进行联合巡逻达成共识。[66]同时，联合巡逻也推动了中老缅泰执法安全合作部长级会议和高官会议的机制化，并逐渐吸引了越南和柬埔寨的加入。在中巴交通和能源基础设施建设快速推进的同时，下一步两国将就经贸合作区、产业园区、物流园区建设等进行探讨，并在两国政府和企业的对接中签署协议。

第四节　联合行政的影响因素

国际合作理论经常用“囚徒困境”来说明国际合作如何难以达成。然而，不管国际协议是轻易达成还是在困难中达成，在共同执行阶段均会面临众多挑战。

一、政治互信

政治互信不仅影响着高政治领域的合作，对功能性合作同样造成影响。如果两国间的政治互信较为脆弱，那么协议即使签订也难以展开。因为，许多领域的合作可能会被看作是对国家利益的损害。就中美清洁能源合作来讲，虽然两国建立了能源政策对话、清洁能源联合研究中心等对话合作机制，签署了《能效与可再生能源合作议定书》《中美能源和环境十年合作框架协议》《关于中美能源合作项目的谅解备忘录》等一系列合作文件，但实质性的技术转让却进展缓慢。《中美和平利用核能合作协定》早在1985年就已签署，但直到2003年美国西屋公司在中国第三代核电技术的招标工作中中标，才有真正实质性的合作，历经18年。近几年来，中国政府在研发和人才培养上加大投入，成为世界上清洁能源投资最多的国家，“令美国感到其在清洁能源领域的技术和人才优势不断丧失”；[67]“越来越担心中国强大的模仿和自主技术升级能力，害怕技术转移后，还未从中国这个尚未实现的清洁能源市场获利，就被排挤出去”。[68]这使美国政府感到较大的疑虑和压力。目前，中国还希望从美国进口清洁能源设备和技术，但美国政府对华高科技出口管制政策大大限制了两国能源合作。[69]这种实质性技术转让的阻碍同样存在于中欧之间。为应对气候变化，2005年9月，中国和欧盟发表《气候变化联合宣言》，就低碳技术开发、应用、转让达成共识。“但欧盟至今还保持着对华出口高新技术领域产品和服务的限制，其中相当一部分技术与环保和清洁能源相关。”[70]互信不足也是制约中美海洋合作的最主要因素。中美两国已经在《海洋与渔业科技合作议定书》框架下建立了联合工作组，但近几年，美方在相关技术的分享上加大保留力度，而中方也认为一些关键数据和资料涉及国家核心利益。双方合作意愿的微妙变化，导致一些合作执行的活跃度不高。[71]近10年的海运安全合作也主要集中于集装箱安全、港口安全、贸易链安全、危险品运输安全等民事和技术这些“外围”层面。[72]同时，政治互信的缺乏也使中美在航空航天、反腐败等领域的合作举步维艰。这种无形障碍的背后实际上是在中国快速发展的过程中，发达国家对合作将使自身处于弱势地位的担忧。这就使得对“损害国家利益”的解释呈现多样性，但归根结底在于担心市场份额被挤占，或者是担心权势被中国超越。一方面，政府之间达成高层协议，表明善意立场，维持良好关系。另一方面又在实际上拒绝或拖延实质性合作，这割裂了签署协议和执行协议的连续性。

二、合作偏好

跨界问题的出现提升了各国参与全球治理的需要。然而,国际协议的签署并不意味着协议带来了事实上的合作行为,合作偏好的差异也是其中重要的影响因素。[73]不同的偏好在协议的谈判和签订时或许得到隐藏,但最终暴露在具体的执行过程中,或者说在签订合作协议时,各国政府大多并未对具体的合作项目进行对接,但在执行过程中,对接或许存在一些偏差。比如,在大湄公河水资源合作领域,各国对水资源利用的重心和迫切性不同。中国与老挝、柬埔寨、泰国等一些东南亚国家分别签署了双边水资源合作谅解备忘录。但中国的重点是水电开发,中国政府希望建造8座大坝以服务于云南省的发展,并惠及中国东部省份和东南亚国家,这也是缅甸和老挝的利益所在,而部分下游国家,比如越南和泰国更关心灌溉、航运和渔业价值。[74]伴随着水资源开发的深入,这种偏好差异引发了这些国家对中国参与水资源合作的怀疑和担忧,这是中国和周边国家水资源合作难以突破的困境。[75]从气候变化来看,中国和欧盟的合作偏好也不尽相同。“中国更看重节能与提高能效、新能源和可再生能源等方面的合作。在中国看来,推进这些项目可以通过减少化学能源消耗的方式来降低碳排放。而欧盟更倾向于开发直接控制碳排放的项目,这种项目选择倾向的分歧,给中欧气候合作的深入发展造成潜在阻碍。”[76]而在湄公河联合执法中,泰国从一开始就有较大的反对声音。[77]协议签署后,表现并不积极,不愿意派执法力量参加联合执法,泰国的防止湄公河犯罪指挥中心也经常无人值守。“泰国上下都认为,湄公河流域的危险地段在缅甸境内,泰国境内是安全的,所以对护航不够重视。从负责安全事务的副总理到基层官员都表示,湄公河航运的不安全因素来自缅甸境内的非法武装,中国应推动缅甸政府清剿当地非法武装,消灭这些武装后湄公河就不会发生抢劫事件,没有必要浪费人力物力进行联合护航。”[78]可以看到,合作的偏差深刻影响着联合执行过程中各方的参与积极性和参与程度。

三、政府更迭

政治的稳定性和政策的延续性是一国经济健康发展的有力保障。

如果政局不稳或朝令夕改，将削弱双边合作的积极性。政府更迭对联合行政的影响在于，当发生政府变更时，与前任政府达成的合作有可能被新一任政府暂停或终止。这可能发生在同一执政党的两届政府中，可能发生在政党更替组建新政府之后，也可能发生在政变之后。在中国与他国的联合行政过程中，大多数合作项目都能够经受住政府更迭的考验，新政府一般仍旧能够积极执行合作协议。但有时，也会发生他国因国内政治制度因素导致双方合作进程遭到拖延、搁置或终止的情况。比如，2014 年 11 月，墨西哥交通和运输部宣布由中国铁建牵头的中墨企业联合体作为唯一按时递交竞标文件的财团成功中标，但 3 天后又出人意料地宣布取消中标结果，随后又宣布重启竞标后，再次变卦，造成了巨大损失。中泰铁路项目由于政府更迭被迫暂停，此后历经波折，艰难推动；斯里兰卡科伦坡港口城项目由于政党更替暂停施工一年，造成中方损失。中远集团投资的希腊比雷埃夫斯港项目在 2015 年 1 月希腊左翼政党上台后，包括中远港口项目在内的所有私有化项目被叫停，直接导致了中远集团在后期收购时面临极大障碍。[79] 2018 年，马哈蒂尔上任马来西亚总理不久，就宣布取消中国资助的东海岸铁路及沙巴和马六甲天然气管道计划。政府更迭作为影响联合行政过程中的重要因素，使原本有利于国家间共同发展的国际合作掉入国内制度陷阱，不必要地加重了国内政治制度因素，增加了外交谈判成本，也对国家声誉造成影响。

四、国内矛盾

除了双边关系和国内政治体制之外，一国国内冲突与矛盾也会对正在进行的政府间合作造成影响，使合作协议的执行受阻。这一矛盾和冲突包括政府与社会矛盾、中央与地方矛盾、民族矛盾、宗教矛盾等。通常，这些矛盾总是相互交织，给国际合作带来损失。典型的案例就是中国在缅甸的密松水电站项目。

缅甸是一个非常缺电的国家，但水电开发的潜力巨大。密松水电站项目是中缅两国政府间的合作项目，总投资约 36 亿美元，以发电为主，兼顾防洪。[80] 2006 年 12 月，中国电子投资集团公司与缅甸第一电力部签署了投资协议。三年后，两国政府签署《关于合作开发缅甸水电资源的框架协议》，作为更高级别的政府间协议保障，中国电子投资集团公司自此正式全面推进在伊江上游流域的开工建设。然而，2011年9月，缅甸总统吴登盛宣布任内搁置该项目。对于一个完成了所有必要手续的政府间合作项目的搁置，吴登盛总统在当时给出的理由是"担心密松水电站项目可能会破坏密松的自然景观，破坏当地人民的生计，破坏民间资本栽培的橡胶种植园和庄稼，另外，气候变化一旦造成大坝坍塌，也会损害水电站附近和下游居民的生计"[81]。然而，从现在来看，"环境破坏论""溃坝论""企业社会责任不达标""民主转型论""中美地缘政治竞争论"[82]等大都站不住脚，真正导致项目搁置的原因在于缅甸国内复杂的政治因素，很大程度上是克钦独立军与缅甸政府利益分配不均的结果。[83]同样的情况还发生在中国与中非的合作，由于中非国内局势，中国在中非的合作项目于2013年初起停工，直到2016年初才逐渐复工。另外，由于委内瑞拉的经济衰退和政治动荡，致使中委高铁项目陷入困境。

当然，联合行政的运行过程还会受到其他多方面因素的影响，包括因语言差异导致的沟通障碍、资金投入状况、文化差异等等，单一因素的解释往往是不充分的。比如，中吉乌铁路项目在1997年就已开始规划。当时，三国铁道部签署了谅解备忘录。从那以后，多次传出"即将开工"的消息，但始终难有实质进展。学界主要认为，资金造价高、透明度缺乏、涉及国防和安全问题、国内斗争、生态环境问题、第三国影响等各方面因素都对这一结果产生影响。同样，中国—东盟铁路老挝段的建设亦是几经波折。虽然，中国铁道部和老挝公共工程和交通部在2010年就签署了谅解备忘录，就合资建设、共同经营中老铁路达成共识，但由于资金、环境、沿线开发、技术和标准等因素，直到2016年底才宣布全线开工。

注释

1. 朴贞子、金炯烈、李洪霞：《政策执行论》，北京：中国社会科学出版社2010年版，第24页。

2. 陈振明：《政策科学：公共政策分析导论》，北京：中国人民大学出版社2003年版，第256页。

3. 丁煌、定明捷:《国外政策执行理论前沿评述》,载《公共行政评论》2010年第1期,第119页。

4. [英]迈克·希尔、[荷]彼特·休普:《执行公共政策——理论与实践中的治理》,黄健荣等译,北京:商务印书馆2011年版,第58—59页。

5. 陈振明:《政策科学:公共政策分析导论》,北京:中国人民大学出版社2003年版,第260页。

6. S.Barrett, & C.Fudge, *Policy and Action*, London: Methuen, 1981, p.25.

7. M.W.Mclaughlin, "Implementation as Mutual Adapation: Change in Classroom Organization", *Teachers College Record*, Vol.77, No.3, 1976.

8. D.S.Van Meter, & C.E.Van Horn, "A Conceptual Framework", *Administration and Society*, Vol.6, No.4, 1975.

9. T.B.Smith, "The Implementation Process", *Policy Sciences*, Vol.4, No.2, 1973, p.203.

10. 赵德余:《公共政策:共同体、工具与过程》,上海:上海人民出版社2011年版,第180—181页。

11. 陈振明:《政策科学——公共政策分析导论》,第289—294页。

12. 丁煌:《政策执行阻滞机制及其防治对策——一项基于行为和制度的分析》,北京:人民出版社2002年版。

13. 张金马:《公共政策分析:概念、过程、方法》,北京:人民出版社2004年版,第412—446页。

14. 毕正宇:《西方公共政策执行模式评析》,载《江汉论坛》2008年第2期,第92页。

15. 朴贞子、金炯烈、李洪霞:《政策执行论》,北京:中国社会科学出版社2010年版,第95—98页。

16. 赵德余:《公共政策:共同体、工具与过程》,第180页。

17. 陈振明:《政策科学——公共政策分析导论》,第289—290页。

18. 刘昊杰等:《资源卫星造福社会国际合作树立典范》,载《中国航天》2015年第2期,第3页。

19. T.M.Sausen, "The China-Brazil Earth Resources Satellite(CBERS)", *International Society for Photogrammetry and Remote Sensing(ISPRS) Society*, Vol.6, 2001.

20. 章立:《中巴将合作发射地球资源卫星》,载《科学》1990年第2期,第129页。陈钦楠:《中巴地球资源卫星(CBERS)联合研制工作的回顾》,载《航天器工程》1992年第1期,第22页。

21. Carlos De Oliveira Lino, M.G.R.Lima, and G.L.Hubscher, "CBERS—An International Space Cooperation Program", *Acta Astronautica*, Vol.47, No.2, 2000, pp.559—564.

22. 刘昊杰等:《资源卫星造福社会国际合作树立典范》,载《中国航天》2015年第2期,第5页。

23. 武轩:《希望之星——中巴地球资源卫星》,载《中国航天》1999年第11期,第11页。

24. D.Normile, & D.Yimin, "Science Emerges from Shadows of China's Space Program", *Science*, Vol.296, 2002, p.1789.

25. Q.Y.Liang, Z.S.Min, L.Zhen, & J.Bei, "Application of China-Brazil Earth Resources Satellite in China", *Advances in Space Research*, Vol.43, No.6, 2009.

26.《中国—巴西卫星帮助保护亚马孙雨林》,人民网,http://world.people.com.cn/

GB/16522698.html。

27.《中国巴西成立高层次空间技术合作协调机构》，搜狐网，http://news.sohu.com/20041015/n222514691.shtml。

28.《跨越半球的握手：中国巴西航天国际交流合作纪实》，国家航天局网站，http://www.cnsa.gov.cn/n6758823/n6758838/c6770496/content.html。

29.《中华人民共和国政府和巴西联邦共和国政府 2010 至 2014 年共同行动计划》，商务部网站，http://www.mofcom.gov.cn/aarticle/i/jyjl/l/201004/20100406884213.html。

30.《中巴合作的 04A 星计划将于 2018 年 12 月发射》，人民网，http://news.0898.net/n/2015/1223/c231184-27384922.html。

31. 李奔、谈广鸣：《国际河流不同水量分配方法及应用》，载《水电能源科学》2012 年第 10 期，第 9—11 页。

32. 郝少英：《丝绸之路经济带建设中的中哈跨界河流合作利用面临的难题及对策》，俄《俄罗斯东欧中亚研究》2017 年第 3 期，第 104 页。

33. 同上文，第 104—105 页。

34. 王俊峰、胡烨：《中哈跨界水资源争端：缘起、进展与中国对策》，载《新疆大学学报》2011 年第 5 期，第 100 页。

35. A.D.Ryabtsev, "Threats to Water Security in the Republic of Kazakhstan: the Transboundary Context and Possible Ways to Eliminate them", *Water and Food Security in Central Asia*, 2011, p.69.

36. S.Biba, "China Cooperates with Central Asia over Shared Rivers", *Chinadialogue. Retrieved*, 2014. https://www.chinadialogue.net/article/show/single/en/6741-China-cooperates-with-Central-Asia-over-shared-rivers.

37. 王俊峰、胡烨：《中哈跨界水资源争端：缘起、进展与中国对策》，《新疆大学学报》2011 年第 5 期，第 101 页。

38.《中哈利用和保护跨界河流联合委员会第三次会议在上海召开》，水利部网站，http://gjkj.mwr.gov.cn/gjhzl/sbjl/sbhd/200511/t20051102_587124.htm。

39.《中哈利用和保护跨界河流联合委员会第八次会议在哈萨克斯坦成功举行》，水利部网站，http://gjkj.mwr.gov.cn/jdxw/201011/t20101118_595324.htm。

40.《中哈霍尔果斯河友谊联合引水枢纽工程开工》，水利部网站，http://gjkj.mwr.gov.cn/jdxw/201104/t20110418_595414.htm。

41.《中哈苏木拜河联合引水工程改造开工仪式在新疆举行》，水利部网站，http://gjkj.mwr.gov.cn/gjhzl/gzdt/201801/t20180103_1019281.htm。

42. A.D.Ryabtsev, "Threats to Water Security in the Republic of Kazakhstan: the Transboundary Context and Possible Ways to Eliminate them", *Water and Food Security in Central Asia*, 2011, p.72.

43.《中华人民共和国和哈萨克斯坦共和国联合声明》，外交部网站，http://www.fmprc.gov.cn/web/ziliao_674904/1179_674909/t1566964.shtml。

44.《中哈利用和保护跨界河流联合委员会第十四次会议在阿拉木图举行》，水利部网站，http://gjkj.mwr.gov.cn/gjhzl/gzdt/201612/t20161201_773060.htm。

45. O.Hensengerth, "Transboundary River Cooperation and the Regional Public Good: The Case of the Mekong River", *Contemporary Southeast Asia: A Journal of International and Strategic Affairs*, Vol.31, No.2, 2009, p.326.

46. A.S.Erickson & A.M.Strange, "Ripples of Change in Chinese Foreign Policy? Evidence from Recent Approaches to Nontraditional Waterborne Security", *Aisa Policy*, No.7, 2014, p.115.

47. S.Ho, "River Politics: China's Policies in the Mekong and the Brahmaputra in Comparative Perspective", *Journal of Contemporyay China*, Vol.23, No.85, p.7.

48.《关于湄公河流域执法安全合作的联合声明》,新华网,http://news.xinhuanet.com/legal/2011-10/31/c_111136595.htm。

49.《湄公河联合巡逻执法部长级会议联合声明》,新华网,http://news.xinhuanet.com/world/2011-11/29/c_111203893.htm。

50.《中老缅泰湄公河联合巡逻执法联合指挥部成立》,新华网,http://news.xinhuanet.com/mrdx/2011-12/10/c_131298736.htm。

51. 由于此前没有充分的准备,边防总队没有现成的武装巡逻船只,只能临时在当地物色了 5 艘货船进行改装,另外还从外地紧急运来 10 余艘短程巡逻小快艇。参见:《四国首次巡航湄公河揭秘》,网易新闻,http://news.163.com/11/1216/15/7LDGRAA200014AED.html。

52.《湄公河上的联合巡逻执法》,人民网,http://pic.people.com.cn/n1/2018/0109/c1016-29754400.html。

53. L.G.Sheng, "China Seeks to Improve Mekong Sub-regional Cooperation: Causes and Policies", 2013, https://think-asia.org/handle/11540/6512.

54.《湄公河流域执法安全合作机制成立五周年部长级会议举行,郭声琨发言》,国务院网站,http://www.gov.cn/xinwen/2016-12/27/content_5153597.htm。

55.《有你们在我们放心——云南公安边防总队水上支队救助服务纪事》,网易新闻 http://news.163.com/17/0103/07/C9RBPPDH000187VG.html。

56. A.S.Erickson, & A.M.Strange, "Ripples of Change in Chinese Foreign Policy? Evidence from Recent Approaches to Nontraditional Waterborne Security", p.120.

57.《中华人民共和国和巴基斯坦伊斯兰共和国关于深化两国全面战略合作的联合声明》,外交部网站 http://www.fmprc.gov.cn/web/gjhdq_676201/gj_676203/yz_676205/1206_676308/1207_676320/t1043347.shtml。

58.《关于新时期深化中巴战略合作伙伴关系的共同展望》,外交部网站,http://www.fmprc.gov.cn/web/gjhdq_676201/gj_676203/yz_676205/1206_676308/1207_676320/t1056504.shtml。

59.《新时代中巴经济走廊建设驶入快车道》,搜狐网,https://www.sohu.com/a/212380766_115423。

60.《巴基斯坦拟在中巴经济走廊项下设立九个工业园》,中华人民共和国驻巴基斯坦伊斯兰共和国大使馆经济商务参赞处网站,http://pk.mofcom.gov.cn/article/jmxw/201704/20170402557846.shtml。

61.《中巴双方同意加快推动产业合作进程》,商务部网站,http://www.mofcom.gov.cn/article/i/jyjl/j/201711/20171102666335.shtml。

62.《国家发展改革委:中巴经济走廊建设取得积极进展》,搜狐网,http://www.sohu.com/a/209067659_120702。

63.《中巴经济走廊最大交通基础设施项目部分路段提前通车》,搜狐网,http://www.sohu.com/a/233070774_731021。

64. 当然,对于国际协议的执行,其阶段略有不同,并非完全遵循这些步骤,但这几个步骤无疑是主要的。

65. 刘昊杰等:《资源卫星造福社会国际合作树立典范》,《中国航天》2015 年第 2 期,第 4 页。

66. A.S.Erickson, & A.M.Strange, "Ripples of Change in Chinese Foreign Policy? Evidence from Recent Approaches to Nontraditional Waterborne Security", p.121.

67. 李扬:《中美清洁能源合作:基础、机制与问题》,载《现代国际关系》2011 年第 1 期,第 20 页。

68. 闫世刚:《低碳经济视角下的中国新能源国际合作》,载《外交评论》2012 年第 5 期,第 90 页。

69. 马建英:《浅析中美清洁能源合作》,载《现代国际关系》2009 年第 12 期,第 52 页。

70. 崔艳新:《欧盟应对气候变化政策的进展及影响》,载《国际经济合作》2010 年第 6 期,第 80 页。

71. 邹艳艳、侯毅:《中美海洋合作:特点与努力方向》,载《国际问题研究》2016 年第 6 期,第 25 页。

72. 史春林:《中美海运安全合作:进展及存在的问题》,载《现代国际关系》2010 年第 5 期,第 48 页。

73. J. Warner, & N. Zawahri, "Hegemony and Asymmetry: Multiple-chessboard Games on Transboundary Rivers", *Int Environ Agreements*, Vol.12, 2012, p.215.

74. S.Schmeier, "Regional Cooperation Efforts in the Mekong River Basin: Mitigating River-related Security Threats and Promoting Regional Development", URN: http://nbn-resolving.de/urn:nbn:de:0168-ssoar-362811.

75. 朱新光、张文潮、张文强:《中国—东盟水资源安全合作》,载《国际论坛》2010 年第 6 期,第 33 页。

76. 孔凡伟:《中国与欧盟应对气候变化的合作:成就与挑战》,载《新视野》2011 年第 1 期,第 96 页。

77. Y.Sun, "China's Strategic Misdjudgement on Myanmar", *Journal of Current Southeast Asian Affairs*, Vol.31, No.1, 2012, p.82.

78. 《湄公河联合执法挑战仍不小》,新华网,http://news.xinhuanet.com/world/2013-09/03/c_125305728_2.htm。

79. 曾刚、赵海、胡浩:《"一带一路"倡议下中国海外园区建设与发展报告(2018)》,北京:中国社会科学出版社 2018 年版,第 32 页。

80. 赵毅:《密松水电站项目能重启吗》,载《世界知识》2016 年第 19 期,第 13 页。

81. 李晨阳:《缅甸政府为何搁置密松水电站建设》,载《世界知识》2011 年第 21 期,第 24 页。

82. R. Harvey, Burma Dam: Why Myitsone Plan is Being Halted, BBC, 2011. http://www.bbc.com/news/world-asia-pacific-15123833; Z.Linn, Burma: Will the Myitsone Dam Project Resume?, 2013, Asian Correspondent.com, https://asiancorrespondent.com/2013/09/burma-will-myitsone-dam-project-resume/#r2HcoVyPt0cMdI0I.97.

83. 可参见黄日涵:《直击密松水电站被叫停真相》,搜狐网,http://mt.sohu.com/20160824/n465753979.shtml; L.Kiik, "Nationalism and Anti-ethno-politics: Why 'Chinese Development' Failed at Myanmar's Myitsone Dam", *Eurasian Geography and Economics*, Vol.57, No.3, 2016。

第四章

作为微观运行方式的协同行政

联合行政在执行国际合作协议时需要联合行动、共同参与执行才能完成任务。跨国行政合作除了联合行政之外,还有一种方式,这种方式在各国商定好共同的目标或执行方式后,各国政府一致行动即可,本书称之为"协同行政"。如果说,联合行政的重点是政府之间在具体项目执行中的合作行为,这类协议的影响因素更多存在于跨政府关系层面,那么,协同行政是各国政府各自对这些共同目标的国内执行,重点是一国政府执行国际协议的能力,即"国际行政能力"。此时,国家内部因素成为协议执行的主要影响因素。

协同行政往往是对国际组织框架内形成共识的一种执行方式。在当前的国际关系中,政府间国际组织仍旧是解决国际公共问题最主要的平台,其不仅是外交部长的舞台,财政部长、商务部长、央行行长、劳工部长、质检部长、水利部长、统计局长、审计局长等政府官员也积极"展露拳脚",参与国际谈判与决策。国际组织解决的问题往往具有全球性,各国政府总是在国际组织中就解决某一问题达成一致行动。然后交由国内相关行为体贯彻执行,各国的一致行动有助于问题的有效解决。制定国际规则是国际组织的合作重点,如国际贸易规则、国际金融规则、国际劳工标准、国际知识产权规则、国际森林保护规则、国际文物保护标准、国际食品安全标准、国际产品质量标准、国际反垄断规则、国际审计规则等等,这些国际规则或标准涉及各国国家利益的实际调整,涉及对一定的政府行政管理权限的约束,很多时候需要国家做出一些"牺牲"。在国际组织中,协议的约束性质,以及国际议题对各国国家利益的紧密关联性,使国际组织中的决策权和话语权尤为重要。因此,对于协同行政的分析,将从中国的决策角色开始。

第一节　中国与国际组织

一、政府间国际组织

国际关系中虽然不存在世界政府,但确实存在着某种形式的国际治理结构,比如联合国、世界贸易组织、国际货币基金组织、世界银行等,这些国际治理结构通过正式的规则,塑造着主权国家之间的互动关系,对几乎所有国家的经济与社会环境施加愈来愈重要的影响。政府间国际组织虽然在19世纪就已产生,但大量出现还是在二战之后。从20世纪70年代开始,在修正权力政治观的背景下,新制度主义的研究思潮逐渐占据上风,国际机制研究成为一项重要的探讨内容。罗伯特·基欧汉将机制定义为:“有特定规则的制度,这些规则必须是被政府所明确认可的,关于国际政治领域内特定问题的规则。”[1]当今,国际组织的种类复杂多样。但显然,成立于冷战时期的正式的政府间国际组织仍然是目前国际治理结构的基石,国际秩序仍旧受到这些传统的国际治理平台的最大影响。

这些正式的、传统的政府间国际组织具有以下特征:(1)由政府间正式协议创设。这是国际组织的基本要件,包括国际组织的宗旨、目标、组织架构、职权、议事程序、成员的权利和义务等。比如,联合国由《联合国宪章》创立;国际货币基金组织由《国际货币基金协定》建立;国际原子能机构由《国际原子能机构规约》成立;国际展览局由《国际展览会公约》建立;国际竹藤组织由《国际竹藤组织成立协定》而建立。虽然名称不同,但都是各国政府签署的正式协议,具有国际法律地位和国际法律人格。(2)建立在主权国家的基础之上,只有主权国家才能加入。地方政府、政府部门、非政府组织、社会团体、企业、个人均没有资格加入这些政府间国际组织。(3)所做的决议具有一定的约束力。国际组织的决议可以是决定、宣言、建议、规则、标准等形式,无论是全体一致还是多数通过,决议一经通过,便对接受决议的成员具有约束力。当然,成员可以在某个问题上提出保留。(4)一般常设一些职能机构。比如,国际货币基金组织的结构由理事会、执行董事会、总裁和常设职能部门等组成;国际移民组织由理事会、执行委员会、行政署等组成。目前,最具权威性的国际治理结构仍然是以联合国体系为核心的。针对功能性合作领域,各国政府普遍在联合国主要机构、附属机构和专门机构中协商与合作。[2]

从时间节点来看,1919 年,国际红十字会是中国加入的第一个国际组织。此后,直到 1971 年中华人民共和国恢复在联合国合法席位后,中国才迎来了参与国际组织的第一个高潮,[3]中国陆续恢复或加入了联合国系统的各大机构。然而,20 世纪 70 年代,中国并没有真正建设性和实质性地参与联合国事务。[4]改革开放使中国与国际组织的关系进入了全新的发展时期。中国不仅在之前既有的联合国系统内深化合作,还扩展到经济、金融、社会、文化等其他国际组织。比如 1980 年,中国相继恢复了在国际货币基金组织的合法席位和世界银行的代表权;1986 年,中国加入亚洲开发银行。同时,中国也在知识产权、旅游、跨国犯罪、展览等多个领域加入相应的国际组织(见表 4.1)。但总体而言,在冷战时期,中国外交的着力点是双边关系,始终视多边外交为双边外交的补充,参与国际组织的主要目的是提高国家的治理能力。

表 4.1　中国政府恢复、加入或参与创建的主要国际组织

传统的国际组织	时间	传统的国际组织	时间
联合国教科文组织	1971 年	国际水道测量组织	1979 年
联合国工业发展组织	1972 年	世界粮食计划署	1979 年
联合国贸易和发展会议	1972 年	国际农业发展基金会	1980 年
联合国开发计划署	1972 年	世界知识产权组织	1980 年
世界卫生组织	1972 年	国际货币基金组织	1980 年
国际电信联盟	1972 年	世界银行	1980 年
世界气象组织	1973 年	国际劳工组织	1983 年
万国邮政联盟	1973 年	世界旅游组织	1983 年
国际海事组织	1973 年	国际原子能机构	1984 年
联合国粮食及农业组织	1973 年	亚洲开发银行	1986 年
国际民用航空组织	1974 年	国际民防组织	1992 年

（续表）

传统的国际组织	时间	传统的国际组织	时间
国际展览局	1993 年	世界动物卫生组织	2007 年
国际竹藤组织	1997 年	亚洲基础设施投资银行	2015 年
世界贸易组织	2001 年	国际移民组织	2016 年
上海合作组织	2001 年	东盟与中日韩宏观经济研究办公室	2016 年

资料来源：笔者自制。

世纪之交，中国政府逐渐加强了对多边外交的重视。党的十五大报告指出，“要积极参与多边外交活动，充分发挥我国在联合国以及其他国际组织中的作用”[5]。党的十六大报告指出，中国将“继续积极参与多边外交活动，在联合国和其他国际及区域性组织中发挥作用，支持发展中国家维护自身的正当权益”[6]。党的十八大报告指出，“我们将积极参与多边事务，支持联合国、二十国集团、上海合作组织、金砖国家等发挥积极作用，推动国际秩序和国际体系朝着公正合理的方向发展”[7]。这三份报告指明了中国多边外交的三大平台，即联合国、其他国际组织、区域性国际组织，并且强调参与多边外交的基调是支持和维护发展中国家的正当权益。三份报告为中国 21 世纪初期多边外交的展开奠定了基础，多边成为中国外交的重要舞台。曾经多边外交的“局外人”和“有限参与者”，逐渐转变成为多边外交的“积极参与者、建设者和贡献者”，开始在共同发展和全球治理方面积极主动作为。同时，中国还提出了一系列国际价值理念，为国际社会提供了许多新的国家间相处和行动指南。如今，中国参加了 100 多个政府间国际组织，签署了 300 多个国际公约，深度参与全球治理，积极履行国际共识。[8]

当前一些重要的国际组织的决策成员大多是西方国家或来自西方国家政府的官员，在很大程度上体现了占世界人口少数的西方国家的利益和思维方式，国际组织的改革目标正是为了体现更多新兴国家及发展中国家的利益和价值观，让更多的国家能够参与到国际规则的制定中来，充实全球共同价值理念。从步骤来讲，中国要想在国际组织中扮演重要的决策角色，更好地维护中国及广大发展中国家的利益。第一步是加入这个国际组织，第二步是进入国际组织的领导层，第三步是逐渐提高国际议程设定的能力。2003 年之前，中国基本上已经完成了第一步。从 2003 年开始，中国“缺席”联合国系统和其他国际组织领导层的情况开始改变。与此同时，中国开始积极主动地参与国际议程的设定。2003 年，吴建民被国际展览局推选为新一届主席；2006 年，陈冯富珍成为世界卫生组织总干事；同年，章新胜当选联合国教科文组织执行局主席；2008 年，林毅夫被任命为世界银行高级副行长兼首席经济学家；2011 年，朱民出任国际货币基金组织副总裁；2013 年，李勇当选联合国工业发展组织总干事，郝平成为联合国教科文组织大会主席，易小准被任命为世贸组织副总干事，徐浩良被任命为联合国助理秘书长；2014 年，赵厚麟当选为国际电信联盟秘书长；2015 年，柳芳出任国际民航组织秘书长；2016 年，杨少林出任世界银行首任常务副行长兼首席行政官。中国面孔在多个重要国际组织中的亮相，打破了欧美国家对这些组织领导权的垄断地位，也是国际社会对中国在国际机制中发挥领导作用的认可和期待。通过输送人才，国际治理也必将更多体现中国理念。[9]

伴随着这些“走出去”的是国际组织的“引进来”。当今，越来越多的国际组织将总部设立在中国。1997 年成立的国际竹藤组织是第一个总部设在中国的政府间国际组织（北京）。之后，上海合作组织秘书处（北京）、博鳌亚洲论坛秘书处（北京）、金砖国家新开发银行总部（上海）、亚洲基础设施投资银行总部（北京）纷纷“落户”中国。“走出去”和“引进来”体现的是中国政府参与全球治理的实力、能力、魄力和魅力，有助于中国更好地参与决策，为国际社会的发展贡献力量。

二、跨政府网络

在全球治理中，还有一种形式已经在实践中有了相当程度的发展，但还没有得到学者们的足够重视，那就是“跨政府网络”。全球治理是网络治理，代表着一种非正式治理。全球治理又是多层治理，代表着各个层级的主动参与，跨政府网络正是将非正式性与多层次性相结合的产物，其与正式的国际组织相比，有一些不同：(1)兴起于政府间正式协定之外，不具有国际法律地位，当前更多被称为是“非政府组织”；(2)没有创立协定，只制定一些内部章程和行动目标；(3)网络的创设成员和参与成员是国内的政府部门，而非主权国家；(4)倾向于共识建立而非通过正式的投票程序；(5)签订的决议对成员没有约束力；(6)缺乏或没有正式的执行机构，依靠成员主动执行等。在不断增多的交往、沟通、磋商过程中，各国政府部门正逐渐通过这一“跨政府网络”，“形成一个自己的国际基础结构”[10]。

互联互通进程的加速，导致各国监管体系和监管能力的滞后，国际社会在政府间国际组织架构中又难以达成统一的正式规则。因此，国内监管部门热衷于建立自己的国际网络，为各国监管部门的跨国合作提供一个渠道。[11]这里已有不少例子。比如，在国际金融监管领域，最有名的是巴塞尔银行监管委员会(BIS)和国际证监会组织(IOSCO)。巴塞尔银行监管委员会最初由世界上最发达的10个国家的央行行长和银行监管部门组成，[12]截至目前，最重要的成就是三份巴塞尔协议，核心是资本充足率最低标准的设定。成立于1983年的国际证监会组织的功能是就规范证券市场的政策和最优措施达成一致，并满足三大目标：(1)保护投资者；(2)确保市场公平、高效和透明；(3)减少系统性风险。[13]其他国际金融监管网络包括，国际保险监督官协会(IAIS)、国际养老金监督官协会(IOPS)、金融行动特别工作组(FATF)、金融犯罪执法网络(FINCEN)，以及为更好打击金融犯罪集团提供情报服务的埃格蒙特集团(Egmont Group)。

跨政府网络也在其他领域有所发展。在反垄断领域，20世纪90年代中期，跨国公司的数量和规模急剧增长，这一态势对全球市场可能产生的影响需要各国竞争当局作出回应。国际竞争网络(ICN)就是在这样一种情境下于2001年由14个国家的16个竞争机构共同创立的，目前已有137个竞争机构加入其中。[14]国际竞争网络设有自己的工作组，作为政策咨询与建议部门，各国反垄断管理者在其中分享信息和经验、交流最佳实践；在医学领域，美国、欧盟、加拿大、澳大利亚、日本、中国、巴西、俄罗斯于2011年建立了国际医疗器械监管机构论坛，论坛试图协调或统一各国医疗器械的有关法律规定,提升各国监管效率和水平。如今,其制定的标准被认为是医疗器械领域的最佳准则。[15]在知识产权领域,由中国、美国、欧洲、日本和韩国五国政府的知识产权局参与的五局合作局长会议于2007年开始召开,至今已举行了十一次。五局合作的内容已由最初10个基础项目扩展为几十个项目,在局间工作共享、专利审查效率和质量的提高,以及专利信息传播与利用等方面取得了很多实质性成果。[16]正是由于在监管领域的广泛出现,这些网络也被一些学者称为"国际监管网络"(international regulatory network),将其定义为:国家监管机构代表或部门参与的非正式多边论坛,在共同利益基础上促进多边合作。[17]值得注意的是,这些网络内部同样存在不小的差异。比如,巴塞尔银行监管委员会曾经对会议内容极度保密,基本上除了一份简单的声明外,不向外界公布任何信息,而其他网络则开放得多;巴塞尔银行监管委员会、国际证监会组织等一般只有证券监管机构参加,但世界水理事会也包括企业、地方政府、水务部门等其他成员。随着网络的发展,巴塞尔银行监管委员会、国际证监会组织、国际环境守法及执法网络已经相当制度化了,成为政府部门的国际监管组织。

跨政府网络通常是在正式的国际统一监管规则难以达成的情况下建立起来的,因而大多由一些发达国家的监管部门成立,并逐渐扩大成员。政策协调是其基本职能,政策协调的结果往往会形成一个最佳实践或统一标准,这实际上就是一个国际规则的制定过程。在金融领域,为稳定国际金融秩序,巴塞尔银行监管委员会、国际证监会组织、国际保险监督官协会等世界金融机构颁布了各种最佳做法或准则。1988年7月,巴塞尔银行监管委员会发布《巴塞尔资本协议》,提出统一的资本衡量标准。这一资本充足率的最低标准,给成员国和广大的非成员国提供了有效的参考,并被各方采用。此后,巴塞尔银行监管委员会在市场变化基础上对这份协议进行了多次修改和完善。同时,巴塞尔银行监管委员会还颁布《有效银行监管核心原则》《银行监管当局之间的信息交流》《对国外银行的监管原则》《银行业与证券业监管者之间的信息交流》等,为世界提供了可靠的银行监管标准,为双边层面的监管合作提供文本和操作指南,为金融监管部门之间的信息交流提供了基本框架。国际证监会组织致力于证券监管国际合作，聚焦国际监管标准的制定，于1998年发布了《国际证监会组织原则》。[18]此外，还发布了《跨国证券与期货欺诈》《关于咨询、合作及信息交流的多边谅解备忘录》《推动跨国发行者跨境发行和上市的信息披露标准》等一系列监管文件，推动跨国信息披露标准的一体化，为全球证券市场提供了一套预防和打击证券欺诈和有效监管的重要文本。国际保险监督官协会的最大贡献同样在于建立了一个参考标准，即《保险监管核心原则》。统一规则的制定在其他领域同样重要，国际标准化组织（ISO）成立于1974年，是世界上绝大部分产品的标准制定者，被称为“技术联合国”，是国际标准化领域最权威的组织。截至2019年1月，国际标准化组织共有164个国家标准化机构作为成员，已成立了324个技术委员会，发布了22 482项国际标准及与标准有关的文件，[19]包括工程技术、材料技术、电子信息技术与通信、运输与物流、通用基础科学服务、农业与食品技术、健康安全环境、建筑和特殊技术等领域。同时，还有4 000多项国际标准正在制定中。世界审计组织也制定了《最高审计机关国际准则》。[20]国际医疗器械监管机构论坛的成立出于同样目的。

可以看出，跨政府网络与政府间国际组织在国际规则制定方面几乎没有什么不同。虽然从国际法意义来说，政府间国际组织建立的规则具有约束力，而跨政府网络并非国际法主体，没有跨国监管权力，其制定的准则、原则、标准没有任何法律约束力。但最近的研究发现，国际法意义上的约束力差异并不妨碍实际效力的产生，通过扩大国际规则制定的主体和挂靠具有约束力的国际组织，一些跨政府网络制定的国际规则实际上已经产生了很大的实际效力。[21]就扩大标准制定的主体而言，目前，巴塞尔银行监管委员会的成员已从最初的10家中央银行逐步扩大到60家中央银行和货币当局，遍布世界各大洲，拥有广泛的影响力。国际证监会组织已有222个成员机构，包括129个正式成员，29个联络成员和64个附属成员。[22]世界审计组织则有194个正式成员，5个联系成员和1个附属成员。[23]跨政府网络通过广泛的沟通协商，达成各方认同的标准以提升规则效力，促进规则在各国国内执行。就挂靠具有约束力的国际组织而言，国际货币基金组织1999年起采纳使用国际证监会制定的《国际证监会组织原则》。世界银行直接参与了《保险监管核心原则》的制定并提供了经济支持。世界贸易组织采纳了食品法典委员会制定的食品安全标准等。挂靠具有约束力的国际组织,提高了这些国际软法的约束力,甚至通过挂靠正式的国际组织,也引用了这些国际组织的惩罚机制,这也是各方采用国际规则和国际标准的重要因素,这就突出了一定的权力因素。当然,其他的一些因素,比如,国际市场的力量、典范的作用、国家声誉因素也正在使这些国际软法呈现逐渐"硬化"的趋势。

中国参与跨政府网络是从 1978 年 9 月中国标准化协会加入国际标准化组织开始的。截至 2016 年底,中国有 46 位专家担任技术机构主席职务,加入了 732 个技术机构,提交并立项的标准提案达 340 项,其中 189 项已正式发布为 ISO 的国际标准。[24]与政府间国际组织一样,中国与各国和地区广泛开展政策协调,积极参与跨政府网络中的准则、标准和原则制定,并逐渐在这些跨政府网络中承担领导层的角色。2008 年,中国成为国际标准化组织常任理事国。2013 年,中国标准化专家委员会委员、国际钢铁协会副主席、鞍钢集团公司总经理张晓刚当选新一届国际标准化组织主席。从领导层、所有成员出席的全体大会、20 个成员组成的理事会到数量庞大的技术委员会,中国与各国标准化机构共同制定国际标准。[25]在金融领域,中国于 1995 年、2000 年、2009 年分别加入了国际证监会组织、国际保险监督官协会和巴塞尔银行监管委员会,分别出任执行委员会成员、执行委员、董事会成员。在税收领域,国家税务总局在国际联合反避税信息中心组织框架下参与国际税收规则制定过程中,将"这几年反避税实践中的成本节约、市场溢价和合约研发等规则,写到发展中国家的转让定价手册之中,用中国的实践经验来指导全球工作,影响非常大,这是以前没有的。印度、巴西等国家对此都给予了高度评价"[26]。同时,中国政府部门也在水资源管理、审计、知识产权、工商执法等领域参与跨政府网络。在这些网络中,中国政府不仅参与国际规则的制定,交流治国理政的成功经验,也参与执法协助,并在大多数跨政府网络中出任核心管理层。

表 4.2　中国参与的跨政府网络

跨政府网络	中国参与部门	加入年份	担任职务
国际标准化组织	国家标准化管理委员会	1978 年	2015—2017 年，张晓刚任主席
世界审计组织	审计署	1982 年	2013—2016 年，刘家义任主席
国际认可论坛	中国合格评定国家认可委员会	1993 年	2015 年起，肖建华任主席
国际证监会组织	中国证监会	1995 年	执行委员会成员
国际保险监督官协会	中国保监会	2000 年	执行委员
北太平洋地区海岸警备执法机构论坛	中国海警局	2004 年	
税收征管论坛	国家税务总局	2005 年	指导委员会委员
国际养老金监督官协会	中国保监会	2005 年	执行委员会成员
国际消费者协会与执法网络	国家工商行政管理总局	2006 年	
金融行动特别工作组	中国人民银行	2007 年	
知识产权五局局长会议	国家知识产权局	2007 年	
全球税收论坛	国家税务总局、财政部	2009 年	副主席国
世界水理事会	水利部	2009 年	任董事会成员
巴塞尔银行监管委员会	中国人民银行	2009 年	任董事会成员
国际联合反避税信息中心	国家税务总局	2010 年	
国际医疗器械监管机构论坛	国家食品药品监督管理总局	2013 年	任管理委员会成员

资料来源：笔者自制。

通过建立各国专业部门之间，或者专业部门、企业、国际组织等共同参与的直接沟通、协商和决策机制，空洞的“全球治理”概念得到了专业化的落实，因而，在索尔·皮西奥托看来，“它们是更为普遍的由‘政府’转变为‘治理’的一部分，涉及公共职能授权或转移至特定机构，在专业或科学技能的基础上运作”[27]。而肯尼思·艾伯特（Kenneth W. Abbott）和邓肯·斯奈德尔（Duncan Snidal），则称其为“跨国新治理”[28]。当然，中国参与跨政府网络与一些发达国家的差异性在于，中国政府部门的参与是作为中国整体外交的组成部分，不能脱离上级机构的管辖，加入这些网络通常需要得到国务院的批准，发生重大事项时需要请示国务院，不可能如一些发达国家那样，拥有非常强的独立性，可以不受上级政府部门的指导和监督。

第二节　国际行政能力

当前，对于全球治理的研究或许已经陷入歧途，政策制定者和学者们总是认为全球治理的低效是因为缺乏规则、缺少协议、没有共识，这或许是一个方面。但其他方面或许更为重要。在许多领域，各国政府事实上已经达成了共识，建立了规则，签署了协定，但这些共识、规则、协定却没有得到各国的一致执行，要么大多数国家没有执行，要么与议题有重大利害关系的国家没有执行，要么各国执行的进度差别太大，这势必影响了全球治理的有效性。国际共识的达成与执行并不是一回事，全球治理的重点在很大程度上转移到了合作执行，而非无休止的决策，这就涉及对国际行政能力的分析。

苏长和最早提出“国际行政能力”概念，用来指涉一个国家尤其是大国为国际社会提供高质量高水平公共产品和公共服务的一种重要能力。[29]这一概念理解主要偏重国际决策。在本书中，国际行政能力与国内行政能力对应，更多偏重执行，即国家是否有能力落实国际共识。在正式的国际组织中，就国际规则或一致行动达成共识是艰难的。因为，共识一旦达成，国际法上的约束力就会显现，就会对政府行为形成一定的制约。在各国领导人或者政府官员签署协议“打道回府”，协议通过一定的法定程序生效之后，协议就进入了各国的国内执行轨道，各国政府的国际行政能力开始决定协议的执行状况。总的来说，执行意愿、执行资源、执行延续性是国际行政能力的三大构成要素，执行意愿和执行资源是共时性要素，执行延续性是历时性要素。三者中，只要有一个要素较为薄弱，就会削弱国际行政能力，进而影响到国际共识在国内的落实成效。

从共时性要素来看，“执行意愿”是“政府履行国际共识，承担成本、获取收益的心愿和愿望”。“执行资源”是“政府落实国际共识过程中，承担成本、获取收益的力量，包括人力、物力、财力、组织等”。执行意愿和执行资源都存在一个程度大小或者多少的问题。执行意愿高、执行资源丰富代表了一种较强的国际行政能力。在这一基础上，政府有效落实国际共识的可能性较高；执行意愿低、执行资源缺乏代表了一种较弱的国际行政能力。在这一基础上，政府有效落实国际共识的可能性较低。另外两种情况包括，执行意愿高、执行资源缺乏，以及执行意愿低、执行资源丰富。根据议题的不同，各国政府对于国际共识在国内落实的意愿和资源付出的限度是不同的。发达国家大多数都有丰富的执行资源，有高素质和专业化的人才、先进的科学设备、专门的组织机构、充裕的财政资源等，对于国际共识的落实往往取决于执行意愿。如果议题符合国内利益，则能够有效推进，如果在国内阻力较大，国际共识就难以落实。比如，2010 年国际货币基金组织达成的新的改革方案于五年之后才在美国国会通过，以及 2016 年欧盟委员会否决承认中国市场经济地位就是两个典型案例。发展中国家大多数都缺乏足够的执行资源，专业化程度低、科学设备薄弱、许多专门的组织还没有建立、财政资源有限等等，对于国际共识的落实，即使有较高的执行意愿，也会因资源条件导致落实的不完全性。比如，许多发展中国家虽然都对完成联合国千年发展目标充满决心，但执行资源的有限性使这一目标在具体的执行过程中充满挑战和困难，当前，对于联合国 2030 年可持续发展目标来说，同样如此。从历时性要素，即执行延续性来看，即使国际共识已经处于执行进程中，但还要受到时间维度上不少因素的影响。其中，最重要的就是政府换届和政党更替对正在执行的国际合作的深刻影响。比如，特朗普上台后，美国退出了巴黎协定、伊核协议、联合国教科文组织等一系列多边机制安排，受到各国广泛批评。

中国是现行国际体系的参与者、建设者和贡献者，往往能够积极地履行国际共识，使之在国内得到有效落实，这与中国政府较强的国际行政能力是分不开的。从执行意愿来讲，中国历届政府均高举和平、发展、合作、共赢的旗帜，坚定不移致力于维护世界和平、促进共同发展，把合作共赢理念体现到政治、经济、安全、文化等对外合作的方方面面。坚持正确义利观，做到义利兼顾，讲信义、重情义、扬正义、树道义。秉持共商共建共享的全球治理观，将中国的国内利益与世界各国的共同利益相结合，以“一带一路”国际合作平台推动构建人类命运共同体，建设持久和平、普遍安全、共同繁荣、开放包容、清洁美丽的世界。对于国际共识的制定与执行，中国的合作意愿是连续的、一致的，几乎不存在制定与执行在意愿上存在偏差的情况。

从执行资源来讲，以中国的整体经济实力为基础，中国对于签署的国际协议大多能够调动起较为充沛的国内资源。中国的国际行政能力除了体现在人、财、物的配置方面，也体现在整合方面。与传统外交仅涉及外交部或国防部等少数几个部门不同，国际经济和社会治理触及国内多个部门的利益，这就意味着，国际行政能力的强弱取决于国内政府部门之间的配合度。许多国家的政府部门习惯性以部门利益至上，从而导致部门之间的相互牵制，无形中增加了国内谈判的成本。在这方面，中国的政府部门往往能够形成一种合力。为更好地落实国际协议，在国务院的批准下，许多工作部门建立了对外工作的部际联席会议制度或部际协调机制。[30]在科技领域，2007 年 12 月，由科技部牵头，教育部、国防科工委、中科院、工程院、中国科协、国家自然基金委、国家外专局共同组成的“国际科技合作跨部门协调机制”正式启动，出席会议的还包括财政部、外交部、卫生部、环保总局的领导。在 2009 年的第二次会议上，又有农业部、水利部、住房和城乡建设部等国际合作部际协调机制成员单位出席了会议。而同年的第三次会议更是扩大到了 16 家单位，共 42 人出席了会议。至 2017 年底，国际科技合作跨部门协调机制共举办了 10 次会议。在第 10 次会议中，共有 22 家协调机制成员单位的有关领导和特邀单位代表参会。在农业领域，为推动农业国际合作，农业部至今也召开了 5 次由国家发展改革委、商务部、财政部等单位参加的农业对外合作部际联席会议全体会议。在贸易领域，为更好落实和实施 2015 年 9 月中国政府接受的世界贸易组织《贸易便利化协定》议定书，国务院建立了由商务部为牵头单位，包括发展改革委、公安部、财政部、环境保护部、交通运输部、农业部、中国人民银行、海关总署、税务总局、质检总局、食品药品监管总局、林业局、法制办、邮政局、外汇管理局等 16 个部门和单位组成的贸易便利化工作部际联席会议制度，加强对贸易便利化工作的宏观指导和监督，协调各部门的贸易便利化政策；统筹贸易便利化领域的对外交流与国际合作，以及解决实施中遇到的重大问题。[31]总的来看，部门协调机制的主要作用在于协调各部门对外合作的战略、规划、总体思路和工作职责，建立相互协调的工作任务，更为有效地落实达成的合作协议和共识。

从执行延续性来讲，中国的国内政治制度和行政体制在这方面具有较大优势。中国的外交强调党中央的集中统一领导，党中央主动谋划，积极运筹，对各领域各部门各地方的对外工作进行统筹协调，为中国外交作出顶层设计，明确目标和方向。这种政策制定的延续性有效保证了政策执行的延续性。在党的领导下，中国外交呈现出“一届接着一届干”的合作性逻辑，这是中国外交的制度特点和优势。在国际体系中，中国往往能够保持外交大政方针的连续性和稳定性，保证集中精力、持之以恒地推进国际合作。[32]“在与中国制度体系打交道时，多党竞争和分权体制的国家很容易判断中国政策的连续性。换句话说，中国制度的预期性和确定性更强。”[33]而许多国家政府，特别是两党制国家或多党制国家的不可预期性要更多一些，容易滑向“一届对着一届干”的对抗性逻辑，为达到自身合法性和政权巩固的目的，不惜搁置、否决前任政府或行政部门已经达成的合作协议，如果形成这样一种政府治理与合作精神，相互制衡、相互牵制、相互羁绊、相互束缚，那么很容易损害执行的稳定性和持续性，增加不确定性，对国际社会更是一种不负责任的表现。制衡体制使其他国家政府不能确定哪一届政府具有可信度，使原本的国际合作掉入国内制度陷阱。就像苏长和所指出的那样：“基于对抗和制衡原理而设计的国内制度体系所产生的议会和政府相互否决机制、政党轮替所产生的外交不确定性等，理论上不利于国际合作，实践中增加了全球治理的成本，这种现象已经构成全球治理的制度障碍。”[34]

第三节　气候变化合作与中国国际行政能力

当前，联合国仍然是解决国际公共问题的重要平台，在联合国框架内达成合作共识是大多数国家的优先选择。冷战结束后，气候变化议题成为联合国发展议题中最重要的内容之一。由于这一案例是跨国行政合作的典型，可以表现出许多现象、反映出许多问题，这里就以气候变化合作中的协同行政为例，考察各国政府对国际协议的执行，并从中分析中国的国际行政能力。

一、气候谈判与合作共识

1992年通过的《联合国气候变化框架公约》(以下简称公约)启动了关于全球气候变化的谈判，公约要求将温室气体的浓度稳定在防止气候系统受到危险的人为干扰的水平上。[35]《京都议定书》(以下简称议定书)是从公约走向落实的第一个成果，[36]要求发达国家作为一个整体在第一承诺期的温室气体排放要在1990年基础上平均减少5.2%，经过协商，最终确定欧盟减少8%，日本、加拿大减少6%，俄罗斯、乌克兰、新西兰三国“零增排”，挪威增排1%，澳大利亚增排8%，冰岛增排10%，这是议定书最核心的部分。[37] 2009年的哥本哈根会议在巨大的分歧声中达成了不具有约束力的《哥本哈根协议》。2012年第18次缔约方会议终于就议定书第二承诺期达成一致。欧盟及成员国、瑞士、澳大利亚等38个发达国家参与其中，整体减排量为到2020年在1990年基础上至少减排18%，同时将温室气体管控种类增至七种。[38]责任分配的共识再一次形成。2015年通过的《巴黎协定》是继议定书后第二份有约束力的协议，为2020年后的全球行动作出安排，主要内容包括：把全球平均气温较工业化前水平升高控制在2摄氏度之内，并为把升温控制在1.5摄氏度之内而努力；全球将尽快实现温室气体排放达峰，本世纪下半叶实现温室气体净零排放；各方以“自主贡献”的方式参与全球应对气候变化行动；发达国家将继续带头减排，并加强对发展中国家的资金、技术和能力建设支持，帮助后者减缓和适应气候变化。[39]

公约诞生20多年来，一个气候变化的全球治理多边机制已经建立。气候变化治理由发达国家约束性减排、发展中国家自愿减排的模式，改为各国自主贡献模式；在筹资方面则成立了气候变化基金、绿色气候基金等；在技术开发与转让方面，开展了技术行动计划，成立了技术执行委员会和气候技术中心与网络等机构。可以看到，国际社会已不再缺乏共识、协议、机制、资金和技术等一系列条件和承诺。因此，用传统意义上的国际合作理论、国际机制理论、全球治理理论来考察气候变化议题是不适合的，气候变化议题重点在于落实。

二、共识的执行

气候变化谈判的核心是责任分配，而这又围绕着减排目标进行。减排目标达成后，最主要的就是协同执行。最能体现协同执行的无疑是各国将减排和低碳发展内化为国家发展战略、国内法律和政策体系，按期完成已达成的减排指标。实际情况确实如此，“在公约进程的推动下，越来越多的国家将应对气候变化行动和机制安排纳入法律保障体系中。2012 年，在联合国所有成员国中，39％的国家通过了气候变化立法或制定了气候变化战略”[40]。

欧盟是应对气候变化的积极倡导者和引领者，或者说是一个“领导者”，抑或是“领导协调者”（leadiator）。[41] 2000 年后，欧盟启动气候变化计划并通过一系列指令落实议定书。议定书生效后，欧盟开始实施能源—气候一揽子计划，承诺到 2020 年将温室气体排放量在 1990 年基础上减少 20％，若能达成新的国际气候协议，则将承诺减少 30％。[42] 2007 年，欧洲理事会宣布建立两个约束性目标，到 2020 年，可再生能源占总体能源消耗的 20％；生物燃料占总体运输燃料消耗的 10％。[43] 2009 年，欧盟通过《可再生能源指令》，控制传统能源使用，提倡可再生能源的运用和产业发展。2013 年，欧委会通过《欧盟气候变化适应战略》，通过协调和信息共享，促使欧盟相关政策将适应考虑在内，对成员国行动形成补充。

巴西是气候变化的推动者和协调者。2005 年之后，巴西国内的经济和政治行为体对国家利益进行重新认定，确认了政府积极介入气候变化议题的重要性。[44]之后，巴西政府在国内和国际层面都开始积极行动起来。2007 年，政府成立了气候变化部际组委会，“由总统府民事办公厅主持，这从侧面反映出气候变化议题已从最初的科技层上升至关乎国家发展的战略高度”[45]。2008 年，政府公布《国家气候变化计划》。2009 年 10 月，巴西下议院通过《国家气候变化法》将减排目标载入立法。[46] 2011 年，用于支持减缓和适应项目的国家气候变化基金开始运作，初始资金 1.3 亿美元。[47] 2015 年，在联合国可持续发展峰会上，巴西宣布国家自主贡献报告，其中包括：(1)到2025年，巴西的温室气体排放量较2005年降低37%，到2030年降低43%；(2)可再生能源在能源结构中占比达45%，等等。[48]

印度是世界上易受气候变化影响的国家之一，大约一半的人口依赖于农业或者其他易受气候影响的行业，作为世界第三大碳排放国，印度在2011年的二氧化碳排放量是1990年的三倍，并且预计2035年的排放量将是2008年的2.5倍。[49]印度政府于2008年发布了"气候变化国家行动计划"，确定八项国家计划，包括生态保护、资源利用、能源开发等，还设立了"国家清洁能源基金"。2012年，印度提交《第二次国家信息通报》，明确到2020年碳排放强度在2005年基础上削减20%至25%，并在国家自主贡献报告中提出，到2030年使国家碳排放强度在同样基础上削减33%至35%。[50]

墨西哥在气候变化议题上扮演着重要的作用，并且同样受到巨大的国际压力。2010年，墨西哥二氧化碳排放量达到7.48亿吨，比2005年增加了12%。[51]2012年，墨西哥颁布《气候变化基本法》，规定将温室气体到2020年减排30%，到2050年减排50%；到2026年达到排放峰值。[52]该法还设立了总统担任主席的气候变化跨部门委员会，负责协调联邦政府部门的行动；制订、实施气候变化适应和减缓国家政策等。同时，墨西哥还为应对气候变化制定了六年计划和国家战略。

此外，新西兰、德国、韩国、菲律宾、印度尼西亚、澳大利亚、意大利、俄罗斯等国纷纷颁布有关气候变化的专门法律或行动计划，以内化气候变化的国际共识和目标，在立法和政策层面提出本国应对措施，作出长期应对规划。

三、各国执行的影响因素

如同气候变化谈判，执行同样面临种种问题。从第一承诺期的履约情况看，"当年参与谈判的大部分国家不减反超，已经承诺减排的国家没有一个能够按时定量完成。从各国陆续递交的行动计划来看，除了少数国家之外，大部分国家的减排承诺前景并不乐观"[53]。这可以从执行意愿、执行资源、执行延续性三个方面来做一个考察。不愿承担历史责任是一些发达国家执行意愿较弱的重要原因。一些发达国家始终认为它们与发展中国家的减排目标相比是不公平的。对于美国这样经济发达、科学研究水平和技术能力较高的国家来说，合作行为与其自身治理意愿较低是分不开的，美国政府的气候变化立场深受国内政治因素包括国会和工商业团体的制约，使其不会接受成本高昂而对发展中大国没有约束力的协议。[54]这一意愿的极端反映就是美国总统特朗普于 2017 年 6 月宣布退出《巴黎协定》。作为全球第 7 大温室气体排放大国，加拿大于 2011 年宣布退出议定书，以此免受因无法达标而支付的约 140 亿加元的惩罚。加拿大于 2002 年加入议定书，但一直持消极态度，只承诺到 2020 年在 2005 年的基础上削减 17%，实际上，加拿大 2009 年的温室气体排放比 1990 年增长近 30%，按照议定书，到 2012 年的排放应比 1990 年降低 6%，温室气体排放不降反增，被批评人士称为“气候叛徒”[55]。

缺乏执行资源是许多发展中国家履行协议的重要阻碍，其中，资金不足问题较为突出。比如，印度《气候变化国家行动计划》预计投资 412 亿美元，但至今最多 63 亿美元，大部分还未得到较好落实。“如绿色印度计划，在 2014 年进展报告发布时还处于方案制定阶段，上交的计划也仅涵盖全国 0.12%的森林面积。温室气体排放数据的变化趋势也表明，印度在控制温室气体排放方面的进展并不显著。”[56]当然，发展中国家的履约程度也取决于发达国家对资金和技术的实际支持力度。在这方面，发达国家做得还远远不够。2009 年建立的绿色气候基金，发达国家承诺在 2020 年前实现每年 1 000 亿美元的注资目标，但截至 2014 年的利马会议，总计筹资仅 103 亿美元。另外，执行资源深受经济形势的影响，特别是 2008 年国际金融危机爆发后，各国应对气候变化的政策趋向保守。由于经济不景气，巴西罗塞夫政府对气候变化的重视程度与之前相比有所下降。虽然颁布了《国家气候变化法》，提交了国家自主贡献报告，但被外界认为目标“仍有较大的提升空间”“无需为此做出巨大的努力”。2012 年，为应对经济滞涨危机，巴西政府推行鼓励以汽车制造业为代表的传统碳密集工业发展的刺激措施，且在联合国可持续发展大会里约峰会结束当天宣布取消燃油消费税，承诺动力较为缺乏。[57]

另外，一些国家由于政府更迭导致执行延续性较差，执行协议的不确定性增强。由于已知晓国会不会通过议定书，因而克林顿政府当时并未将签署的议定书递交国会，小布什政府更是直接在2002年选择退出，从协同执行变成了自愿执行，从一开始就难以体现出一个负责任大国的形象。当然，制衡体制的背后仍然是经济利益。美国在气候变化问题上经常大开倒车，与其说是对科学研究的慎重和关注，不如说是对经济前景的担忧，“因为防止全球变暖而采取的行动必然要带来沉重的经济成本，改变收入分配格局，以及影响他们早已习惯的奢侈的生活方式，利益集团担心他们的收入分配，经济学界担忧经济成本”[58]。在日本，政府更迭也导致气候变化政策的朝令夕改。2007年，日本首相安倍晋三提出“美丽星球50战略”，以积极姿态呼吁减排；继任的福田康夫又通过新的方案减轻日本减排义务；之后，麻生太郎制订了与国际社会期望相去甚远的减排目标；随即，鸠山由纪夫提出了比自民党积极得多的减排中期目标；菅直人接任后，气候变化政策又趋于保守，甚至在坎昆会议上宣布不再就议定书第二阶段做出有约束力的承诺。日本气候政策难以从一而终，更不用说落实了。其他影响因素还包括受气候变化影响的脆弱性程度、经济发展水平差异，等等，这些因素往往相互交织，仅用单一因素难以做出解释。

四、中国应对气候变化

中国政府从一开始就参加了起草《公约》的谈判。1992年，李鹏总理在出席联合国环境与发展会议期间，代表中国政府签署了《公约》。全国人民代表大会常务委员会于1993年批准了《公约》，使中国成为最早批准公约的国家之一。之后，中国政府又于1998年签署了《京都议定书》，并于2002年核准了该议定书。2009年，中国的二氧化碳排放量占世界总量的25%，这一数字在1990年仅为11%。西方学者预计，到2030年，中国的二氧化碳排放量将占世界总量的50%。[59]

从执行意愿来讲，中国在应对气候变化问题上有一个逐步提高认识的过程。其一，随着科学研究的进展，特别是联合国政府间气候变化专门委员会发布的五份评估报告，使气候变化议题逐渐提上了中国政府的议事日程，对中国的判断形成了重要依据。其二，中国自身的科学研究进展和发展历程使中国逐渐认识到在气候变化问题上的脆弱性。2005 年后，中国对气候变化的认识更加确定，强调“气候变化已经对中国产生了一定的影响……而且未来将继续对自然生态系统和经济社会系统产生重要影响”。与此同时，中国“人口众多、经济发展水平低、气候条件差、生态环境脆弱，是最易受气候变化不利影响的国家之一”[60]。比如，气候变化可能导致西藏地区的冰川融化；上海和香港将淹没；东南沿海地区的台风的破坏性增加；5％—10％的农业产量的下降；生物多样性的锐减等等。[61]其三，随着中国经济的快速发展，温室气体排放显著增加，国际社会要求中国在气候变化问题上承担更多责任的呼声显著增多。国家气候变化专家委员会主任委员秦大河 2006 年曾表示：“国际上要求中国减排温室气体的压力是越来越大了。”[62]在中国国内与国际社会的频繁互动中，中国在气候变化议题上的认知渐渐明确，执行意愿逐渐增强。

从执行资源和执行延续性来看，中国政府对于气候变化问题始终采取一以贯之、一如既往的态度，不断推进、加大应对气候变化的举措。具体来说，中国应对气候变化采取自上而下的“整合式”执行方式，即在党中央的领导下，由国务院提出总目标和总方案，国家发展和改革委员会作为牵头部门，政府部门根据国务院总体部署分工落实，各级地方政府根据国务院总体部署分解落实的整体性执行方式，执行资源主要包括，法律政策的制定，专门组织的设立，部门间统筹协调，人力、财力、物力的投入，等等。

1. 国务院的总体部署

国务院的总体部署主要体现为在党中央的领导下，推动应对气候变化立法和颁布总体性的政策文件。2005 年，十届全国人大常委会第十四次会议通过《可再生能源法》。2006 年，《“十一五”规划纲要》将单位国内生产总值能源消耗下降 20％作为约束性指标纳入国家规划。2007 年，中国制定《应对气候变化国家方案》，明确了应对气候变化的指导思想、主要领域和重点任务。[63]2009 年哥本哈根会议前夕，中国提出 2020 年单位国内生产总值温室气体排放比 2005 年下降 40％—45％的目标。[64]2011 年，中国政府发布《“十二五”控制温室气体排放工作方案》，明确到2015年控制温室气体排放的总体要求和主要目标，并将“十二五”碳强度下降目标分解落实到各省（自治区、直辖市）。2014年出台的《国家应对气候变化规划（2014—2020年）》明确了中国应对气候变化的指导思想、主要目标和重点任务。[65] 2015年，中国提交《强化应对气候变化行动——中国国家自主贡献》，提出到2030年的四大目标，即单位国内生产总值二氧化碳排放要比2005年下降60%至65%；非化石能源在总能源当中的比例提升到20%左右；二氧化碳排放达到峰值，并争取尽早达到峰值；森林蓄积量比2005年增加45亿立方米。[66] 2016年，中国发布《“十三五”控制温室气体排放工作方案》，提出到2020年，单位国内生产总值二氧化碳排放比2015年下降18%，碳排放总量得到有效控制。氢氟碳化物、甲烷、氧化亚氮、全氟化碳、六氟化硫等非二氧化碳温室气体控排力度进一步加大。碳汇能力显著增强。支持优化开发区域碳排放率先达到峰值，力争部分重化工业2020年左右实现率先达峰，能源体系、产业体系和消费领域低碳转型取得积极成效。全国碳排放权交易市场启动运行，应对气候变化法律法规和标准体系初步建立，统计核算、评价考核和责任追究制度得到健全，低碳试点示范不断深化，减污减碳协同作用进一步加强，公众低碳意识明显提升。[67]

与此同时，从执行资源来看，专门性组织机构的设立成为执行资源的统筹协调中心。1990年，国务院曾设立国家气候变化协调小组，参与国际气候变化谈判。1998年，国务院成立国家气候变化对策协调小组，作为部门间的议事协调机构。2007年，国务院成立国家应对气候变化领导小组，由国务院总理担任组长，由国家发展改革委具体负责，制定国家应对气候变化的重大战略、方针和对策，协调解决有关重大问题，这表明气候变化在中国政府的决策中已上升到一个非常重要的位置。

2. 政府部门的分工落实

自国务院成立国家应对气候变化领导小组之后，各个政府部门也成立了应对气候变化领导小组或司局处室。比如，国家发展改革委设立了应对气候变化司，牵头承担国家履行《联合国气候变化框架公约》相关工作；工信部设立节能与综合利用司；海洋局成立专门的应对气候变化领导小组；国家统计局成立应对气候变化统计工作领导小组；国家林业局在造林司下设应对气候变化处，等等。就政策与行动而言，自2011年发布《"十二五"控制温室气体排放工作方案》(以下简称工作方案)次年，国务院办公厅就印发了《"十二五"控制温室气体排放工作方案重点工作部门分工》，对方案的贯彻落实做出了具体部署。[68]为落实工作方案，各部门相继制定了《应对气候变化行动方案》和《贯彻落实"十二五"控制温室气体排放工作方案任务分工方案》，并出台相关政策、制定长期规划、采取切实行动，务实推动本领域的节能减排与气候变化应对(见表4.3)。

与此同时，政府部门的分工落实还体现在部门协作方面。许多时候，政府部门往往凭借比较优势，形成合力，联合推动执行。2010年设立的协调联络办公室，就是旨在进一步加强部门间协调联络的一个措施。另外，科技部联合15个部门共同编制和发布《"十二五"国家应对气候变化科技发展专项规划》；[69]为加快推动节能与新能源汽车产业发展，工信部、国家发展改革委、科技部、财政部联合编制《节能与新能源汽车产业发展规划(2012—2020年)》；[70]为加强应对气候变化统计工作的组织领导，应对气候变化统计工作领导小组由21个政府部门作为成员单位，为应对气候变化统计工作提供了有力的组织保障。[71]

表4.3　政府部门分工落实

部门方案
科技部 规划：《"十二五"国家应对气候变化科技发展专项规划》《"十二五"国家碳捕集利用与封存科技发展专项规划》《全球变化研究国家重大科学研究计划"十二五"专项规划》《洁净煤技术科技发展"十二五"专项规划》《风力发电科技发展"十二五"专项规划》《太阳能发电科技发展"十二五"专项规划》《生物质能发展"十二五"专项规划》 政策：《国家低碳技术成果转化与推广应用目录》、应对气候变化战略政策研究、应对气候变化科技研发
国家发展改革委 规划：《国家应对气候变化规划(2014—2020年)》《煤电节能减排升级与改造行动计划(2014—2020年)》《循环经济发展"十二五"规划》 政策：《单位国内生产总值二氧化碳排放降低目标责任考核评估办法》《碳排放权交易管理暂行办法》《燃煤发电企业清洁生产评价导则》《关于重点产业布局调整和产业转移的指导意见》《低碳产品认证管理暂行办法》、中国低碳发展宏观战略研究项目

（续表）

部　门　方　案
工信部 规划：《工业领域应对气候变化行动方案（2012—2020 年）》《绿色制造工程实施方案（2016—2020 年）》《节能与新能源汽车产业发展规划（2012—2020 年）》《工业清洁生产推行“十二五”规划》《工业转型升级规划（2011—2015 年）》《工业节能“十二五”规划》 政策：《关于加强工业节能减排先进适用技术遴选评估与推广工作的通知》《全国工业能效指南》《工业节能监察重点工作计划》、低碳试点示范、《乘用车燃料消耗量限值》《“能效之星”产品目录》
财政部 政策：环保税立法、资源税改革、免征新能源汽车车辆购置税、《加快成品油质量升级工作方案》《关于风力发电增值税政策的通知》、节能减排财政政策综合示范
住建部 规划：《“十二五”建筑节能专项规划》《“十二五”绿色建筑和绿色生态城区发展规划》 政策：《绿色建筑行动方案》《城市适应气候变化行动方案》《关于加快推动我国绿色建筑发展的实施意见》《绿色建筑评价标准》
交通部 规划：《交通运输行业“十二五”控制温室气体排放工作方案》《交通领域应对气候变化行动方案》 政策：《交通运输部关于加快新能源汽车推广应用的实施意见》《营运客、货车辆燃料耗值限值与测量办法》《关于公路水路交通运输行业落实国务院“十二五”节能减排综合性工作方案的实施意见》
国家统计局 规划：《应对气候变化统计工作方案》 政策：《应对气候变化统计指标体系》《应对气候变化部门统计报表制度（试行）》
国家林业局 规划：《林业适应气候变化行动方案（2015—2020 年）》《林业应对气候变化“十二五”行动要点》《全国造林绿化规划纲要（2011—2020 年）》《林业发展“十二五”规划》 政策：《湿地保护管理规定》《全国林业碳汇计量检测体系建设总体方案》
国家海洋局 规划：《海洋领域应对气候变化中长期发展规划（2011—2020 年）》《国家“十二五”海洋科学和技术发展规划纲要》《“十二五”国家应对气候变化科技发展专项规划（海洋领域）》《全国海洋观测网总体规划（2011—2020 年）》 政策：海岛保护专项资金、海洋生态环境检测评估、海洋灾害监测、海洋领域应对气候变化科学研究

资料来源：根据历年《中国应对气候变化的政策与行动》整理而成。

3. 地方政府的分解落实

以往应对气候变化，强调的是自上而下的强制减排气候治理模式，而“国家自主贡献”是自下而上的承诺减排气候治理模式。气候变化具有鲜明的地方性，地方层面处在应对气候变化的最前沿，是自下而上气候治理模式的起点和自上而下气候治理模式的落脚点，是全球气候多层治理的重要环节。[72]为贯彻落实约束性目标，推动各个地方应对气候变化，国务院于 2006 年颁布《关于加强节能工作的决定》，建立了目标责任制。同年又发布《关于“十一五”期间各地区单位生产总值能源消耗降低指标计划的批复》，对节能目标按照省份进行分解（见表 4.4），并要求各省继续分解落实到各市（地）、县及有关行业和重点企业。2007 年，国务院明确节能工作的第一责任人是政府主要领导。同年 10 月，节能目标责任制被写入《中华人民共和国节约能源法》修订案，正式成为法律规定。

在中央的要求和压力下，各个省、市、县也建立了自己的气候变化领导小组。同时，2008 年 6 月，中国启动了省级应对气候变化方案项目。中国 31 个省、自治区、直辖市和新疆建设兵团陆续编制完成省级应对气候变化方案，将其作为战略任务。[73]从 2010 年开始，青海省、山西省、四川省等地还出台了应对气候变化的地方法规。总的来说，中央政府以目标责任制为核心构建起自上而下的管理体系，这一管理体系注重强制的行政权力和政治经济的激励。[74]在之后的“十二五”规划和“十三五”规划中，从中央政府到各级地方政府应对气候变化仍旧采取这样一种目标分解模式。

表 4.4 “十一五”期间各地区单位生产总值能源消耗降低指标计划表

地　区	2005 年基数（吨标煤/万元）	2010 年目标（吨标煤/万元）	下降幅度（%）
全　国	**1.22**	**0.98**	**20**
北　京	0.80	0.64	20
天　津	1.11	0.89	20
河　北	1.96	1.57	20
山　西	2.95	2.21	25
内蒙古	2.48	1.86	25
辽　宁	1.83	1.46	20

（续表）

地　区	2005 年基数（吨标煤/万元）	2010 年目标（吨标煤/万元）	下降幅度(%)
吉　林	1.65	1.16	30
黑龙江	1.46	1.17	20
上　海	0.88	0.70	20
江　苏	0.92	0.74	20
浙　江	0.90	0.72	20
安　徽	1.21	0.97	20
福　建	0.94	0.79	16
江　西	1.06	0.85	20
山　东	1.28	1.00	22
河　南	1.38	1.10	20
湖　北	1.51	1.21	20
湖　南	1.40	1.12	20
广　东	0.79	0.66	16
广　西	1.22	1.04	15
海　南	0.92	0.81	12
重　庆	1.42	1.14	20
四　川	1.53	1.22	20
贵　州	3.25	2.60	20
云　南	1.73	1.44	17
西　藏	1.45	1.28	12
陕　西	1.48	1.18	20
甘　肃	2.26	1.81	20
青　海	3.07	2.55	17
宁　夏	4.14	3.31	20
新　疆	2.11	1.69	20

注：各地区单位生产总值能源消耗按 2005 年不变价格计算。

资料来源：http://www.gov.cn/xxgk/pub/govpublic/mrlm/200803/t20080328_32000.html。

国际行政能力体现为一国履行国际协议的能力。中国参与气候变化合作反映了中国总体的国际行政能力。凡中国签署的国际协议，均能够反映出中国较高的执行意愿。在中国共产党对外事工作的统一领导和部署下，执行延续性也较高，外事工作较少受到政府换届的影响。因此，在执行意愿和执行延续性两个方面，中国与许多国家相比具有较大的制度优势。

和许多发展中国家一样，执行资源是中国国际行政能力的薄弱环节。从中国应对气候变化的案例来看。第一，中国应对气候变化存在不小的资金缺口，而且这一问题在短期内仍然无法得到缓解。虽然近几年来，在绿色信贷和绿色债券等方面，中国获得了不小的成绩，但与气候领域实际需求相比仍存在较大差距。据测算，中国要达到一系列国家自主贡献目标，气候资金的总需求（从2005年到2030年）将突破41万亿元人民币（6.7万亿美元）。[75] 2005年至2015年，中国已投入10.4万亿元人民币，从2016年到2030年则需要投入30万亿元人民币。[76]这对于中国来说是不小的压力。根据《2013中国气候融资报告：公共资金机制创新》，中国每年的气候融资资金缺口超过2万亿元人民币。[77]目前，公共资金仍是主要的资金来源。今后，如何创新公共资金机制，如何将更多的社会资金引入气候领域，成为中国气候融资的重要问题。同时，发达国家投向发展中国家的承诺资金也远未兑现。因此，中国同广大发展中国家一样，在融资方面仍然面临一些艰巨的挑战。

第二，技术相对滞后。虽然近几年来，中国启动应对气候变化科技专项行动，总投入经费约1.1亿元人民币，开展中国绿色发展的重大战略及技术问题等相关研究。[78]但总体而言，核心技术还较为缺乏。中国有效应对气候变化，其一要保证拥有较强的基础科学研究能力，包括气候变化监测预测研究、地球系统研究等。其二，中国对于高耗能行业的核心技术是滞后的。“一方面，中国目前的能源开采、供应与转换、输配技术、工业生产技术和其他能源终端使用技术与发达国家相比均有较大差距；另一方面，中国重点行业落后工艺所占比重仍然较高。先进技术的严重缺乏与落后工艺技术的大量并存，使中国的能源效率比国际先进水平约低10个百分点，高耗能产品单位能耗比国际先进水平高出40%左右。”[79]“在需要的60多种关于高耗能行业的骨干技术中，中国有42种没有掌握核心技术。要想达到目前碳削减量的目标，必须要尽可能掌握这些核心技术。”这既对中国的自主创新能力提出了更高的要求，也增加了中国对国际技术转让的需要。应当来说，解决气候变化问题的最终出路还是技术突破。

此外，应对气候变化的执行资源，还包括专业人才的缺乏、组织协调问题等等。当然,中国政府已清楚认识到了这些问题,通过各项举措逐渐弥补缺陷。因此,中国政府在拥有较大执行意愿的基础上,努力统筹、协调、调配各项有利于应对气候变化的执行资源,尽可能不折不扣地落实中国向国际社会做出的承诺,并在党的统一领导下保证这些措施的延续性和稳定性,使国内社会和国际社会对中国政府的举措保持稳定和积极的预期,体现了较强的国际行政能力。总的来看,中国政府将应对气候变化纳入国家发展体系,涵盖能源、科技、气象、建筑、水利、环保、农林、救灾、教育、卫生、工业、统计、质检、海洋等各个领域,在部门上实行分工,在地方上实行目标的层层分解,自上而下形成了系统性的应对气候变化国内落实体系,确保各领域和各地方的广泛参与。在这一协同行政中,中国采取的"整合式"执行方式使中国应对气候变化取得了显著的成绩,赢得了国际社会的广泛赞誉。数据显示,"十二五"期间,中国碳强度累计下降 20%,超额完成了"十二五"规划确定的 17%的目标任务。能源结构进一步优化,2015 年非化石能源占一次能源消费比重达 12%,超额完成了"十二五"规划所提出的 11.4%的目标。森林蓄积量增加到 151.37 亿立方米,提前实现了到 2020 年增加森林蓄积量的目标。[80] 而到了 2016 年,碳强度比 2015 年又下降了 6.6%,非化石能源占比达到 13.3%,造林护林任务超额完成,适应气候变化和防灾减灾能力进一步增强,应对气候变化体制机制进一步完善。[81] 2017 年底,中国碳排放交易体系完成总体设计,全国统一碳交易市场正式启动。

注释

1. [美]盖伊·彼得斯:《政治科学中的制度理论:"新制度主义"》,王向民、段红伟译,上海:上海人民出版社 2011 年版,第 142 页。

2. 还包括不属于联合国体系的世界贸易组织。

3.《中国再瞄准国际组织》,新华网,http://www.xinhuanet.com/herald/2015-04/20/c_134167266.htm。

4. 张贵洪:《中国联合国外交的转型》,载《中国发展观察》2016 年第 11 期,第 17 页。

5. 十五大报告,http://cpc.people.com.cn/GB/64162/64168/64568/65445/4526290.html。

6. 十六大报告,http://cpc.people.com.cn/GB/64162/64168/64569/65444/4429116.html。

7. 十八大报告,http://www.xinhuanet.com/18cpcnc/2012-11/17/c_113711665_

12.htm。

8.《中国将承担更多与国力地位相符的国际责任》，人民网，http://politics.people.com.cn/n/2013/0627/c70731-21999332.html。

9. 李巍、孙忆：《理解中国经济外交》，载《外交评论》2014年第4期，第18—19页。

10. [美]安妮-玛丽·斯劳特：《世界新秩序》，任晓等译，上海：复旦大学出版社2010年版，第30页。

11. 正因为全球监管规则没有建立，这种监管机构建立的网络被认为是一种“自下而上”的治理模式。

12. 分别是比利时、加拿大、美国、英国、法国、联邦德国、日本、卢森堡、荷兰、意大利。

13. 国际证券委员会组织网站：http://www.iosco.org/。

14. 国际竞争网络网站：http://www.internationalcompetitionnetwork.org/。

15.《我国正式加入医疗器械监管机构国际论坛》，中国医药报，2013年4月9日，第1版。

16.《中美欧日韩五局局长系列会议即将在华召开》，国家知识产权局网站，http://www.sipo.gov.cn/ztzl/hylt/wjhzjzhy/hybd/201505/t20150518_1118678.html。

17. P.H.Verdier, “Transnational Regulatory Networks and Their Limits”, *The Yale Journal of International Law*, Vol.34, p.118.

18. 赵然：《金融危机背景下的金融监管国际合作》，郑州：河南人民出版社2013年版，第99页。

19. *ISO annual report 2015*, p.5.其中，2015年制定和公布了1 505项国际标准。国际标准化组织网站：http://www.iso.org/iso/home/about/iso_members.htm。

20. 何力：《“一带一路”战略与海关国际合作法律机制》，北京法律出版社2015年版，第359页。

21. S.J.Evenett & R.M.Stern, *Systemic Implications of Transatlantic Regulatory Cooperation and Competition*, World Scientific Publishing Company, 2011, pp.63—81.

22. 国际证监会组织网站，http://www.iosco.org/about/?subsection=about_iosco。

23. 世界审计组织网站：http://www.intosai.org/about-us.html。

24.《为世界奉献一场成功的ISO盛会》，《人民日报》，2016年8月9日，第16版。

25. 国际标准的制定经历五大步骤：当计划制定某一领域的国际标准时，(1)这一计划将被交由专家组成的技术委员会；(2)如技术委员会认为确有必要，然后，专家工作组将开始讨论，并准备草案；(3)草案第一稿交由技术委员会讨论；(4)如果技术委员会对草案达成共识，则交由成员国讨论，并接受评论；(5)最终草案交由所有成员国，如果投票通过，则形成国际标准。

26. 龚祖英：《加强国际税收管理，维护国家税收主权》，中国税务报，2013年5月22日，第5版。

27. [美]安妮-玛丽·斯劳特：《世界新秩序》，任晓等译，第34页。

28. K. W. Abbott & D. Snidal, “Strengthening International Regulation through Transnational New Governance”, *Journal of Chemical Physics*, Vol.138, No.10, 2010, pp.873—879.

29. 苏长和：《如何充分认识当今世界格局新变化》，《人民日报》，2017年1月4日。

30. 部际联席会议或部际协调会议是行政机构最高的联席会议制度，往往由牵头单位的主要负责人召集，根据工作需要定期或不定期召开，一般不是长期存在，但其建立和撤销均需经过国务院审批。

31.《国务院同意建立贸易便利化工作部际联席会议制度》，人民网，http://politics.people.com.cn/n1/2016/0406/c1001-28253886.html。

32. 当然，要保证这一国际合作的推进过程中没有损害到中国的国家利益。

33. 复旦国务智库：《复旦国际秩序报告——互联世界中的自治与共治》，第42—43页。

34. 苏长和：《如何充分认识当今世界格局新变化》，《人民日报》，2017年1月4日。

35. 公约于1994年3月21日正式生效。截至2016年12月31日，公约共有197个缔约方。

36. 议定书于1997年达成，2005年正式生效。

37.《联合国气候变化框架公约二十年与中国低碳发展进程》，中央编译局网站，http://www.cctb.net/llyj/lldt/qqzl/201401/t20140126_300951.htm。

38. 高风：《〈联合国气候变化框架公约〉二十年与中国低碳发展进程》，载《国际展望》2013年第3期，第4页。

39.《巴黎气候变化大会通过全球气候新协议》，新华网，http://news.xinhuanet.com/world/2015-12/13/c_128524201.htm。《巴黎协定》于2016年11月正式生效，已有115个国家批准了协定。

40. 陈济：《公约机制与气候变化国际合作》，载《世界环境》2014年第6期，第26页。

41. O. Elgström & J. Skovgaard, "Previewing Paris 2015: The EU's 'Leadiator' Role in Future Climate Change Negotiations", *Georgetown Journal of International Affairs Online*, 2014, http://journal.georgetown.edu/previewing-paris-2015-the-eus-leadiator-role-in-future-climate-change-negotiations; Karin Bäckstrand & O. Elgström, "The EU's Role in Climate Change Negotiations: From Leader to 'Leadiator'", *Journal of European Public Policy*, Vol.20, No.10, 2013.

42. Miranda A. Schreurs & Yves Tiberghien, "Multi-level Reinforcement: Explaining European Union Leadership in Climate Change Mitigation", *Global Environmental Politics*, Vol.7, No.4, 2007, p.19.

43. Council of the European Union 2007.

44. K. Hochstetler & E. Viola, "Brazil and the Politics of Climate Change: beyond the Global Commons", *Enivornmental Politics*, Vol.21, No.5, 2012, p.764.

45. 何露杨：《巴西气候变化政策及其谈判立场的解读与评价》，载《拉丁美洲研究》2016年第2期，第83页。

46.《巴西政府确定本国减排目标》，新华网，http://news.xinhuanet.com/world/2009-11/14/content_12454696.htm。

47. K. Hochstetler & E. Viola, "Brazil and the Politics of Climate Change: beyond the Global Commons", p.765.

48. 何露杨：《巴西气候变化政策及其谈判立场的解读与评价》，《拉丁美洲研究》2016年第2期，第85页。

49. J. Thaker & Anthony Leiserowitz, "Shifting discourses of climate change in India", *Climatic change*, Vol.123, No.2, 2014, p.107.

50. 高翔、朱秦汉：《印度应对气候变化政策特征及中印合作》，载《南亚研究季刊》2016年第1期，第35页。

51. C. Octaviano, S. Paltsev & A. C. Gurgel, "Climate Change Policy in Brazil and Mexico: Results from the MIT Eppa Model", *Energy Economics*, Vol.56, 2016.

52. 于文轩、田丹宇：《美国和墨西哥应对气候变化立法及借鉴意义》，载《江苏大学学报》2016年第2期，第5页。

53. 王学东：《气候变化问题的国际博弈与各国政策研究》，北京：时事出版社2014年版，第54—58页。

54. 薄燕:《合作意愿与合作能力——一种分析中国参与全球气候变化治理的新框架》,载《世界经济与政治》2013 年第 1 期,第 145—146 页。

55. 张庆阳:《国际社会应对气候变化发展动向综述》,载《中外能源》2015 年第 8 期,第 5 页。

56. 高翔、朱秦汉:《印度应对气候变化政策特征及中印合作》,第 36 页。

57. 何露杨:《巴西气候变化政策及其谈判立场的解读与评价》,第 86 页。

58. 王学东:《气候变化问题的国际博弈与各国政策研究》,第 146 页。

59. B. Gilley, "Authoritarian Environmentalism and China's Response to Climate Change", *Enivormental Politics*, Vol.21, No.2, p.289.

60.《国务院关于印发中国应对气候变化国家方案的通知》,国务院网站,http://www.gov.cn/zwgk/2007-06/08/content_641704.htm。

61. E.C.-Y.Lai, *Climate Change Impacts on China Environment*: *Biophysical Impacts*, Washington, DC: Woodrow Wilson Center, 2009.

62. 薄燕:《合作意愿与合作能力——一种分析中国参与全球气候变化治理的新框架》,第 148 页。

63.《中国应对气候变化国家方案》(全文),新华网,http://news.xinhuanet.com/politics/2007-06/04/content_6196300_2.htm。

64.《2015 年单位国内生产总值二氧化碳排放比 2010 年降 17%》,中国网,http://news.china.com.cn/txt/2011-11/22/content_23977512.htm。

65. 解振华:《中国应对气候变化的政策与行动——2014 年度报告》,北京:中国环境出版社 2015 年版,第 22 页。

66.《去年中国单位 GDP 二氧化碳排放比 2005 年下降了 33.8%》,人民网,http://politics.people.com.cn/n/2015/0706/c70731-27258713.html。

67.《国务院印发〈"十三五"控制温室气体排放工作方案〉》,国务院网站,http://www.gov.cn/zhengce/content/2016-11/04/content_5128619.htm。

68. 解振华:《中国应对气候变化的政策与行动——2012 年度报告》,北京:中国环境出版社 2013 年第 1 版,第 19 页。

69. 张勇:《中国应对气候变化的政策与行动——2013 年度报告》,北京:中国环境出版社 2014 年第 1 版,第 36 页。

70. 同上书,第 50 页。

71. 张勇:《中国应对气候变化的政策与行动——2015 年度报告》,北京:中国环境出版社 2016 年第 1 版,第 137 页。

72.《应对气候变化地方大有可为》,中国环境网,http://www.cenews.com.cn/gd/jczs/201706/t20170612_836764.html。

73.《中国地方政府开始立法应对气候变化》,新华网,http://news.xinhuanet.com/2010-10/07/c_12634911.htm。

74. B. Gilley, "Authoritarian Environmentalism and China's Response to Climate Change", *Enivormental Politics*, Vol.21, No.2, p.291.

75.《应对气候变化 41 万亿元资金从哪里来》,中国改革报网站,http://www.crd.net.cn/2016-11/17/content_23000963.htm。

76. 谢振华:《未来 15 年中国将投入 30 万亿人民币应对气候变化》,新华网,http://news.xinhuanet.com/world/2016-04/23/c_128923516.htm。

77.《中国应对气候变化年资金缺口巨大》,人民网,http://env.people.com.cn/n/2014/0123/c1010-24204751.html。

78.《中国应对气候变化的政策与行动(2011)》,新华网,http://news.xinhuanet.

com/2011-11/22/c_111185426.htm。

79.《中国应对气候变化国家方案》，中国网，http://www.china.com.cn/city/txt/2007-06/08/content_8362868.htm。

80.《我国应对气候变化取得重大进展》，国务院网站，http://www.gov.cn/xinwen/2016-11/02/content_5127313.htm。

81. 国家发展和改革委员会:《中国应对气候变化的政策与行动 2017 年度报告》，http://cdm.ccchina.org.cn/archiver/cdmcn/UpFile/Files/ccer/2017climate%20report.pdf。

第五章

共建“一带一路”与跨国行政合作工程

2013 年，中国国家主席习近平提出“一带一路”倡议，得到了国际社会的高度关注和积极响应。2015 年 3 月，中国发布《推动共建丝绸之路经济带和 21 世纪海上丝绸之路的愿景与行动》，提出了共建“一带一路”的时代背景、共建原则、框架思路、合作重点、合作机制以及中国的开放态势和行动等，使“一带一路”成为各方共同聚焦的热点。[1]“一带一路”倡议的提出代表了中国从“接轨”到“对接”的理念和实践转变，开始全面谋划全方位对外开放大战略；代表了中国深度参与全球治理，优化和创新国际合作与全球治理机制的心愿；代表了中国愿与各国构建新型国家间关系，为共同发展贡献中国智慧和力量的决心和行动。5 年多来，中国与国际社会一同构建“一带一路”的总体框架与合作理念，合力推进“一带一路”从宏伟蓝图转化为具体行动，为共同建设一个更具活力、更加开放、更兼稳定、更可持续、更多包容的全球化经济而努力。截至 2019 年 3 月，中国已经同 125 个国家和 29 个国际组织签署了 173 份“一带一路”方面的合作文件，共建“一带一路”倡议和共商共建共享的核心理念已经写入联合国等重要国际机制成果文件。2013—2018 年，中国与沿线国家货物贸易进出口总额超过 6 万亿美元，中国企业对沿线国家直接投资超过 900 亿美元，已同 40 多个国家签署了产能合作文件。首届“一带一路”国际合作高峰论坛形成的 279 项具体成果已全部得到落实。[2]2018 年 8 月 27 日，习近平总书记在北京人民大会堂出席推进“一带一路”建设工作 5 周年座谈会并发表重要讲话强调，“共建‘一带一路’顺应了全球治理体系变革的内在要求，彰显了同舟共济、权责共担的命运共同体意识，为完善全球治理体系变革提供了新思路新方案”。针对下一阶段的工作，习近平指出，“过去几年共建

‘一带一路’完成了总体布局，绘就了一幅‘大写意’，今后要聚焦重点、精雕细琢，共同绘制好精谨细腻的‘工笔画’”；“我们要百尺竿头、更进一步，在保持健康良性发展势头的基础上，推动共建‘一带一路’向高质量发展转变，这是下一阶段推进共建‘一带一路’工作的基本要求。要坚持稳中求进工作总基调，贯彻新发展理念，集中力量、整合资源，以基础设施等重大项目建设和产能合作为重点，解决好重大项目、金融支撑、投资环境、风险管控、安全保障等关键问题，形成更多可视性成果，积土成山、积水成渊，推动这项工作不断走深走实”。[3]

第一节 “一带一路”倡议的逻辑

“一带一路”倡议是中国与沿线国家基于特定地缘空间环境开展的功能性合作，遵循功能性逻辑。“一带一路”倡议下的六大经济走廊建设正在缓慢重塑世界，特别是欧亚大陆的地缘空间版图。这可以分为两个阶段：第一阶段以基础设施合作为重点提升中国与沿线国家的地缘优势，努力促进全球地理版图的强连通；在一定的连通性基础上，第二阶段则以产能合作为重点提升中国与沿线国家的生产能力和创新能力，推动中国与沿线国家更加深度地融入全球供应链和产业链，提升在全球价值链上的位阶，努力推动全球贸易版图的相对平衡发展，[4]由此致力于形成一个平等通达的关系网络。

一、促进全球地理版图的强连通

历史上，人类不断地改变着地理条件以及地缘空间的运用方式。“很大程度上，地理条件决定了历史发生的地点，但创造历史的永远是人。”[5]海洋覆盖了地球约71％的面积，蕴藏着地球至少65％以上的自然资源，一直以来都是人类活动的重要空间。15—16世纪，航海技术的不断进步为世界进入大航海时代奠定了基础，世界连成一体，全球化进程就此拉开大幕。之后，海洋逐渐成为大国竞争角逐的重要舞台，从16世纪的海上霸主西班牙，17世纪的“海上马车夫”荷兰，再到之后的海上帝国英国以及“二战”后建立海上霸权的美国，西方国家凭借海洋向全球扩张贸易和投资，形成了以西方为中心的世界经济体系。海洋始终伴随着国际关系史的发展，并见证了大国的兴衰，“海兴则国强民富，海衰则国弱民穷”成为临海国家发展兴衰的一条铁律。[6]

海洋是舞台，海运是载体。当今，在全世界的国际贸易中共有约120万名船员，[7]世界贸易的总运量中有2/3以上通过海运来完成；东亚与欧洲的贸易中，通过铁路运输的仅占3%—3.5%；[8]中国外贸货物中海运的占比更是达到90%，地缘空间的利用仍然侧重于海洋。[9]海运的便利程度和成本优势虽然是其他运输方式无法比拟的，但其缺陷在于时间成本较高。为进一步促进贸易和投资增长，世界各国逐渐意识到构建一个综合连通结构的必要性，这正是对21世纪互联互通时代的反映。因而，在海运仍旧作为国际运输主要方式的同时，一些改变已在悄然发生，公路、铁运、空运以及多式联运正在互联互通的版图上被加以创造性地利用，以满足不同的时间和成本需求。

大型基础设施正在改变世界复杂的地理形态以及区域供应网络的连通性、速度及容量。公路和铁路正在穿过更大的高山和更宽的大海，加速覆盖自然环境更为恶劣的地区，越来越长的能源管道历经复杂环境连接消费国与需求国。这些首先要依靠以技术进步为核心的基建技术和装备制造技术，使曾经技术不可行的工程成为可能。中国在这一领域拥有雄厚实力，为“一带一路”建设提供了强有力的技术支撑。根据《中国交通运输发展》白皮书，中国基础设施建设技术世界领先：高速铁路、高寒铁路、高原铁路、重载铁路技术迈入世界先进行列；特大桥隧建造技术达到世界先进水平；离岸深水港建设关键技术、巨型河口航道整治技术、长河段航道系统治理技术以及大型机场工程建设技术世界领先。与此同时，装备制造技术快速进步。以高速列车、大功率机车为代表的一批具有自主知识产权的高性能铁路装备技术达到世界先进水平，部分达到世界领先水平；自主研制的支线客机、通用飞机、直升机已交付使用，C919大型客机总装下线，量子科学试验卫星“墨子号”成功升空；大型专业化码头装卸设备制造、海工机械特种船舶、集装箱成套设备制造技术领先世界。[10]架桥机、挖隧道机、铺轨机等巨型机械正在助力世界的连通。此外，中国在高原冻土、膨胀土、沙漠等特殊地质的铁路、公路建设技术也克服了一系列的世界级难题。当前，随着物联网、云计算、大数据等先进技术实现物理世界的网络化、信息化和智能化,“万物互联、智能互通”正在从梦想变为现实。其次,大型基础设施还要依靠巨额资金。“一带一路”建设参与国中有众多新兴市场国家和发展中国家。这些国家一方面具有促进经济建设和社会发展的强烈愿望,另一方面又因资金实力和资本积累不足,无力推进基础设施互联互通等重大项目建设。当前,中国拥有充足的外汇储备,正在想方设法通过直接投资、商业贷款、无偿援助、无息贷款和优惠贷款等多种方式的整合缓解这一问题,同时还发挥资金的杠杆撬动作用,从而更好地调动其他国家、国际金融机构的资金以及私人资本为“一带一路”建设提供资金保障。

先进的技术和资金的增加为“一带一路”沿线国家开展更广泛的基础设施合作提供了新的契机。“一带一路”倡议不仅要更高效地连通传统的地缘优势地区,更要增强那些被认为不太具有地缘优势地区的连通性,努力塑造一个强连通的地理版图。在这里,可以把这一图景抽象为图论中的“连通图”概念。图论是组合数学的一个重要分支,应用十分广泛。利用图的连通性,可以把图分成两类:一类是非连通图,另一类是连通图,两者的区别在于是否任意两个顶点中存在一条路。如果没有,即为非连通图;如果有,则为连通图。而在连通图中,它们的“连通程度”存在较大差异。图 5.1 中(1)是最脆弱的连通图,因其去掉任何一条边或任何一个点都会使它成为非连通图;(2)是较脆弱的连通图,虽然去掉任何一条边后所得图仍连通,但存在一个顶点,去掉这个顶点后所得图为非连通图;连通程度较好的如(3),去掉任何一条边或任何一个顶点都不能使它成为非连通图,但连通的路径是单一的;连通程度最高的是(4),不仅去掉任何一条边或任何一个顶点都不能使它成为非连通图,而且拥有多元的连通路径。在这里,如果把全球看成一张图,将国家或地区设定为“点”,将国家或地区之间的通道设定为“线”。那么,构建一个强连通的全球地理版图需要满足三个条件:连通各点;多元的连通;强劲的枢纽。由于图论分析并没有把对国际贸易具有重要影响的时间和成本纳入其中,因此还需要另外加上两点,即快速的连通和低成本的连通。由此,“一带一路”倡议从交通、能源、通信等基础设施领域展开,提升地理版图的连通性,[11] 使全球由非连通性、脆弱的连通性走向强劲的连通性，其具体包含互联、多元、快速、经济、枢纽强劲这五大要素，这些要素彼此关联、相互作用。

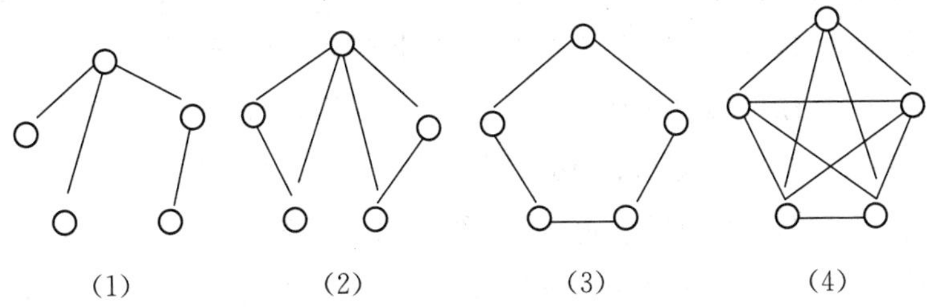

资料来源：卜月华等编著：《图论及其应用》，南京：东南大学出版社 2015 年版，第 39 页。

图 5.1　图的连通程度

（一）互联与多元

“一带一路”沿线至今仍有许多“不通”的地方。比如，中国与南亚至今仍然没有连通的铁路，与东南亚国家的铁路和公路连接断点不少；海湾国家铁路网建设进展缓慢，阿曼、巴林、卡塔尔、科威特等国没有铁路；广袤的中亚地区，公路里程仅占亚洲公路网的 19.3%；乌兹别克斯坦、土库曼斯坦、黑山、格鲁吉亚、柬埔寨、老挝等国迄今尚无高速公路；[12]泛亚铁路网、泛亚公路网、泛欧铁路网建设仍有待推进；“一带一路”沿线国家之间的直航航线仍有较大发展潜力；通信网络和能源管道建设仍有巨大需求，这些流动中的“梗阻”严重制约着国家经济发展和国家间贸易往来，非连通之处也就成为了“发展洼地”。“一带一路”建设首先致力于连接还未通达以及仅有单一通达方式的地区。一直以来，欧洲、西亚、南亚、东亚之间的贸易往来以经过马六甲海峡的水路为主，而如今，中巴经济走廊、“中欧陆海快线”、中欧班列、“双西公路”（中国西部至欧洲西部）、中新（重庆）战略性互联互通示范项目、“冰上丝绸之路”等规划和建设正在开辟多元的运输走廊，推动全球运输通道的网络化发展。

此外，更多设想正被提出并付诸实践，中国和乌兹别克斯坦在 2014 年的联合声明中提出要建设连接两国的最短的铁路和公路通道。[13]哈萨克斯坦、俄罗斯等国一直提议开掘一条贯穿中国西部、哈萨克斯坦、里海、欧亚运河以及黑海的运输走廊，进一步缩短和降低运输距离和成本。[14]伊朗作为中国重要的石油进口国，石油贸易传统上通过海运，为降低贸易成本，目前正计划建设一条连接伊朗、中亚和中国的陆路航线，这也能使中亚国家更加便捷地进入波斯湾和阿拉伯海。自2016年尼泊尔总理奥利访华后，连接两国的跨喜马拉雅铁路规划开始加速推进。[15]中国、老挝、越南电网互联互通取得实质性进展。[16]中巴、中吉、中俄跨境光缆信息通道合作项目取得明显成效。[17]2018年开通的中尼跨境电缆为中国和东亚国家提供了通达中东和非洲的最短互联网路径。[18]正在推进的中老铁路、中泰铁路、中吉乌铁路则将助益泛亚铁路网的完善。综合运输通道的建设将进一步提升中国与沿线国家的贸易和投资水平，“一带一路”建设无疑正在助力这一进程。

（二）时间与成本

如果说，连通的多元性反映了整个区域的连通密度，那么，时间与成本之比则反映了连通的效率。企业总是根据产品特性和市场需求选择合适的运输方式，运输通道建设则以更短的时间和更低廉的运费为目标。一般来说，海运成本较低但时间较长，空运时间较短但成本较高，铁路和公路介于两者之间，运输成本比空运低，运输时间比海运少。[19]基于这一优势，“一带一路”建设正在使铁路和公路运输走向新的高度，这也推动了区域连通的多元性。中巴经济走廊建设将使长达1.2万公里的传统路线缩短为2 395公里，这条陆运捷径能节省一半的时间和费用；凭借跨里海运输通道，仅需5天就可以把货物从中国新疆运至阿塞拜疆巴库；[20]“中欧陆海快线”将使货物从远东到中欧的全程运输时间比其他传统路径缩短7—10天；[21]“双西公路”一旦全线贯通，将成为亚太国家到达欧洲市场的最短运输路线。从中国连云港出发运往欧洲的货物，只要10天就能运到欧洲西部。新亚欧大陆桥比第一大陆桥在运距上缩短了2 000—2 500公里，运费比海上运输节省20%—25%，而时间将缩短一个月左右。[22]此外，升级改造的喀喇昆仑公路，改造修复的中塔公路、中吉乌公路、中吉哈公路、塔乌公路等都能起到类似的作用。

缩短运输时间、降低运输成本还要以政策沟通解决"通而不畅"的问题。举例来说，作为非接壤国家，中国和乌兹别克斯坦之间虽有公路连接，但货运车辆长期以来无法驶入对方国家，进出口货物需经由吉尔吉斯斯坦中转，单程 8—10 天。通过双方商定的《中乌国际道路运输协定》，过境运输周期已压缩至 2 天左右，并使每吨货物运费较此前减少 300—500 美元。[23]尽管中欧之间的铁轨已存在十多年，但直到中欧班列倡议提出后，才逐渐显现出其经济效应。目前，中国已经铺画了时速 120 公里中欧班列专用运行线，全程运行时间从开行初期的 20 天以上逐步缩短至 12 至 14 天，整体运输费用较开行初期下降约 40%。[24]对于时效性较高和高附加值产品以及需要固定运输模式和有现金流压力的企业来说，其竞争优势不言而喻。沿线国家还在致力于组建港口联盟，加强信息共享和技术分享。此外，中国已与沿线国家签署了包括《上海合作组织成员国政府间国际道路运输便利化协定》《中国—东盟海运协定》等 130 多个双边和区域运输协定。[25] 2016 年，中国加入联合国《国际公路运输公约》，成为第 70 个缔约国。[26] 2018 年 5 月，国际公路运输系统正式在中国落地实施，这对于显著减少跨境运输的时间和成本，促进贸易便利化和地区经济发展将发挥重要作用。[27]今后，中国与沿线国家将就简化通关手续，信息互联共享，智能物流等领域开展更加深入的合作，并切实改善境内运输条件，降低境内运费，提高整体通达效率。

（三）强劲的枢纽

长距离的运输通道必定产生物流集群，作为一种经济地理现象，它是物流活动在地理上的集聚。由于自然地理的优势，早期的物流集群往往集中在沿海地区，服务于"海洋型"全球化。随着各种提议中的、预期中的运输通道的建设和贸易路线的改变，新的物流集群将会快速崛起，包括铁路枢纽集群、内陆物流集群、多式联运型物流集群以及新的海港集群等。中欧陆海快线将使希腊成为海陆交界的中枢节点；中欧班列的运营正在使中国内陆的乌鲁木齐、霍尔果斯、重庆等地成为开放型经济高地和向西、向南开放的门户；身处"双西公路"交通大动脉中枢的哈萨克斯坦，仅仅从过境货物，每年就将获得数亿美元的收入；[28]中巴经济走廊将使瓜达尔港的国际化程度陡然跃升;"一带一路"合作具有使马尔代夫和斯里兰卡成为印度洋贸易枢纽的潜力;中国—中亚—西亚经济走廊建设将使乌兹别克斯坦从传统的内陆国变成节点国。可以看到,"一带一路"倡议追求的强连通图景正在使"末梢"变成"前沿"。地缘政治视野中所谓的边缘地带,如今正在成为连接东西的枢纽、物流集结的中心、互联互通的要冲。[29]"一带一路"正在成为提升沿线国家和地区地缘优势的重要平台。当然,随着贸易量的扩大以及运输工具的规模经济发展,交通工具的大型化趋势要求更大能力的枢纽,这就要求已有的和新建的物流枢纽持续升级基础设施以提高吸引力、适应力和竞争力。货机正变得越来越大,这需要更长的跑道、更厚重的路面和更大的分拣中心以适应满载的要求;集装箱船的吃水越来越深,这需要更大的码头泊位、起重机、港池、航道、库区来配套;货车和列车正变得越来越长,这需要更宽敞的道路设施,更大型的吊机,更长的车站,更便利的多式联运服务来配合。[30]此外,更短的装卸和转运时间等软性条件同样是一个强劲枢纽的能力体现。今后,物流枢纽之间的竞争将更为激烈。

总之,随着技术进步和资金供给的增加,基础设施合作正在打造一条条全新的交通运输走廊,逐步改变着世界地理条件中许多不利的因素,使得这些地区的地缘优势得以显现与提升。中国与沿线国家旨在进一步提高全球运输效率,扩大各大洲之间以及大洲内部的贸易总量并壮大沿线的物流枢纽。强连通的发展图景使世界从地缘政治版图走向互联互通版图,从政治地理走向功能地理。[31]

二、推进贸易版图的平衡发展

当今,世界经济仍处于深刻调整期,国际经济格局加速变革,各国都在寻求经济发展的新动力。广大发展中国家和新兴经济体加快推进工业化和城镇化,发达国家也在实施再工业化。经过 40 年的快速稳定发展,中国已进入工业化中后期,形成了产业门类全、技术水平高的工业体系,工业竞争力指数在 136 个国家中排名第七位。发展中国家资源丰富并拥有较大的劳动力成本优势,但工业基础较为薄弱,技术工艺较为落后，对工业品及工业能力建设方面的技术和装备需求比较大，双方具有较大的互补优势。尽管中国是少数真正深度参与全球价值链的发展中国家之一，并且已成为发展中国家在全球价值链中的"领头羊"，[32]但相关产业总体仍处于全球价值链的中低端，与广大发展中国家一样具有向全球价值链中高端攀升的诉求。2016 年 12 月，由商务部等 7 部门联合下发的《关于加强国际合作提高我国产业全球价值链地位的指导意见》指出，"一国能否从参与全球化中获益，日益取决于能否成功融入全球价值链、能否在全球价值链中某一特定环节占据新的竞争优势"[33]。因此，"一带一路"建设在一定的连通性基础上，正逐渐由基建主导向产业主导转变：一方面促进中国与沿线国家更加深度地融入东亚、欧洲以及全球价值链的产业分工体系和资源配置体系；另一方面推动构建收益相对均衡的区域贸易格局，在扩大区域贸易总额的同时努力塑造相对平衡发展的贸易版图。随着大批港口、公路、铁路等基础设施项目逐渐完工并投入运行，产业园区建设、科技园区建设将成为未来推进的重点，"一带一路"建设参与国的互联互通将进入新的发展阶段。[34]而产业投资就涉及国家之间的产能合作。

"国际产能合作"是中国提出的一个新概念，是围绕生产能力新建、转移和提升开展的国际投资和经贸合作，以企业为主体，以互利共赢为导向，以制造业及相关的基础设施建设、资源能源开发为主要领域，以直接投资、工程承包、装备贸易和技术合作为主要形式。[35]在世界连通性逐渐增强的进程中，功能性合作的重点由基础设施领域转向产能合作领域，交通走廊真正向经济走廊迈进，这也能让"一带一路"建设更好地造福沿线各国人民。当前，境外经贸合作区已经成为中国开展国际产能合作的重要抓手以及经济走廊上的重要节点。如果说修路架桥等基础设施是"一带一路"建设中的枝干，那么要想树大根深、枝繁叶茂，还需要通过贸易和投资活动，带动所在国本地的就业和经济发展，而经贸合作区建设就是其中"茂密的绿叶"[36]。《推进共建丝绸之路经济带和 21 世纪海上丝绸之路的愿景与行动》明确指出，"探索投资合作新模式，鼓励合作建设境外经贸合作区、跨境经济合作区等各类产业园区，促进产业集群发展"[37]。随着"一带一路"建设的推进，中国政府积极推动海外园区建设，下发了一系列鼓励扶持海外园区建设的政策性文件,[38]中国企业布局境外经贸合作区的主动性大为增强,成为对沿线国家国际投资的新增长点。同时,有些国家也提出希望与中国合作参与产业园区的开发建设,国内产业园区经验就此加速向世界复制。对许多沿线国家来说,由于基础设施并不完善、资本要素还不充裕、体制机制仍不健全,通过设立经贸合作区创造良好的基础设施和营商环境,推进改革创新,先行先试,以园区内优势产业的集聚式发展辐射带动周边地区和整个国家的经济发展,仍是当前较为现实可行的发展思路。企业在空间上的集聚旨在形成产业集群,这可以划分为传统集群和创新集群。

(一) 传统集群:提高生产能力

传统集群是一种生产性集群,是在要素成本不断上升、制造业原有比较优势逐步削弱的背景下,企业将生产活动扩散到沿线低成本区域,在那里呈现地理集聚,从而形成产业集群的过程。根据冼国明的研究,中国目前 99 个境外经贸合作区大致可分为:加工制造型 41 家、农业开发型 23 家、资源利用型 12 家、商贸物流型 9 家、技术研发型 3 家、综合发展型 11 家。[39]可以看到,大多数境外经贸合作区属于传统集群。对于投资国来说,境外经贸合作区有助于企业更低成本地引进上游原材料和输送下游制成品,还可以通过东道国与其他国家签订的自由贸易协定和优惠贸易安排避开关税壁垒,辐射他国市场。同时,产业集群中的企业在相互竞争、分工协作、资源共享、知识交流中能够获得整体竞争优势和规模经济效应,为市场创造出低成本、高效率、多样化的产品和服务。整体竞争优势一旦形成,会吸引更多企业进入,推动产业集群规模的进一步扩大,并促进成本的进一步降低。对东道国来说,产业园区可以催生制造业投资并扩大就业。[40]传统集群往往以劳动密集型产业为主导,能够提供广泛的就业机会。中国在"一带一路"沿线国家建设的经贸合作区大多如此,加工制造、服装纺织、机械五金等行业比较集中,为东道国提供了大量的工作岗位并吸引更远地区的劳动力迁移就业。比如,越南龙江工业园已投产企业已为前江省提供了约 1 万个就业岗位,全部建成后将提供就业机会 5 万个左右;柬埔寨西哈努克港经济特区已累计引入 109 家企业，区内从业人数 1.6 万人，全部建成后，将入驻企业 300 家，形成 10 万产业工人、20 万居住人口的宜居新城；埃及苏伊士经贸合作区扩展区建成后，将为当地提供就业机会约 4 万个。增加就业机会是东道国推动园区建设的重要目标之一。

打造和延伸产业链是传统集群的核心内容，不少园区都致力于打造全产业链合作区，借此逐渐改变资源依赖型国家和简单制造型出口国家单一的、以原料为主的传统结构，促进经济转型和多元化发展战略。年产 350 万吨、总投资 56 亿林吉特的联合钢铁项目作为中马关丹产业园首个入园项目，是马来西亚最大的钢铁厂，采用了世界领先、中国最先进的全流程钢铁生产工艺，不仅可以填补马来西亚市场的空白，还能推动形成钢铁产业基地，并带动马来西亚的钢铁冶炼和制造业升级；中国巨石集团入驻苏伊士经贸合作区有助于培育和带动埃及国内复合材料工业的技术进步和快速发展，并带动埃及成为仅次于中国、美国的全球第三大玻璃纤维出口国；恒顺众昇工业园整合中国和印度尼西亚的优秀企业，第一期以发展高效冶炼炉和回转炉—矿热炉冶炼生产镍铁为主，第二期将发展不锈钢和相关下游产业以及带动地方经济的其他产业；[41]中泰塔吉克斯坦农业纺织产业园项目建设以来，不仅改变了当地棉花种植方式，而且完善了原料深加工产业链，拓展了农业发展潜力，为塔吉克斯坦增加了税收。此前，塔吉克斯坦的棉花加工量仅占全国棉花产量的 10%，而现在这一数字提升到了 40%。这些加工出来的纯棉纱线质量达到国际一流水准，90%以上都销往海外市场。与此同时，由于传统集群基于低成本考量，辐射效应较为明显。资本会因劳动力成本、政策优惠措施、基础设施质量等因素沿着地缘路径向周边或更远地区扩散，带动更广泛区域的开发建设。劳动力也会逐渐在集群内部及周边流动，带动技术、理念、思维方式传播到更广大腹地，改善周边地区的经济绩效和国家整体发展水平。

（二）创新集群：提高创新能力

传统集群注重产业链打造和延伸，这是基于企业降低成本，政府增加财政收入、扩大就业、参与全球价值链等考虑，然而，其“仍然属于一种外延式扩张模式，地方企业的劳动生产率不会有显著的提高”[42]。要真正生产出具有较大竞争力的产品，向价值链中高端攀升，需要开展创新合作。2018年7月，习近平总书记在主持召开的中央财经委员会第二次会议中强调，“关键核心技术是国之重器，对推动我国经济高质量发展、保障国家安全都具有十分重要的意义，必须切实提高我国关键核心技术创新能力，把科技发展主动权牢牢掌握在自己手里，为我国发展提供有力科技保障”[43]。党的十九大报告提出，“加强创新能力开放合作，形成陆海内外联动、东西双向互济的开放格局”[44]。商务部原部长高虎城认为，开展创新合作一要加强技术创新开放合作，二要加强理论创新交流互鉴，三要加强创新人才资源交流合作。[45]因此，“一带一路”倡议不仅有市场和资源合作的需要，也有技术创新的需要，技术创新不仅可以通过海外并购整合，也可以借助创新集群的积极效应。

就境外经贸合作区而言，既需要建设单一制造和贸易物流园区，也需要依托各国的优势产业，共建海外科技园区和海外研发中心，在高技术产业和传统产业的创新性领域加强合作。在这方面，一些境外经贸合作区还处于初级阶段，曾刚等学者指出，中国境外经贸合作区并没有像发达国家的海外园区一样注重引进科技、研发、保险、金融等资本和技术密集型产业，或者在产业发展中给予交通、物流、教育、文化生产性服务业、生活性服务业的相关配套。[46]下一个阶段，打造和进入创新集群应当成为共建“一带一路”的重要内容，这不仅要依托发展中国家，更要与美国、英国、日本、欧盟、以色列等发达国家与地区组织开展先进制造业、战略性新兴产业、生产性服务业等先进技术领域的交流合作，[47]尤其在目前节能环保、新一代信息技术、生物医药、高端装备制造、新材料、新能源汽车等战略性新兴产业的国际分工形态还未形成的情况下，中国在这一领域尤其应该与发达国家对接合作，共建专业化、现代化的高端产业园区，搭建跨国企业创新产业和新兴产业集群，加快推动产业转型升级，向全球价值链中高端跃升。时殷弘指出，从长远来看，中国相对最缺乏的是广义的技术，因此，中国经济外向扩展不仅要向西看，还要向东看。应该进一步穿越和跨过太平洋，争取中国对一些发达国家的投资，争取最大最深远的利益，也就是吸取广义的先进技术，使中国进入世界技术和操作管理的高端。[48] 为此，2017 年中英两国发布科技创新合作战略、2018 年金砖国家决定启动新工业革命伙伴关系等均是创新合作的重要一步。中国与“一带一路”沿线国家的一些企业也已开始布局，进入已有的高技术产业园区或建设高端产业园区，企业正从跨国并购、品牌收购，转向更高层次的资本合作，在集群中实现创新能力的提升。

创新集群有别于传统集群的关键一点是行为主体之间的互动与合作，其中包括：(1)企业；(2)知识机构，如科研机构、大学、创新中心、咨询机构等；(3)服务机构，如协会、商会、技术转移中心等。创新集群的标志是这些主体之间的良性互动，共同供给创新环境。王缉慈认为，传统集群一般只把企业集聚区域作为企业的经营地点，企业之间的合作只是偶然的，甚至不存在，虽然企业家在很近的地理范围内一起生活和工作，却很少共享信息、讨论共同的问题。而创新集群要把企业集聚区域作为企业的互动地点，通过长期的正式和非正式的相互交易和交流过程，特别是知识的互动来实现创新。[49] 在全球化浪潮中，由于发达国家的跨国公司处于全球价值链的核心地位，发展中国家的产业集群依赖海外市场所从事的往往是技术成熟的生产，较难打破既有技术壁垒和在创新方面建立起密切的交流与合作关系。因此，无论是中国还是其他发展中国家在国外合作建立的创新集群并不多。不过，中国已经开始注重创新集群中的产学研互动。比如，中法经济贸易合作区以奥尔良大学为核心的中央大区教育、研发资源为依托，并联合全法中国科技工作者协会，以此作为其国际创新研发园的院校和科研两大支柱；中国上海张江高新区在波士顿马尔伯勒小镇建立企业园就是希望依托这一美国科技创新资源高度集聚、科技创新高度发展、世界著名高校和人才云集的全球科技创新中心来进一步提高技术创新能力，实现在生物医药和新一代信息技术等领域中的强强合作，同时企业园计划构建 7 个功能平台、6 个产业创新中心，以提升创新互动成效；中比创新技术产业园建立在比利时瓦隆州的新鲁汶大学科技园内，有助于产学研的更好转化；以水处理节能环保产业为切入点的东莞中国—以色列国际科技合作产业园在建之初就启动建造广东以色列理工学院，未来产业园将与这所学院良性互动，推动创新科技直接对接。对于中国与沿线国家提高国际竞争力来说，提高生产能力和创新能力两者缺一不可。

以产业集群为载体的产能合作的更为积极的意义在于逐渐改变不对称的贸易格局，推动贸易版图的再平衡。王战等学者通过全球贸易的流量和流向变化指出，全球贸易主要发生在欧盟、美国和中国三大经济体，以市场和完成产品工序作为货物贸易发生的主要原因；围绕三大经济体市场和产品工序，形成了区域价值链体系；在区域价值链体系下，其他国家(地区)根据各自国家的资源和要素禀赋，为区域价值链体系提供资源或者承担部分产品工序。[50]因此，大多数"一带一路"沿线国家作为资源依赖型和简单制造型出口国家，往往与欧盟、中国、日本等经济体存在不对称的贸易结构。就拿中国来说，"一带一路"倡议提出后，虽然中国对"一带一路"沿线国家的贸易总额迅速增加，已成为沿线中2/3的国家的前三大进口贸易伙伴，但中国与大多数"一带一路"沿线国家的贸易规模仍然偏小且分布不均。中国与绝大多数国家呈现贸易顺差并逐年扩大。[51]传统集群以低成本为竞争优势，为工业基础薄弱的"一带一路"沿线国家逐渐融入、深度参与全球价值链的产业分工体系提供了契机，产能合作有助于提高中国与沿线国家的自主生产能力，形成对部分进口产品的替代效应，同时降低原料类产品的出口比重，增加制成品的附加值，有利于对外贸易结构的优化，为推动形成更为平衡发展的贸易版图奠定基础。比如，中哈产能合作使哈萨克斯坦对中国的出口贸易结构逐步优化，原料类产品出口占哈萨克斯坦对中国出口商品总额从2014年以前的50％以上下降到2016年的24％，轻纺、橡胶、矿冶产品及其制品和化学品等工业制成品占比从2014年的20％和12％上升到2016年的40％和20％。此外，产能合作对哈萨克斯坦的进口替代效应也逐步凸显。2015年以来，在哈萨克斯坦与中国开展产能合作的几个重点领域中，除铝的进口比2014年略有增长以外，水泥、玻璃、铜、钢铁等其他自中国进口产品均有较大幅度地下降。[52]当代国际产品内分工深化与全球供应链扩展演变的大量经验事实显示，顺应比较优势规律，依托市场机制作用，产业与产业区段的国家动态转移能为区域经济一体化进程发挥巨大推动作用。[53]

第二节　跨国行政合作工程

“一带一路”倡议提出5年多来，中国同有关国家积极开展政策协调，全面开展规划对接，努力寻找国家之间合作的契合点，包括俄罗斯提出的欧亚经济联盟、东盟提出的互联互通总体规划、哈萨克斯坦提出的“光明之路”、土耳其提出的“中间走廊”、蒙古国提出的“发展之路”、越南提出的“两廊一圈”、英国提出的“英格兰北方经济中心”、波兰提出的“琥珀之路”等。2016年9月，中国与哈萨克斯坦签署《“丝绸之路经济带”建设与“光明之路”新经济政策对接合作规划》，这是“一带一路”框架下签署发布的第一个双边合作规划。同月，中国国家发展改革委正式公布《建设中蒙俄经济走廊规划纲要》，重点关注以下七个方面的合作领域：促进交通基础设施发展及互联互通；加强口岸建设和海关、检验检疫监管；加强产能与投资合作；深化经贸合作；拓展人文交流合作；加强生态环保合作；推动地方及边境地区合作，这标志着“一带一路”框架下第一个多边合作规划纲要正式启动实施。

在已经签署的“一带一路”合作文件中，最重要的是共建“一带一路”谅解备忘录，并在此基础上编制双边合作规划。“一带一路”倡议持续凝聚国际合作共识，在国际社会形成了共建“一带一路”的良好氛围。应当来说，从“大写意”到“工笔画”的转变意味着“一带一路”建设的重点从宏观的框架搭建转向具体的合作执行，如何更好地落实这些已经达成的合作共识成为“一带一路”建设的重要任务。从这一角度来说，共建“一带一路”已从决策转向执行，可以说成为一项重大的跨国行政合作工程，在今后的较长时期内，这一工程的任务是致力于落实众多的“一带一路”合作文件，特别是国家之间签订的中长期合作发展规划。这一工程不仅包含“一带一路”沿线国家国内的交通、能源、通信等基础设施建设和跨国、跨大洲的基础设施建设，还包括双边、诸边、多边自由贸易协定和投资保护协定的落实，产能合作、货币合作、文化交流等综合性发展合作。这一工程所包含的合作领域是广泛的，并涉及广大“一带一路”沿线国家，既有双边合作，又有多边合作。

这一跨国行政合作工程的执行以政府间机制和网络为支撑。从宏观机制建设来讲，中国正在对“区域”这一概念做出新的理解，不像既有的“区域”概念以地理划分作为解释依据，“一带一路”建设超越传统地理范围，更强调以功能性范围来阐释“区域”概念。在这种理解下，机制建设也不再局限于以地理范围来界定的区域，而是尝试构筑以“一带一路”沿线为区域的多边机制。在这里，最显著的就是2017年5月中国举办的“一带一路”国际合作高峰论坛，29国的元首和领导人，92个国家的9名副总理、7名外长、190名部级官员，以及61个国际组织的89名代表出席。高峰论坛期间及前夕，各国政府、地方、企业等坦诚交流、集思广益、汇聚共识，共商“一带一路”建设大计，达成了一系列合作共识。中国对其中具有代表性的一些成果进行了梳理和汇总，形成高峰论坛成果清单。清单主要涵盖政策沟通、设施联通、贸易畅通、资金融通、民心相通5个大类，共76大项、279项具体成果。2019年4月，中国主办第二届“一带一路”国际合作高峰论坛，包括中国在内，38个国家的元首和政府首脑等领导人以及联合国秘书长和国际货币基金组织总裁共40位领导人出席圆桌峰会，来自150个国家、92个国际组织的6 000余名外宾参加了论坛，共形成6大类283项具体成果。应当来说，高峰论坛的召开使“一带一路”建设从双边共识真正上升为多边机制，从而也将推动更多共同执行机制的构建以执行各类合作项目。

为落实合作协议，“一带一路”沿线国家各个政府部门之间的机制网络正在构建起来。2015年5月，中国举办了由“一带一路”沿线近70个国家和地区的海关负责人参加的“一带一路”海关高层论坛，论坛通过六点倡议，倡导通过海关间的监管互认、执法互助、信息互换，实现海关间的政策沟通、数据联通，以海关的互联互通促进区域的互联互通、推动贸易的互联互通。[54]2016年，由中国国家知识产权局、国家工商行政管理总局、国家版权局、商务部、北京市人民政府和世界知识产权组织(WIPO)联合主办的“一带一路”知识产权高级别会议在北京举行，来自“一带一路”沿线50多个国家和地区的知识产权机构的代表出席会议，各方达成了一系列重要共识，共同发布了《加强“一带一路”国家知识产权领域合作的共同倡议》，建立起了“一带一路”知识产权合作机制，会议不仅要探索建立中国与“一带一路”沿线国家和地区知识产权合作机制,也是推动知识产权国际规则向着普惠包容、平衡有效的方向发展。2018 年 8 月,中国第二次举办"一带一路"知识产权高级别会议。中国国家知识产权局局长申长雨就进一步深化"一带一路"沿线国家知识产权合作提出三点建议:一是共同推进更深层次的知识产权合作;二是共同推进更加完善的知识产权基础保障;三是共同推进更加严格的知识产权保护。[55] 2017 年 9 月,"一带一路"旅游部长会议在成都成功举办。大会发布《"一带一路"旅游合作成都倡议》,提出为进一步深化国际旅游交流,倡议在以下方面加强合作:(1)加强"一带一路"旅游合作;(2)加强政策沟通,提升旅游便利化水平;(3)创建旅游合作机制,提升旅游交流品质;(4)开展旅游联合推广,充实旅游合作内容;(5)加强旅游教育交流,提升旅游智力支撑;(6)共同应对挑战,加强旅游风险处置能力;(7)加强合作,发挥协同效应。[56]

2018 年 10 月,"一带一路"能源部长会议和国际能源变革论坛在中国苏州市召开。阿尔及利亚、阿塞拜疆、阿富汗、玻利维亚、赤道几内亚、伊拉克、科威特、老挝、马耳他、缅甸、尼泊尔、尼日尔、巴基斯坦、苏丹、塔吉克斯坦,土耳其、委内瑞拉 17 国与中国共同发布建立"一带一路"能源合作伙伴关系部长联合宣言。宣言表示,"一带一路"能源合作伙伴关系将遵循共商、共建、共享的原则,目的是促进各参与合作的国家在能源领域的共同发展、共同繁荣。下一步,所有感兴趣的国家将就"一带一路"能源合作伙伴关系的原则与务实行动开展深入的协商讨论,在 2019 年正式成立"一带一路"能源合作伙伴关系,伙伴关系是向所有国家和国际组织开放的平台,欢迎大家未来加入。[57]

2019 年 4 月,34 个国家和地区税务部门在浙江共同签署《"一带一路"税收征管合作机制谅解备忘录》,标志着"一带一路"税收征管合作机制正式成立,这是首次由中国税务部门主导发起并主办的高级别国际税收会议。作为非营利性的官方合作机制,旨在通过加强税收合作,促进优化营商环境,支持贸易自由化和投资便利化。

在双边和多边层面,涉及"一带一路"建设的共同执行机制同样被建构起来,比如,为对接共建"一带一路"倡议与巴基斯坦"2025 愿景"而成立的中巴经济走廊联合合作委员会和中巴经济走廊远景规划委员会,始终按照以走廊为中心,以瓜达尔港、能源、交通基础设施、产业合作为重点的“1+4”合作布局，稳步有序推动中巴经济走廊建设，并取得了积极进展；[58]2013年5月，中印两国领导人共同倡议建设孟中印缅经济走廊，得到孟加拉国和缅甸政府积极响应，四国先后于当年12月、2014年12月、2017年4月召开三次联合研究工作组会议；[59]为推进落实《建设中蒙俄经济走廊规划纲要》，中蒙俄三国牵头部门每年召开推进落实工作组司局级会议；为贯彻落实习近平总书记与缅甸国务资政昂山素季就共建中缅经济走廊达成的重要共识，两国成立中缅经济走廊联合委员会，双方还同意设立发展规划、产能与投资、交通、能源、农业、边境经济合作区、数字丝绸之路、生态环境、旅游、金融、信息，以及地方合作等12个重点合作领域专项工作组。双方将依托联委会工作机制开展发展战略和规划对接，推动各领域务实合作。[60]2015年，中匈两国签署共建“一带一路”政府间谅解备忘录，成为中国与欧洲国家签署的首份“一带一路”政府间合作文件，双方还建立了“一带一路”工作组，并于2016年11月举行首次会议，这一创新之举有助于把双方的重要共识真正落实到各领域务实合作的进程中去。[61]中国和沙特在高级别联合委员会下设“一带一路”、重大投资合作项目和能源分委会，依托高委会，扎实推进基础设施、产能和能源合作。同时，“一带一路”建设还强调现有机制的重要作用。在2015年发布的《推动共建丝绸之路经济带和21世纪海上丝绸之路的愿景与行动》就已指明：“加强双边合作，开展多层次、多渠道沟通磋商，推动双边关系全面发展。推动签署合作备忘录或合作规划，建设一批双边合作示范。建立完善双边联合工作机制，研究推进‘一带一路’建设的实施方案、行动路线图。充分发挥现有联委会、混委会、协委会、指导委员会、管理委员会等双边机制作用，协调推动合作项目实施。”[62]

此外，一些国家的政府成立了专门机构以更好地参与和促进“一带一路”国际合作的顺利展开。瑞士政府在外交部设立“一带一路”咨询协调办公室；巴基斯坦总理伊姆兰·汗的联邦内阁于2018年9月成立中巴经济走廊委员会，委员会由9名成员组成，包括外交部长、司法部长、财政部长、石油部长、铁道部长、内政部长、商务顾问和内阁秘书，其职能是对所有走廊项目进行定期回顾，还将重点解决涉及走廊部际协调问题，保障走廊项目按时完工，另外一项职能是研究落实中巴经济走廊长期规划的具体实施措施，重点关注投资和工业发展领域。[63]同年12月，缅甸总统府宣布成立实施“一带一路”指导委员会，委员会共有27名成员，除昂山素季担任主席、第一副总统敏瑞担任副主席外，其他成员均为政府部长或省邦首席部长等。在总统府发布的通告中表示，成立这一委员会是为了更好地落实“一带一路”倡议下共建中缅经济走廊的相关事务。委员会的职责包括指导参与共建“一带一路”过程中，缅甸联邦政府与省邦政府各级之间的协调工作，以及相关政策等。[64]

第三节　跨国行政合作的挑战

“穷则独善其身，达则兼济天下。”随着中国的快速发展，中国有能力也有意愿承担更大的国际责任，向国际社会提供更多的公共产品。“一带一路”倡议作为中国向国际社会提供的重要公共产品，代表了中国致力于推动世界各国共同发展的美好意愿与真实行动，它就像是中国推动的一份国际集体事业，不仅解决国内问题，也助益世界各国的发展；不仅缓解临时危机，也将推动世界的持久和平与稳定。当然，作为一个项目规模庞大，涉及领域广泛、涉及国家众多的跨国行政合作工程，中国如何与各个国家共同推动倡议落地，这对于新成长起来的中国来说还面临着许多挑战。这些挑战一方面来自国与国之间的互动关系问题，另一方面来自中国自身的国际行政能力。这些挑战和压力在丝路基金启动、亚洲基础设施投资银行开业之后，显得更为突出。

一、互动关系问题

（一）全球资源的组织问题

国内问题的解决需要一国政府充分调动国内资源，体现出政府的资源调配能力。但是，全球问题的解决仅仅依靠某一大国或者少数国家是不够的，中国即使有再大的意愿和能力也显得“力不从心”，有效推动“一带一路”建设需要“举各国之力”。开放性成为“一带一路”建设的重要特点，需要广泛地利用各方的资金、技术和人才等资源，第三方市场合作的重要性日益提升，也成为中国推动“一带一路”建设和国际产能合作的创新举措。在这一过程中，需要一个组织者和服务者，或者说资源协调的倡议者。“这种组织能力通常是由正式的政府间国际组织，比如联合国或功能性机构承担。然而，国家政府在这之中往往单独的或者合作的扮演着更加重要的角色。”[65]长期以来，中国为国际社会提供了大量的资金、优秀的专家和技术人员、先进的技术以及良好的治理经验，为全球治理的资源供应做出了重要的贡献。然而，国际关系中虽然没有具有强制性全球资源调配能力的世界政府，但全球治理的背后一直是发达国家和国际组织作为全球资源的组织者和协调者，中国往往是治理资源的被动供应者与配合者。如今，伴随着西方国家提供国际公共产品的意愿下降，其组织能力明显减弱。这就需要中国从治理资源的提供者逐渐转变为全球资源的组织者、协调者和倡议者。中国的和平发展不仅意味着要肩负起更大的国际责任，还要承担起更大的全球资源协调能力，努力协调和组织各国资源，促进世界经济的发展。正像苏长和所指出的，跨国行政合作“是一项具有战略性意义的公共服务产业，中国要提高对政治、经济、社会发展所需的资源进行全球调度和协同的能力，将行政服务延伸到国际领域，增强对全球公共事务的管理能力，逐步奠定大国的行政格局”[66]。因此，共建“一带一路”对中国的全球资源协调和组织能力提出更高要求。当然，全球资源的组织者并非全球资源的调配者和领导者。对其他国家的资源，并非采取一种强制手段和命令口气，而是基于一定的规则、收益和沟通的基础之上。同时，合作执行的动力更要树立一种“我们感”的共同意识，以这一共同意识来提高组织行动的说服力和可信力。为此，中国提出“人类命运共同体”理念，构建以合作共赢为核心的新型国际关系。作为这一共同意识的实施路径和具体实践，中国提出“一带一路”倡议，强调“一带一路”并不是仅为中国发展而创设，而是基于各国的共同需求，要将其做成一项造福世界各国人民的国际共同事业，推动世界各国的共同现代化。全球问题的解决需要一个有理想、有信念、有能力、有信用的组织者，这个组织者并非是霸权国家，而是一个拥有宽广胸怀，促进共同发展的示范国家，这个组织者在与各国共商共建共享的基础上，对资源的组织提出意见或规划，在许多领域起到示范作用，在关键时候展现负责任大国的姿态，并提出被大家所接受的共同主张和共同价值。[67]这样才能更好地将共识转化为各国自愿的实际行动。在这方面,中国还有很长的路要走。

(二)对接问题

"一带一路"建设秉持共商、共建、共享原则,坚持开放包容的发展路径。共商,就是要注重和他国发展战略的对接,考虑"一带一路"沿线国家利益关切,追求发展最大公约数;共建,就是要将"一带一路"沿线国家利益、命运和责任紧密相联,共同推进"一带一路"建设;共享,就是要追求互利共赢,造福"一带一路"沿线各国人民。[68]共商共建共享原则作为新时代中国特色大国外交思想的重要内容,既是全球治理的中国方案,也是对既有国际关系理论的重大超越。然而,对于具体的操作和执行层面,各国并没有就如何开展共商、共建、共享制定细则和指南。中国化学工程集团有限公司党委常委、副总经理武宪功认为,"一带一路"建设中,"共商"商得不够。共商首先要和当地政府、当地需求商来商量他们最需要什么,要弄清楚在对方的国民经济体系中,与"一带一路"相关的基础设施需要什么、化学领域需要什么、民生领域需要什么。解决好需求问题。其次,还要"共商"好怎么办。假如我们在"一带一路"沿线国家投资一个项目,不能实现经济效益的自我创造和自我运转,不能按照经济规律的要求来实现项目的进一步发展,共建就谈不上,共享更谈不上,最终可能成为当地百姓,甚至投资企业的负担。在"共商"的环节,所有这些问题都要谋划好、阐释好。[69]

"一带一路"建设既是中国的发展事业,也是国际集体事业。要真正做成各国广泛认同和积极参与的国际集体事业,至关重要的是更为谦虚、更为认真、更为仔细地与各个沿线国家进行充分沟通后确定其真正的发展诉求,更为尊重其本身的优先议题和政策,而不是更多地由中国来界定他国的需要,由中国来主导合作规划的制定和优先内容的选择。在这方面,中国需要有更多的耐心。虽然推进的脚步或许有时因此会慢一些,但能够避免引发沿线国家的疑虑和担忧,增强中国与沿线国家的认同与互信。为此,作为中国向国际社会提供的一个创新词汇,也是"一带一路"建设的核心词汇——"对接"的重要性逐渐体现了出来。庞中英认为,“一带一路”建设中的“对接”是中国主动去与别国和别的国家集团(包括地区组织和全球组织)进行政策对话、协调、合作。[70]就具体而言,“对接”是在签署共建“一带一路”谅解备忘录后,要同他国制定更加贴合其发展需要的共同规划。2015 年 3 月,国务委员杨洁篪在博鳌亚洲论坛年会上指出,“对接不是你接受我的规划,也不是我接受你的规则,而是在相互尊重的基础上,找出共同点与合作点,进而制订共同规划”[71]。这可以说是“互联互通”与“一体化”的重要区别。这就要求两国的政府部门在编制规划中充分沟通,指明合作方向,确定合作领域,明晰实施路径。在执行项目的过程中,真正做到他国的广泛参与,并听取他国的建议和诉求,以一种更为平等的姿态与“一带一路”沿线国家共同参与到这一伟大的发展事业中去,真正推动“一带一路”沿线区域构建一个共商合作大计、共建合作平台、共享合作成果的互联互通关系网络,为“一带一路”建设提供持续动力。

二、对中国国际行政能力的挑战

国际行政能力由执行意愿、执行资源和执行延续性构成。从执行意愿和执行延续性来讲,习近平总书记在 2018 年 6 月举行的中央外事工作会议上指出:“对外工作要根据党中央统一部署,加强谋篇布局,突出工作重点,抓好工作。要围绕党和国家工作重要节点,推动对外工作不断开创新局面。未来 5 年第一个百年奋斗目标要实现,第二个百年奋斗目标要开篇,其中有一系列重要时间节点和重大活动。对外工作要以此为坐标,通盘考虑,梯次推进,既整体布局又突出重点,既多点开花又精准发力,发挥综合积极效应。”他还强调:“外交是国家意志的集中体现,必须坚持外交大权在党中央。要增强政治意识、大局意识、核心意识、看齐意识,坚决维护党中央权威和集中统一领导,自觉在思想上政治上行动上同党中央保持高度一致,确保令行禁止、步调统一。对外工作是一个系统工程,政党、政府、人大、政协、军队、地方、民间等要强化统筹协调,各有侧重,相互配合,形成党总揽全局、协调各方的对外工作大协同局面,确保党中央对外方针政策和战略部署落到实处。”[72]因此,中国特色大国外交本身是一项系统工程,并且始终坚持以维护党中央权威为统领加强党对对外工作的集中统一领导，这有助于中国在推进“一带一路”建设过程中在意愿和延续性上的保障，这从以习近平为代表的党和国家领导人多次在不同的会议和文件中强调“一带一路”倡议的重要性，以及中央、各部委和地方在互动中日趋完善国内政策体系中就可以体现出来，这些举措和行动为共建“一带一路”提供了强大的政治推动力和协同力，推动“一带一路”建设从理念转化为行动，从远景转化为现实。而就执行资源来讲，中国当前的经济总量虽然位居世界第二，但仍属发展中国家，在日益走进世界舞台中央的同时，建设“一带一路”的资源基础还有很大不足，随着这一跨国行政合作工程的展开，中国将面临不小的挑战和压力。

（一）专业人才的培养压力

有效的沟通是合作执行的重要条件，共商共建共享原则的基础是各国之间的深入了解。而语言障碍和认知不足会给各方共同执行项目打上不少折扣，这就需要中国广泛地对世界各国的国情、党情、政情、社情、民情开展更为深入的考察和研究，这是政府、企业和智库在当前都迫切需要的。专业人才的培养依赖国家的教育体系。在 2008 年国际金融危机爆发之前，中国政府、企业、智库对外部世界的了解主要针对传统意义上的大国，也就是七国集团的这几个老牌发达国家，成果数量十分丰富，研究的系统性、持续性也很强。但对这七个国家以外的国家和地区了解不多，国别和区域研究学者和政府官员并不多。哪怕是中国的一些周边邻国，对这些国家的国情、党情、政情、社情、民情的了解还相当不够。很多时候，对发展中国家的了解，中国的政界、商界、学术界仍然以英语文献为主，导致我们对广大发展中国家难有真实的认识。这种情况一方面来自中国国际关系认识的导向问题，另一方面来自语言障碍。长期以来，虽然国内众多的外国语大学逐渐增设不少的小语种课程，但重在语法、口语、写作的练习，缺乏国别研究意识，也很少有学习小语种的人才选择从事国别研究；而国际关系学者往往从一开始就缺乏语言优势，在之后的研究过程中也难有机会再从头学习一门新的语言，这造成了语言、认知与国别和区域研究的隔阂。

中国在21世纪初突飞猛进，一跃成为世界第二大经济体。“在西方的整体性衰落和全球问题日益增加的背景下，中国正在成长为一个全球性大国，已经成为影响当今世界基本面貌的关键要素。”[73]作为既成事实，中国的迅速发展需要知识体系的同步崛起，需要提高对世界信息的收集、捕捉和筛选能力，需要站在本土角度全球性地加以思考。要做成“一带一路”这一份国际集体事业，需要加强对世界各国的深入研究，需要了解各国真正的发展需求。随着中国与世界各国、各国际组织的沟通加深、频次加快，随着“一带一路”倡议的稳步推进，以及国际公共产品的大量供给，要落实和执行这些国际共识，将国际公共产品真正落到实处，对区域和国别研究人才的培养显得尤为重要。赵明昊认为，合格的区域和国别问题研究人才有四个标准，第一，要懂当地语言；第二，要有在地的田野调查；第三，要和当地精英阶层有关系；第四，要有相应的政策意识。[74]

人才培养要依靠培养体系的创新，加快和重点培养“一带一路”、国际组织、非通用语种、国别和区域研究等不同类型的人才更是处于关键位置。因而，随着各个“一带一路”建设项目的全面展开，政府间合作需要专业人才之间进行沟通，加强政策协调，而基础设施和产能合作对于“走出去”的企业提出更高的人才诉求，智库之间的交流需要更懂对方国家的专业人才，为政府咨询提供更为针对性和专业性的服务。这些专业人才既要能够懂得对方国家的语言，又尽可能地对对方国家有更多更全面的认识，这对于推进“一带一路”建设项目的执行，提高各国人民对“一带一路”建设项目的理解和认同是至关重要的。所幸，中国政府已经意识到了这一问题，教育部已于2012年启动了国别和区域研究培育基地建设工作，发布《国别和区域研究中心建设指引(试行)》，要求各省级教育行政部门加强对国别和区域研究工作的统筹，将国别和区域研究纳入本地教育对外开放全局中予以规划，同时要求各高等学校结合自身发展需要，按照本校教育国际化战略规划，整合校内资源，发挥人才优势，注重加强对空白和国家战略急需国别和区域的研究。[75]这一工作的一个重要内容就是对高校国别和区域研究中心进行遴选备案，以提升国别和区域研究水平、推动国别研究全面覆盖，服务国家战

表 5.1　中国高校设立的国别和区域研究中心(部分)

院校机构	国别和区域研究中心	成立时间	院校机构	国别和区域研究中心	成立时间
亚　洲					
复旦大学	朝鲜韩国研究中心	1992 年	上海大学	乌兹别克斯坦研究与教育交流中心	2013 年
辽宁大学	朝鲜韩国研究中心	1993 年	陕西师范大学	乌兹别克斯坦研究中心	2017 年
中国海洋大学	韩国研究中心	2007 年	中国地质大学	楚天—中国土库曼斯坦研究中心	2015 年
上海交通大学	韩国研究中心	2015 年	西安石油大学	土库曼斯坦研究中心	2017 年
延边大学	朝鲜半岛研究院	2014 年	兰州大学	中亚研究所	1994 年
深圳大学	新加坡研究中心	2008 年	新疆师范大学	中亚研究院	2013 年
云南大学	泰国研究中心	2010 年	广西大学	中国—东盟研究院	2005 年
华侨大学	泰国研究所	2011 年	暨南大学	东南亚研究所	1958 年
成都大学	泰国研究中心	2013 年	中山大学	东南亚研究所	1978 年
云南大学	缅甸研究院	2015 年	厦门大学	东南亚研究中心	2000 年
四川大学	缅甸研究中心	—	南京大学	犹太和以色列研究所	1992 年
浙江工业大学	越南研究中心	2012 年	河南大学	以色列研究中心	2002 年
广西师范大学	越南研究中心	2012 年	电子科技大学	以色列研究中心	2017 年
北京外国语大学	越南研究中心	2016 年	中国地质大学	约旦研究中心	2015 年

（续表）

院校机构	国别和区域研究中心	成立时间	院校机构	国别和区域研究中心	成立时间
亚　洲					
河北经贸大学	尼泊尔研究中心	2014 年	四川大学	巴基斯坦研究中心	2008 年
北京外国语大学	尼泊尔研究中心	2017 年	北京大学	巴基斯坦研究中心	2008 年
华中师范大学	印尼研究中心	—	西华师范大学	巴基斯坦研究中心	2013 年
河北师范大学	印尼研究中心	2012 年	西北大学	巴勒斯坦研究中心	2012 年
福建师范大学	印尼研究中心	2016 年	陕西师范大学	阿富汗研究中心	2017 年
华侨大学	印尼研究中心	2017 年	兰州大学	格鲁吉亚研究中心	2017 年
乐山师范学院	老挝研究中心	2016 年	西北大学	中东研究所	1978 年
苏州大学	“一带一路”发展研究院（老挝研究中心）	2017 年	上海外国语大学	中东研究所	1980 年
西南大学	伊朗研究中心	2008 年	内蒙古大学	蒙古国研究中心	2016 年
山西师范大学	伊朗学研究中心	2013 年	北京语言大学	阿拉伯研究中心	2012 年
厦门大学	马来西亚研究所	2005 年	北京大学	印度研究中心	2003 年
华侨大学	马来西亚研究中心	2017 年	深圳大学	印度研究中心	2005 年
上海大学	土耳其研究中心	2013 年	西华师范大学	印度研究中心	2014 年

（续表）

院校机构	国别和区域研究中心	成立时间	院校机构	国别和区域研究中心	成立时间
亚　洲					
陕西师范大学	土耳其研究中心	2017 年	华中师范大学	印度研究中心	2018 年
上海大学	哈萨克斯坦研究中心	2012 年	云南财经大学	印度洋地区研究中心	2011 年
上海外国语大学	哈萨克斯坦研究中心	2015 年	四川大学	南亚研究所	1978 年
北京外国语大学	哈萨克斯坦研究中心	2015 年	西藏民族大学	南亚研究所	2015 年
大连外国语大学	哈萨克斯坦研究中心	2016 年	大连外国语大学	亚美尼亚研究中心	2015 年
西安外国语大学	哈萨克斯坦研究中心	2017 年	安徽大学	西亚北非研究中心	2015 年
西北大学	叙利亚研究中心	2017 年	大连大学	环印度洋岛国研究中心	2017 年
非　洲					
复旦大学	埃及研究中心	2003 年	北京大学	非洲研究中心	1998 年
郑州大学	埃及研究中心	2013 年	浙江师范大学	非洲研究院	2007 年
江西师范大学	马达加斯加研究中心	2015 年	云南大学	非洲研究中心	2007 年
西华师范大学	埃塞俄比亚研究中心	2017 年	广东外语外贸大学	非洲研究院	2016 年
浙江师范大学	尼日利亚研究中心	2017 年	浙江师范大学	东非区域国别研究中心	2017 年

（续表）

院校机构	国别和区域研究中心	成立时间	院校机构	国别和区域研究中心	成立时间
非　洲					
南京大学	非洲研究所	1993 年	安徽大学	西亚北非研究中心	2015 年
上海师范大学	非洲研究中心	1998 年	济南大学	非洲法语区研究中心	2014 年
欧　洲					
北京外国语大学	爱尔兰研究中心	2007 年	济南大学	冰岛研究中心	2014 年
大连外国语大学	爱尔兰研究中心	2017 年	浙江师范大学	乌克兰研究中心	2010 年
华东师范大学	俄罗斯研究中心	1999 年	大连外国语大学	乌克兰研究中心	2014 年
四川大学	当代俄罗斯研究中心	2010 年	上海外国语大学	乌克兰研究中心	2015 年
北京师范大学	俄罗斯研究中心	2011 年	上海外国语大学	葡萄牙研究中心	2014 年
上海外国语大学	俄罗斯研究中心	2011 年	贵州师范大学	瑞士研究中心	2015 年
安徽大学	俄罗斯研究中心	2014 年	北京大学	希腊研究中心	2000 年
华东师范大学	白俄罗斯研究中心	2012 年	北京第二外国语学院	希腊研究中心	2006 年
东北大学	波兰研究中心	2015 年	北京外国语大学	希腊研究中心	2017 年
北京第二外国语学院	波兰研究中心	2015 年	北京外国语大学	保加利亚研究中心	2018 年

（续表）

院校机构	国别和区域研究中心	成立时间	院校机构	国别和区域研究中心	成立时间
欧　洲					
复旦大学	北欧中心	1995年	北京外国语大学	丹麦研究中心	2018年
北京外国语大学	芬兰研究中心	2007年	上海对外经贸大学	中东欧研究中心	2012年
北京第二外国语学院	匈牙利研究中心	2015年	北京大学	中东欧研究中心	2010年
北京外国语大学	匈牙利研究中心	2017年	同济大学	中东欧研究所	2012年
河北地质大学	捷克研究中心	2015年	河北经贸大学	塞尔维亚研究中心	2018年
美洲及大洋洲					
南开大学	拉美研究中心	1991年	北京交通大学	乌拉圭研究中心	2018年
北京大学	拉美研究中心	2003年	河北师范大学	秘鲁研究中心	2013年
西南科技大学	拉美研究院	2010年	华东师范大学	澳大利亚研究中心	1985年
浙江外国语学院	拉美研究所	2011年	江苏师范大学	澳大利亚研究中心	1993年
天津外国语大学	拉美研究中心	2012年	中山大学	澳大利亚研究中心	1994年
安徽大学	拉美研究所	2013年	北京大学	澳大利亚研究中心	1996年
暨南大学	拉美中心	2016年	中国人民大学	澳大利亚研究中心	1999年

（续表）

院校机构	国别和区域研究中心	成立时间	院校机构	国别和区域研究中心	成立时间
美洲及大洋洲					
西安外国语大学	拉美研究中心	2017 年	辽宁师范大学	澳大利亚研究中心	2010 年
华东师范大学	新西兰研究中心	2002 年	汕头大学	澳大利亚研究中心	2014 年
北京大学	新西兰研究中心	2007 年	内蒙古师范大学	澳大利亚研究中心	2015 年
厦门大学	新西兰研究中心	2010 年	东北大学	澳大利亚研究中心	2015 年
中山大学	大洋洲研究中心	2012 年	哈尔滨工业大学	澳大利亚研究中心	2016 年
北京外国语大学	墨西哥研究中心	2012 年	聊城大学	太平洋岛国研究中心	2012 年
上海外国语大学	墨西哥研究中心	2015 年	广东外语外贸大学	太平洋岛国战略研究中心	2015 年
湖北大学	巴西研究中心	2012 年	大连外国语大学	安第斯国家研究中心	2017 年

注:表格没有将科研院所纳入整理,并且没有纳入七国集团成员国。
资料来源:笔者自制。

略外交大局，促进国家“一带一路”建设。今后，教育部将主要面向备案的研究中心发布课题，通过课题提供专项资金支持，推进研究中心发展，这对于中国各大高校建立国别和区域研究机构是一个巨大的推动力。[76]从整理的资料可以看到，“一带一路”倡议提出后，各个高校，特别是外国语大学成立的国别和地区研究院和研究中心如雨后春笋般生发出来，并且不再局限于传统的少数发达国家，而是广泛覆盖世界上大多数国家，这些研究院和研究中心有些依托外国语言系，有些依托历史系，有些则依托国际政治系，有利于促进国别和地区研究人才的培养，为今后中国企业“走出去”，政府间加强沟通合作，智库间交往互动等提供了有针对性的智力支持，对于推进“一带一路”建设这一跨国行政合作工程来讲是非常有利的知识财富和知识保障，是中国和平发展的必要准备。

当然，我们也能够从中看到一些问题。比如，澳大利亚研究中心在许多高校均已开设，相对来看显得过多。而新兴市场国家和中等强国，比如南非、智利、西班牙、伊拉克、阿根廷、沙特阿拉伯、尼日利亚、埃塞俄比亚、摩洛哥等国还很少有专门的研究机构。非洲、拉美、中东欧地区内部丰富多彩，具有不少差异性，但在中国当前的研究中仍然被作为一个整体的研究对象，缺乏更为细致的国别区分。此外，一些研究机构还面临人员和资金缺乏；人员一经流动，机构就难以运转，呈现空壳化现象等问题，在这些方面还可以进一步改进与细化。总体来看，今后研究机构的发展重点将逐渐从广度向深度转变。

（二）资金保障与战略审慎

“一带一路”建设项目的执行不仅依靠专业人才，还要筹措大量资金。“一带一路”倡议提出后，中国在和国际组织、地区性组织、次区域组织、欠发达国家、中小国家进行交往互动的过程中，时常提出要提供无偿援助、无息贷款、优惠贷款、商业性贷款、信贷额度等等，宣布设立各种类型的专项基金，比如基础设施合作专项基金、海上合作专项基金、气候变化合作专项基金、产能合作专项基金、投资合作专项基金等（见表5.2）。作为“一带一路”倡议中最重要的两大国际公共产品，中国出资400亿美元设立丝路基金,出资500亿美元(占全部注册资本的一半)成立亚洲基础设施投资银行,显示出中国国际公共产品供给的巨大能力和魄力。然而,这些举措也引发了一些学者的担忧,在中国国内经济增长放缓进入"新常态"的情况下,再加上一个巨型的发展中国家国内建设任务的艰巨性,战略审慎显示出了它的重要性。就像时殷弘指出的,中国在短时期内开辟出如此多的"新战场",且都不是短期内能够定胜负的,这或许会增加"战略透支"的风险,特别是在中国国内建设和改革压力仍旧巨大的情况下。[77]这对中国当前的对外战略来说无疑是一个必要的提醒。在跨国行政合作成为"一带一路"建设的重点之时,如何在量力而行的基础上确定重点项目、理顺优先顺序成为中国需要思考的一大问题。

表5.2 近几年中国在各场合提出的资金金额(部分)

提出场合	金　额	用　途
2018年9月 中非合作论坛	向非洲提供600亿美元支持,其中包括:提供150亿美元的无偿援助、无息贷款和优惠贷款;提供200亿美元的信贷资金额度;支持设立100亿美元的中非开发性金融专项资金和50亿美元的自非洲进口贸易融资专项资金;推动中国企业未来3年对非洲投资不少于100亿美元。	推动"八大行动"顺利实施
2018年7月 中阿合作论坛 部长级会议	200亿美元贷款额度	同有重建需求的国家加强合作
2018年6月 上海合作组织 成员国元首 理事会会议	在上海合作组织银行联合体框架内设立300亿元人民币等值专项贷款	
2017年11月 中国—中东欧 国家经贸论坛	中国—中东欧银行联合体正式成立,中国国家开发银行提供20亿等值欧元开发性金融合作贷款;中国—中东欧投资合作基金二期已完成设立,募集资金10亿美元	

（续表）

提出场合	金　　额	用　　途
2017 年 9 月新兴市场国家与发展中国家对话会	在南南合作援助基金项下提供 5 亿美元援助	帮助其他发展中国家应对饥荒、难民、气候变化、公共卫生等挑战
2017 年 9 月金砖国家领导人会议	5 亿元人民币经济技术合作交流计划； 向新开发银行项目准备基金出资 400 万美元	加强经贸等领域政策交流和务实合作 支持银行业务运营和长远发展
2017 年 5 月“一带一路”国际合作高峰论坛	向丝路基金新增资金 1 000 亿元人民币； 中国国家开发银行、进出口银行分别提供 2 500 亿元和 1 300 亿元等值人民币专项贷款； 向参与“一带一路”建设的发展中国家和国际组织提供 600 亿元人民币援助	支持“一带一路”基础设施建设、产能、金融合作，建设民生项目
2016 年 3 月澜沧江—湄公河合作领导人会议	100 亿元人民币优惠贷款	支持澜湄地区基础设施建设和产能合作项目
	100 亿美元信贷额度	支持澜湄地区基础设施建设和产能合作项目
	3 亿美元澜湄合作专项基金	支持六国提出的中小型合作项目
2016 年 1 月中阿合作论坛框架内	3 亿美元	执法合作、警察培训
	150 亿美元中东工业化专项贷款	产能合作、基础设施建设
	100 亿美元商业性贷款	产能合作
	100 亿美元优惠性质贷款	
	参与设立 200 亿美元共同投资基金	中东传统能源、基础设施建设、高端制造业中东传统能源、基础设施建设、高端制造业

（续表）

提出场合	金　额	用　途
2015年12月 中非合作论坛	50亿美元的无偿援助和无息贷款	确保“十大合作计划”顺利实施
	350亿美元的优惠性质贷款及出口信贷额度	确保“十大合作计划”顺利实施
	为中非发展基金和非洲中小企业发展专项贷款各增资50亿美元	确保“十大合作计划”顺利实施
	100亿美元的“中非产能合作基金”	确保“十大合作计划”顺利实施
2015年11月 中国—东盟 领导人会议	100亿美元的第二期中国—东盟基础设施专项贷款	融资支持
2015年9月 第七十届联合国大会一般性辩论	10亿美元的中国—联合国和平与发展基金	支持联合国工作
	向非盟提供1亿美元的无偿军事援助	非洲常备军和危机应对快速反应部队建设
2015年9月 在联合国 发展峰会	20亿美元的“南南合作援助基金”	支持发展中国家落实2015年后发展议程
2015年9月 南南合作圆桌会	200万美元的现汇援助	支持世界卫生组织工作
2015年9月 中美元首会晤	200亿元人民币中国气候变化南南合作基金	支持发展中国家应对气候变化
2014年12月 大湄公河次区域 经济合作 领导人会议	1亿元人民币	澜沧江—湄公河航道二期整治工程前期工作
	10亿美元	支持次区域互联互通等重点项目
	30亿元人民币无偿援助	主要用于支持中南半岛国家减贫合作
2014年12月 中国—中东欧 国家领导人会晤	30亿美元投资基金	推动本地区国家股权投资
	10亿美元中国—中东欧投资合作基金	支持对中东欧投资项目
2014年12月 上海合作组织 成员国政府首脑 理事会会议	5 000万美元	上合组织农技推广和人员培训

（续表）

提出场合	金　　额	用　　途
2014 年 11 月南盟峰会	200 亿美元优惠性质贷款	向南亚国家提供
	向南盟发展基金捐款 55 万美元	支持南盟工作
2014 年 11 月中国—东盟领导人会议	3 000 万元人民币	支持自贸区框架下的经济技术合作
	5 000 万元人民币	救灾援助
2014 年 11 月“加强互联互通伙伴关系”东道主对话会	400 亿美元丝路基金	融资支持
2014 年 10 月中国—阿富汗会晤	15 亿元人民币的无偿援助	
2014 年 10 月在联合国粮农组织	向联合国粮农组织捐赠 5 000 万美元	开展农业南南合作
2014 年	7.5 亿元人民币援助	抗击埃博拉
2014 年 9 月上海合作组织成员国元首理事会	50 亿美元贷款	合作项目融资
	10 亿美元中国—欧亚经济合作基金	
2014 年 9 月小岛屿发展中国家国际会议	10 亿美元优惠贷款	重点帮助小岛国克服可持续发展面临的瓶颈
	10 亿美元专项贷款	重点帮助小岛国克服可持续发展面临的瓶颈
2014 年 7 月中拉领导人会晤	200 亿美元的中拉基础设施专项贷款	
	100 亿美元的优惠性质贷款	
	50 亿美元的中拉合作基金	
	5 000 万美元的中拉农业合作专项资金	

（续表）

提出场合	金　额	用　途
2014 年 7 月金砖国家领导人会议	100 亿美元金砖国家开发银行初始认缴资本	
2014 年 5 月世界经济论坛非洲峰会	1 000 万美元援助	保护非洲野生动物资源,生物多样性
2014 年 5 月非盟会议中心	增加 100 亿美元贷款额度	
	为中非发展基金增资 20 亿美元	
亚投行中国将出资 500 亿美元		
2013 年 10 月中国—东盟领导人会议	5 000 万元人民币	防灾救灾合作
	向亚洲区域合作专项资金增资 2 亿元人民币	深化双方人文交流与能力建设

（三）政府高官的外事压力

在国际舞台上的协同执行通常需要各国政府高官出席或主持会议,再加上近几年来,双边共同执行机制向上构建的趋势,两者叠加无疑使政府高官变得越来越繁忙。随着总理年度会晤机制更加广泛的建立,副总理级别综合性合作委员会和高级别对话机制的增加。[78]国务院总理、副总理、国务委员不仅不能放松对国内公共事务的管理,面临艰巨的国内建设压力,还要抽出大量时间负责显著增长的跨国行政合作。从上一届国务院副总理级别官员主持或出席的双边行政合作议程来看,已经能够感受到跨国行政合作迅速增长带来的压力(见表 5.3)。但是,这张表格毫无疑问会继续延长。政府部门的各位部长和副部长更是难以清闲。随着新兴市场国家的群体性崛起,国际合作领域的不断深入,越来越多的双边行政合作机制,包括大双边和小双边行政合作,从局级、副局级、副部级逐级向上建构,压在部长们和副部长们的身上。在国际合作方面,23 000 多项双边条约与协议,400 多项多边条约的落实与执行是由政府部门作为实际承担者的。或许曾经只是商务部的高官忙忙碌碌参与对外事务,而现在,任何部委都不得不认真处理好同世界上任何一个国家的关系，经营好本部门领域的共同执行机制网络。同时，跨国行政合作要求部长们在领导人"打道回府"之后，积极贯彻落实已经达成的国际共识。而跨政府网络的兴起又使部长们参与到数量庞大的由政府部门组成的国际行政网络中去。对外事务的急剧增加，一方面给部长们带来了显而易见的外事压力，另一方面对于具体事务的操作执行和监督管理，就会显得较为薄弱。

表 5.3　国务院副总理级别官员出席的综合性委员会和高级别对话机制

	机　制　名　称	成立时间
张高丽	中国—新加坡双边合作联合委员会	2003 年
	中国—哈萨克斯坦合作委员会	2004 年
	中国—土库曼斯坦合作委员会	2008 年
	中国—俄罗斯能源合作委员会	2008 年
	中国—俄罗斯投资合作委员会	2014 年
	中国—沙特高级别联合委员会	2016 年
刘延东	中国—俄罗斯人文合作委员会	2000 年
	中国—美国人文交流高层磋商	2010 年
	中国—英国高级别人文交流机制	2012 年
	中国—欧盟高级别人文交流对话机制	2012 年
	中国—法国高级别人文交流机制	2014 年
	中国—以色列创新合作联合委员会	2014 年
	中国—印尼人文交流机制	2015 年
	中国—南非高级别人文交流机制	2017 年
	中国—德国高级别人文交流对话机制	2017 年
汪　洋	中国—美国商贸联合委员会	1983 年
	中国—俄罗斯总理定期会晤委员会	1996 年
	中国—巴西高层协调与合作委员会	2004 年
	中国—美国战略与经济对话	2009 年
	中国东北地区和俄罗斯远东地区地方合作理事会	2015 年
	中国—土耳其政府间合作委员会	2016 年
	中加经济财金战略对话	2017 年
马　凯	中国—英国经济财金对话	2008 年
	中国—乌克兰合作委员会	2011 年
	中国—法国高级别经济财金对话	2013 年
	中国—德国高级别财金对话	2014 年

（续表）

	机　制　名　称	成立时间
杨洁篪	中国—印尼副总理级对话机制	2005 年
	中国—越南双边合作指导委员会	2006 年
	中国—美国战略与经济对话	2009 年
	中国—柬埔寨政府间协调委员会	2013 年
	中国—印尼高层经济对话	2015 年
王　勇	中国—泰国贸易、投资和经济合作联合委员会	2003 年

资料来源：笔者自制。

注释

1.《经国务院授权三部委联合发布推动共建"一带一路"的愿景与行动》，国家发展改革委网站，http://www.ndrc.gov.cn/govszyw/201503/t20150328_669095.html。

2.《共建"一带一路"倡议：进展、贡献与展望》，载《人民日报海外版》，2019 年 4 月 23 日，第 4 版。

3.《习近平在推进"一带一路"建设工作 5 周年座谈会上强调坚持对话协商共建共享合作共赢交流互鉴推动共建"一带一路"走深走实造福人民》，载《人民日报》，2018 年 8 月 28 日。

4. 需要注意的是，后一阶段的开始并非要等到前一阶段完成，"一带一路"是一个综合性倡议，各领域同时展开，这里的"阶段"只是突出合作的重点领域和经济绩效将随着条件的成熟逐渐转变。

5. [美]詹姆斯·多尔蒂、小罗伯特·普法尔茨格拉夫：《争论中的国际关系理论》，阎学通等译，北京：世界知识出版社 2013 年版，第 185—186 页。

6.《刘赐贵：坚决扛起建设海洋强国的历史使命》，人民网，http://theory.people.com.cn/n1/2016/0802/c40531-28604161.html。

7. [美]林肯·佩恩：《海洋与文明》，陈建军等译，天津：天津人民出版社 2017 年版，第 605 页。

8. Balázs Sárvári and Szeidovitz Anna, "Political Economics of the New Silk Road," *Baltic Journal of European Studies*, Vol.6, No.1, 2016, p.9.

9. 2017 年，在中国对"一带一路"国家出口中，水路运输的出口额占中国对"一带一路"国家出口额的 73.4%；在中国对"一带一路"国家进口中，水路运输的进口额占中国对"一带一路"国家进口额的 57.7%，进出口均以水路运输为主。参见《"一带一路"贸易合作大数据报告（2018）》，第 30 页，http://www.sic.gov.cn/archiver/SIC/UpFile/Files/Default/20180509162109827517.pdf。

10.《中国交通运输发展》，国务院网站，http://www.gov.cn/zhengce/2016-12/29/content_5154095.htm#1。

11. 与"连通性"概念有异曲同工的是，庞中英认为，继"相互依存""全球化"之后，"互联互通性"是最为重要的概念。抓住了这个概念，就等于抓住了 21 世纪的全球性的世界事务的关键。参见庞中英：《"一带一路"到底是"战略"还是"倡议"？》，http://www.sohu.com/a/122730552_343251。

12. 肖振生:《数说"一带一路"》,北京:商务印书馆 2016 年版,第 11、16 页。

13.《中华人民共和国和乌兹别克斯坦共和国联合宣言(全文)》,外交部网站,http://www.fmprc.gov.cn/web/gjhdq_676201/gj_676203/yz_676205/1206_677052/1207_677064/t1184077.shtml。

14.《Arasha:欧亚运河建成后将促进中国西部经济发展》,新浪网,http://finance.sina.com.cn/meeting/2017-05-17/doc-ifyfeivp5801394.shtml?cre=financepagepc&mod=f&loc=3&r=9&doct=0&rfunc=50。

15.《两家中国企业有意建设尼泊尔铁路网》,中国网,http://finance.china.com.cn/roll/20160706/3799785.shtml。

16.《中国老挝越南电网互联互通取得实质性进展》,新华网,http://www.xinhuanet.com/energy/2017-09/18/c_1121678256.htm。

17. 王润球:《新亚欧大陆桥经济走廊》,北京:中国经济出版社 2018 年版,第 100 页。

18.《中尼跨境互联网光缆正式开通》,载《人民日报》,2018 年 1 月 15 日。

19. 以中国至欧洲为例,采用海运方式,一个 40 英尺箱全程费用约为 4 500 美元,运输时间需要 35—38 天;采用空运方式,全程只需约 2 天,但费用最高折合每个 40 英尺箱达 4 万美元以上;采用铁路运输,全程运输时间需要 10—20 天,一个 40 英尺箱全程费用约为 8 000—10 000 美元。参见崔艳萍等:《亚欧国际铁路联运》,北京:中国铁道出版社 2017 年版,第 3 页。

20.《首列从中国新疆出发的集装箱货运班列抵达巴库》,中国新闻网,http://www.chinanews.com/cj/2015/08-04/7447523.shtm。

21.《"陆海快线"相连,中欧携手逐梦"海丝"》,新华网,http://www.xinhuanet.com/mrdx/2017-05/09/c_136267884.htm。

22. 王润球:《新亚欧大陆桥经济走廊》,北京:中国经济出版社 2018 年版,第 6 页。

23.《中吉乌国际公路货运正式运行——中亚再拓一带一路通道》,载《人民日报》,2018 年 2 月 27 日。

24.《中欧班列,唱响丝路新机遇》,载《人民日报》,2018 年 2 月 5 日。

25.《交通运输部:海上运输覆盖"一带一路"沿线国家》,央视网,http://m.news.cctv.com/2017/04/20/ARTIL l29V6b6OBKJhcU8hP4u170420.shtml。

26.《中国正式加入国际道路运输公约》,光明网,http://news.gmw.cn/2016-07/28/content_21173200.htm。当前已经有 42 个"一带一路"相关国家加入其中。

27.《国际公路运输系统正式在中国落地实施》,载《人民日报》,2018 年 5 月 19 日。

28. 肖振生:《数说"一带一路"》,第 15 页。

29.《"一带一路"超越地缘政治》,载《人民日报》,2016 年 6 月 24 日。

30. [美]尤西·谢菲:《物流集群》,岑雪品、王微译,北京:机械工业出版社 2017 年版,第 141—163 页。

31. [美]帕拉格·康纳:《超级版图:全球供应链、超级城市与新商业文明的崛起》,崔传刚、周大昕译,第 12—16 页。

32.《国际组织联合报告:中国成发展中国家价值链领头羊》,环球网,http://china.huanqiu.com/hot/2017-07/10970082.html。

33.《7 部门下发〈关于加强国际合作提高我国产业全球价值链地位的指导意见〉》,国务院网站,http://www.gov.cn/xinwen/2016-12/06/content_5144158.htm#1。

34. 李向阳:《积极推进一带一路合作机制建设》,载《人民日报》,2018 年 7 月 16 日。

35. 国家发展和改革委员会编:《中国对外投资报告》,北京:人民出版社 2017 年版,第 8 页。

36.《境外经贸合作区为"一带一路"开枝散叶》,第一财经网,https://www.yicai.

com/news/5285926.html。

37.《推进共建丝绸之路经济带和21世纪海上丝绸之路的愿景与行动》,新华网,http://www.xinhuanet.com/world/2015-03/28/c_1114793986.htm。

38. 曾刚、赵海、胡浩:《"一带一路"倡议下中国海外园区建设与发展报告(2018)》,北京:中国社会科学出版社2018年版,第107—110页。

39.《中国境外经贸合作区高速发展》,中国对外承包工程商会网站,http://www.chinca.org/CICA/info/18070511002411。当然,他也谈道:"境外合作区国家统计的是99个,但根据我们研究的情况,现在的境外园区不下几百个,像埃塞俄比亚有20个,尼日利亚有20个,加上国家自主开发的园区,总数大概有大几百个,日后园区的竞争将非常激烈。"

40. Deborah Bräutigam and Tang Xiaoyang, "'Going Global in Groups': Structural Transformation and China's Special Economic Zones Overseas," *World Development*, Vol.63, 2014, p.80.

41. 徐绍史:《"一带一路"与国际产能合作:国别合作指南》,北京:机械工业出版社2017年版,第15页。

42. 王缉慈:《超越集群:中国产业集群的理论探索》,北京:科学出版社2010年版,第80页。

43.《习近平主持召开中央财经委员会第二次会议强调提高关键核心技术创新能力为我国发展提供有力科技保障》,载《人民日报》,2018年7月15日。

44. 习近平:《决胜全面建成小康社会夺取新时代中国特色社会主义伟大胜利——在中国共产党第十九次全国代表大会上的报告》,新华网,http://www.xinhuanet.com/politics/19cpcnc/2017-10/27/c_1121867529.htm。

45. 高虎城:《积极促进一带一路国际合作》,载《人民日报》,2018年1月19日。

46. 曾刚、赵海、胡浩:《"一带一路"倡议下中国海外园区建设与发展报告(2018)》,第16页。

47. 胡键在对"一带一路"沿线国家的创新力进行量化分析后发现,"一带一路"沿线国家由于大多是发展中国家,其创新力都不太强,经济发展是这些国家共同的目标和心愿。与中国相比,大多数国家的创新力明显弱于中国。因而,与发达国家的创新合作是重点方向。参见上海社会科学院智库建设处、"一带一路"信息研究中心:《"一带一路"智库报告》,2018年第1期,第119页。

48. 时殷弘:《"一带一路"不仅要向西看,还要向东看》,上海观察网,https://www.jfdaily.com/news/detail?id=89481。

49. 王缉慈:《超越集群:中国产业集群的理论探索》,第16—21页。

50. 上海社会科学院智库建设处、"一带一路"信息研究中心:《"一带一路"智库报告》,第5页。

51. 如果采纳"一带一路"沿线国家为65个这一说法,那么2016年,中国与其中52个国家的贸易是顺差。

52. 黄晓燕、秦放鸣:《"一带一路"背景下中哈制造业产能合作的经济效应与反思》,载《对外经贸实务》2018年第4期,第9—10页。

53. 卢锋等:《为什么是中国? ——"一带一路"的经济逻辑》,载《国际经济评论》2015年第3期,第21页。

54.《"一带一路"海关高层论坛通过六点倡议》,新华网,http://www.xinhuanet.com/local/2015-05/29/c_127855318.htm。

55.《2018年"一带一路"知识产权高级别会议在京召开》,国家知识产权局网站,http://www.sipo.gov.cn/zscqgz/1131358.htm。

56.《"一带一路"旅游部长会议成功举办》,国务院网站,http://www.gov.cn/

xinwen/2017-09/14/content_5225026.htm。

57.《中国与 17 国发布建立“一带一路”能源合作伙伴关系部长联合宣言》，中国一带一路网，https://www.yidaiyilu.gov.cn/xwzx/gnxw/69155.htm。

58.《中巴经济走廊联合合作委员会第七次会议在巴基斯坦伊斯兰堡召开》，国家发展改革委网站，http://www.ndrc.gov.cn/gzdt/201711/t20171124_867771.html。

59.《孟中印缅经济走廊联合研究工作组第三次会议在印度举行》，人民网，http://world.people.com.cn/n1/2017/0427/c1002-29238822.html。

60.《中缅经济走廊联合委员会第一次会议在北京召开》，国家发展改革委网站，http://wzs.ndrc.gov.cn/gzdt/201809/t20180912_898224.html。

61.《中匈“一带一路”工作组首次会议在北京举行》，外交部网站，https://www.fmprc.gov.cn/web/wjbzhd/t1420152.shtml。

62.《推动共建丝绸之路经济带和 21 世纪海上丝绸之路的愿景与行动》，人民网，http://finance.people.com.cn/n/2015/0328/c1004-26764666.html。

63.《巴总理成立专门委员会推进中巴经济走廊建设》，中国一带一路网，https://www.yidaiyilu.gov.cn/xwzx/gnxw/65607.htm。

64.《缅甸组建实施一带一路指导委员会》，《人民日报》，2018 年 12 月 9 日，第 3 版。

65. R. F. Hopkins, “The International Role of ‘domestic’ Bureaucracy”, *International Organization*, Vol. 30, No.3, 1976, p. 405.

66. 苏长和：《在新的历史起点上思考中国与世界的关系》，载《世界经济与政治》2012 年第 8 期，第 14 页。

67. 苏长和提出的“全球型国家”与之相类似。参见苏长和：《中国外交的全球化及启示》，载《当代亚太》2009 年第 1 期，第 24 页。

68.《经济日报评论员：奏响共商共建共享主旋律——学习习近平总书记关于“一带一路”重要论述系列评论之二》，中国共产党新闻网，http://theory.people.com.cn/n1/2017/0510/c40531-29265935.html。

69.《“一带一路”建设如何拥有行稳致远的未来》，搜狐网，http://www.sohu.com/a/260529149_731021。

70. 庞中英：《论“一带一路”中的国际“对接”》，载《探索与争鸣》2016 年第 5 期，第 123 页。

71.《杨洁篪在博鳌亚洲论坛 2015 年年会上的演讲(全文)》，人民网，http://world.people.com.cn/n/2015/0329/c1002-26766380.html。

72.《习近平在中央外事工作会议上强调坚持以新时代中国特色社会主义外交思想为指导努力开创中国特色大国外交新局面》，《人民日报》，2018 年 6 月 24 日，第 1 版。

73. R.H.Wade, “Emerging World Order? From Multipolarity to Multilateralism in the G20, the World Bank an the IMF”, *Politics & Society*, Vol.39, No.3, 2011, p.349.

74.《赵明昊：“一带一路”与特色型智库建设》，当代世界研究中心网站，http://www.cccws.org.cn/Detail.aspx? newsId=3788。

75.《教育部办公厅关于做好 2017 年度国别和区域研究有关工作的通知》，教育部官网，http://www.moe.gov.cn/srcsite/A20/s7068/201703/t20170314_299521.html/。

76. 此外，国家社科基金自 2018 年起设立冷门“绝学”和国别史等研究专项，加强对相关领域研究的资助力度，重点资助一批研究项目，这对于今后的国别和区域研究有相当大的益处，也将推动更多国别和区域研究中心的建立。

77. 时殷弘：《传统中国经验与当代中国实践：战略调整、战略透支和伟大复兴问题》，载《外交评论》2015 年第 6 期，第 65 页。

78. 而且，这些综合性委员会会议和高级别对话会议往往每年召开一次。

结　论

在国内，行政部门具有明确的职能，即执行国家意志。那么，在国际舞台上如何执行国家间意志呢？当今，依靠各国政府“各自为政”和组建世界政府已经不太现实，基于超国家机构的一体化行政方式又因其特殊性难以推广运用。因此，“跨国行政合作”概念正是对这样一种执行国家间意志的重要方式的表达，它被定义为：“各国政府对国际共识的合作执行。”跨国行政合作体现出“行政”概念的国内属性和跨国属性在一定程度上的均衡。这样，运用行政管理理论做一种基于行政过程的研究，而不是凭借传统的国际法或国际关系理论，就具有一定的价值。在全球化进程中，国际合作已不仅体现在国际协议的制定方面，更体现在国际协议的执行，而后者是既有国际合作理论较少关注的。

从中国实践来看，跨国行政合作总是在两个层面展开，涉及宏观意义上政府间共同执行机制的建立，以及微观意义上合作执行的具体运行方式。为对接国家发展战略，共同执行国家间合作协议，各国政府及政府部门往往首先建立起各种类型的共同执行机制。对上，共同执行机制作为国际协议的共同执行者；对下，则作为具体合作项目的决策者、协调者和推动者。因而，合作执行体现出执行的相对性和多层性。中国构建的政府间共同执行机制网络遍布双边和多边层面，从新中国成立之初就已开始构建。改革开放后，共同执行机制不断发展，横向上，涉及的内容领域不断拓宽，各个行政部门均已加入其中；纵向上，逐渐形成了多个具有层级结构的综合性合作委员会机制。在发展过程中，共同执行机制在组织结构上越来越完善，在职能上越来越明晰，一套适合新型国家间关系的合作管理办法已经形成，在一定程度上保障了中国与他国合作执行的顺利展开。

在微观层面，中国跨国行政合作以联合行政和协同行政的方式运作。联合行政要求各国政府及多元行为体一起参与到具体合作项目的执行过程中去,联合行动、共同完成协议内容。从几个典型的案例中,本书归纳出联合行政的主要阶段,即责任分配、资源供给与协调、组织机构的设定、合作实施、评估反馈、合作协议的修正与深化等。从影响因素来看,政治互信、合作偏好、政府更迭、国内矛盾等都将对运行过程产生影响。当然,在更多的案例中,影响因素往往是多元且复杂的。协同行政作为跨国行政合作的另一种运行方式,往往是对多边或国际组织框架下达成的协议的执行,包括政府间国际组织以及越来越活跃的跨政府网络。协同行政要求各国政府在商定好目标或方式后,一致行动来完成执行过程。执行的有效性来自各国将其落实到国内层面的执行能力,即"国际行政能力",其由执行意愿、执行资源、执行延续性三个要素组成。在气候变化合作案例中,在党中央的统一领导下,以政府部门的分工协作和央地之间的目标分解为特点的"整合式"执行方式在履行《联合国气候变化框架公约》及之后的协议时,体现出了中国较强的国际行政能力。与其他国家相比,中国的执行意愿较高,执行延续性较好,体现出中国在执行国际协议中的制度优势。当然,由于中国仍然是发展中国家,因而受到资金、人才、技术等执行资源的限制。

中国始终是世界和平的建设者、全球发展的贡献者、国际秩序的维护者和联合国事业的支持者。[1]随着中国的迅速发展,中国有意愿、也有能力为国际社会提供更多的公共产品,包括器物层面的物质性公共产品、制度层面的制度性公共产品、精神层面的观念性公共产品。[2]"一带一路"倡议便是其中的一项重要公共产品。然而,如何与其他国家共同落实已经签署的大量合作协议,对于中国来说是一大挑战。这些挑战的背后反映了中国从国际合作的参与者向国际合作的倡议者的深刻转变。在跨国行政合作中,反映了中国从"参与"合作执行向"组织"合作执行的深刻转变。

跨国行政合作是否能够保障国际共识得到有效而普遍的执行呢?并不一定。跨国行政合作更多是指出了中国与其他国家执行国际协议的方式,即在互动层面搭建不同国家政府之间或政府与企业共同参与的执行平台,在国内层面不断提升国际行政能力,这只是导向共识执行的第一步。毕竟,有太多的因素能够对跨国行政合作的过程造成影响,其中，政府换届或政党更替无疑是主要的。如果说在全球化时代，依靠霸权国家或强制手段来保障合作执行已变得不太可能，以国内法律程序为条件有时又会“失灵”，那么，构建国家间中长期合作发展规划或许是在当前国际体系中可以进一步运用的一个办法。中长期合作发展规划基于两国或多国的诉求和利益，是相关国家通过对接形成的重要合作共识，并经过相关国家国内的法律程序，得到了国内民众的认可。这样一种合作文件增加了打破国际协议的成本，能够部分降低政府更迭和政党更替所带来的消极影响，使领导人不至于随意地暂停或废止合作项目。这也是中国国内中长期发展规划的国际延伸，是中国国内实践的国际应用，是中国提供给全球治理的一种有效经验。如今，当中国与其他国家签署共建“一带一路”合作谅解备忘录之后，两国政府部门所做的第一件事就是建立联合工作组，共同编制合作规划。当然，中长期合作发展规划的有效执行需要以前期认真仔细地规划制定为基础，制定符合相关国家迫切需要的合作项目，这才能使中长期发展规划具有强大的活力和生命力。同时，在国际舞台上，多国也可以制定世界、地区或次地区范围内的中长期合作发展规划，为世界、地区和次地区的发展指明方向、铺设道路，在这方面，需要更多来自各国的倡议、方案和智慧。

中国跨国行政合作在今后要注意推动的几点可能在于：第一，在跨国行政合作中促进中国发展知识产品的国际供给。“一带一路”建设不仅是要完成一个个合作项目，更应注重在执行过程中，中国的发展知识和经验“走出去”，这也是跨国行政合作的重要内容。之前，中国与他国合作执行项目时，各领域治理大多受到他国治理经验的影响，以借鉴他国经验为多。当前，中国的改革开放已进入第四十个年头，中国在互联互通、扶贫减贫、环境治理、农村建设、技术创新、园区建设、妇女平等等众多领域都总结和积累了相当多的有益经验。比如，在各国协同执行“联合国千年发展目标”的过程中，中国的减贫成就和经验总结已经成为许多国家的教科书案例；许多国家在与中国共同建设各类经济园区的过程中，学会了中国的“经济特区”“工业园区”模式；在中外共同推动基础设施和产能合作过程中，许多国家重新认识到了基础设施建设的重要性，开始将更多的资源投向基础设施建设与改造；越来越多的学者在与中国的人力资源管理合作中，开始对中国的官员培养体系产生浓厚兴趣。在跨国行政合作中，不仅中国治国理政的经验会“走出去”，其背后的政治制度、政党制度、行政体制、经济体制、历史文化等都会通过这一条线索“走出去”，这些治国理政的发展经验作为一种国际知识公共产品，正在推动中国在跨国行政合作中由经验和知识的接受者转变为供给者和分享者。世界已经见证、并且仍在见证一个拥有13亿多人口的大国的迅速发展，许多发展中国家也都希望对中国的发展路径进行研究，为自己国家的发展提供一定的指导。治国理政经验的交流互鉴成为跨国行政合作的重要目标。2015年9月，习近平主席在联合国发展峰会上宣布，中国将设立国际发展知识中心，同各国一道研究和交流适合各自国情的发展理论和发展实践。2017年3月，中国政府批准国务院发展研究中心设立中国国际发展知识中心。同年8月，中国国际发展知识中心正式启动运营，成为研究和交流中国发展经验，贡献中国智慧的重要平台；是分享各国发展经验，应对全球发展挑战，探索实现可持续发展的重要渠道；是中国响应时代号召、履行大国责任的重要体现。这一机制的建立正在推动中国发展知识的国际供给进入新的阶段。当然，中国也要继续向其他国家学习和借鉴各领域治国理政的成功经验，将其本土化后为解决中国的问题提供参考。

第二，注重跨政府网络下的行政合作。跨政府网络是国际关系发展的新趋势，21世纪后开始遍地开花。当今，国际规则的制定不仅存在于政府间国际组织层面，还存在于跨政府网络层面。随着人、财、物、智互联互通进程的加速，监管滞后、监管跟不上市场的步伐已经成为一个突出问题，由此也引发了各国监管部门之间的冲突。事实上，其中的原因在于监管的主权属性与互联互通的跨国属性之间的矛盾。针对互联互通的负外部性问题，国际监管合作成为许多国家政府参与对外交往的重要内容。从实践来看，国际监管合作不仅是一种监管方式和治国理政的经验交流网络，更重要的是，各种不同监管领域的网络正在承担起国际规则的建构，即使这些国际规则宣称不具有约束性，但通过市场力量、内嵌于有约束性的国际组织等方式，这些国际监管规则，特别是金融和税收领域，正在成为实际意义上具有较大国际影响力的国际规则。纵观现有的跨政府网络，大多数是发达国家的舞台，或者是由发达国家设立的。比如，巴塞尔银行监管委员会主要由老牌发达国家把持；国际保险监督官协会本身就是由美国保险监督官协会定期主办的国际保险监管年会发展而来，国际竞争网络具有类似的发展历程；全球税收论坛正是经合组织财经委员会所执行的有害税收实践项目；养老金监管协会由经合组织于2004年发起成立。因此，既有的跨政府网络大多具有西方属性。发达国家已经认识到了这一机遇，并已开始利用这一平台制定具体领域的国际规则，而中国及广大发展中国家还没有对这一现象产生足够重视，或者更多从治国理政经验交流而非国际规则制定层面来看待这一现象。中国政府应该在充分研究的基础上，更加乐于同各国政府部门一起在跨政府网络中合作共事，甚至创设一些新的跨政府网络，为各国提供合作共事、共同解决问题的舞台。

第三，中国应该有更多的人才加入国际组织中，并且争取成为国际组织的“掌门人”。“国考”热不应仅限于中国国家公务员考试，更应扩大到国际公务员的选拔当中。与韩国、日本在输送国际人才方面一直很“拼”形成鲜明对比的是，中国作为联合国安理会常任理事国、联合国会费第三大缴纳国，但中国雇员在联合国的比例甚至比一些发展中国家还低。据联合国的报告，当前联合国系统有中国籍雇员450人，占总人数的1%。其中供职联合国秘书处的非语言类中国籍专业人员只有74名，低于联合国开出的136人额度。而目前国际组织里面任掌门人的中国人仅4位。[3]从能力来讲，中国目前不缺少掌握多种语言的人才，可能由于宣传问题，导致大家认为在国际组织工作是一件“高不可攀”的事情。事实上，国际公务员就是一个各国人员联合行政的场所，这一场所需要更多中国人的参与，与各国人员一同参与国际组织框架下的共同执行。

国际上虽然没有一个统一的世界政府，但政府间越来越多的国际合作推动了传统的国内行政跨越边界、承担起跨国行政的重任。重要的行政职能不再完全是国内性质的，而在很大程度上成为跨国和全球性质的。国际共识需要落实的载体，由相关国家政府组成的跨国行政合作成为承担起这一载体的主要方式，国际关系中的功能性合作也就可以通过一种行政行为来加以理解。只不过，跨国行政合作与国内行政相比，更加重视协商、合作、非约束性。中国跨国行政合作早已起步，在新的历史起点上，在各个平台上搭建的跨国行政合作架构将助益于中国的和平发展，一种以“开放的政府管理体系”为基础的“开放的国际政府间主义”或许正在形成。

注释

1.《习近平在庆祝中国共产党成立95周年大会上的讲话》，人民网，http://cpc.people.com.cn/n1/2016/0701/c405440-28516035.html。

2. 王义桅：《全球治理的中国自信与自觉》，人民网，http://theory.people.com.cn/n1/2016/1109/c40531-28847772.html。

3.《联合国缺中国人才内部中国雇员内向日韩同事更西化》，新华网，http://news.xinhuanet.com/world/2016-06/06/c_129041537.htm。

附录　中国双边行政合作机制一览表

（1978 年之后）

国　别	机制名称	成立年份	级别	成立背景或文件	开会频次
亚　洲					
泰　国	贸易联合委员会	1978 年	局长级	《政府贸易协定》缔结后成立	每年一次
	经济合作联合委员会	1985 年	部长级	《关于成立经济合作联合委员会的协定》	必要时
	卫生合作联合委员会	1997 年	副部长级	《卫生医学科学和药品领域合作谅解备忘录》中成立	每年一次
	贸易、投资和经济合作联合委员会	2003 年	副总理级	《促进贸易、投资和经济合作的谅解备忘录》中成立	必要时
	海洋合作联合委员会	2012 年	局长级	《联合声明》中成立	每年一次
	科技合作联合委员会	2013 年	副部长级	《科技合作协议》中成立	每年一次

（续表）

国　别	机制名称	成立年份	级别	成立背景或文件	开会频次
亚　洲					
日　本	科学技术合作委员会	1980 年	副部长级	《科学技术合作协定》中成立	两年一次
	战略对话机制	2005 年	副部长级	两国领导人在亚非峰会期间见面达成	每年一次
	财长对话	2006 年	部长级	两国财政部共同建立	两年一次
	能源政策对话	2006 年	部长级	《关于建立双边部长能源政策对话机制的谅解备忘录》	每年一次
土耳其	经贸混合委员会	1981 年	部长级	《经济、工业和技术合作协定》	每年一次
	经贸联合委员会	2007 年	部长级	《关于成立经贸联合委员会的协定》	每年一次
	政府间合作委员会	2016 年	副总理级	—	每年一次
伊拉克	经贸混合委员会	1981 年	副部长级	《贸易协定》中成立	必要时
巴基斯坦	经济、贸易和科学技术合作联合委员会	1982 年	部长级	《关于成立经济贸易和科学技术合作联合委员会的协定》	必要时
	中巴经济走廊远景规划联合委员会	2013 年	副部长级	《关于新时期深化中巴战略合作伙伴关系的共同展望》	半年一次
叙利亚	经贸混合委员会	1982 年	副部长级	《长期贸易协定》中成立	必要时
约　旦	经济、贸易和技术合作混合委员会	1983 年	副部长级	《关于成立贸易、投资和经济合作联合委员会的协定》	必要时

（续表）

国　别	机制名称	成立年份	级别	成立背景或文件	开会频次
亚　洲					
孟加拉国	经济、贸易和科技合作联合委员会	1983 年	副部长级	《关于成立经济、贸易和科技合作联合委员会的协定》	必要时
斯里兰卡	经济、贸易合作联合委员会	1984 年	副部长级	《关于成立经济、贸易合作联合委员会的协定》	必要时
阿联酋	经济、贸易和技术合作混合委员会	1985 年	副部长级	《经济、贸易和技术合作协定》中成立	每年一次
	政府间合作委员会	2017 年	部长级	《关于成立中阿两国政府间合作委员会的谅解备忘录》	必要时
伊　朗	经济、贸易和科技联合委员会	1985 年	部长级	—	每年一次
科威特	经济、技术和贸易合作混合委员会	1986 年	部长级	《关于成立经济、技术和贸易合作混合委员会的协定》	每年一次
新加坡	旅游合作联合委员会	1986 年	副部长级	《旅游、民航及展览合作的协定》中成立	必要时
	科技合作联合委员会	1993 年	副局长级	《科技合作协定》中成立	必要时
	双边合作联合委员会	2003 年	副总理级	《关于成立双边合作联合委员会的谅解备忘录》	每年一次
也　门	经济、技术、贸易合作混合委员会	1987 年	部长级	《贸易议定书》后成立	必要时

（续表）

国　别	机制名称	成立年份	级别	成立背景或文件	开会频次
亚　洲					
马来西亚	经济贸易联合委员会	1988 年	部长级	《相互鼓励和保护投资协定》后成立	必要时
	科技联合委员会	1992 年	—	《科技合作协定》中成立	必要时
	空间科学、技术和应用合作联合委员会	2004 年	—	《空间合作及和平利用外层空间的协定》中成立	两年一次
	海洋科技合作联合委员会	2009 年	局长级	《海洋科技合作协议》中成立	三年一次
	科技创新联合委员会	2014 年	副部长级	《科学技术和创新合作协定》中成立	必要时
印　度	科技合作联合委员会	1988 年	副部长级	《科技合作协定》中成立	两年一次
	海洋科技合作联合委员会	2003 年	局长级	《海洋科技领域合作谅解备忘录》中成立	每年一次
	财金对话	2005 年	副部长级	《关于启动中印财金对话机制的谅解备忘录》	12—18 月一次
	战略经济对话	2010 年	部长级	《联合声明》中成立	两年一次
蒙　古	经济、贸易和科技合作委员会	1989 年	部长级	《关于成立经济、贸易和科技合作委员会协定》	两年一次
朝　鲜	经济、贸易科技合作委员会	1989 年	副部长级	《关于成立经济、贸易科技合作委员会的协定》	每年一次

（续表）

国别	机制名称	成立年份	级别	成立背景或文件	开会频次
亚洲					
印尼	经济、贸易技术合作联合委员会	1990年	副部长级	《关于成立经济、贸易技术合作联合委员会的协定》	两年一次
	科技合作联合委员会	1997年	副部长级	《科技合作协定》中成立	必要时
	双边合作联合委员会	2000年	部长级	《关于未来双边合作方向的联合声明》成立	必要时
	副总理级对话机制	2005年	副总理级	两国建立战略伙伴关系后成立	两年一次
	海上合作委员会	2012年	副部长级	《中印尼海上合作谅解备忘录》中成立	两年一次
	航天合作联合委员会	2013年	局长级	《关于探索与和平利用外层空间的合作协议》中成立	必要时
	高层经济对话	2015年	副总理级	—	每年一次
越南	经贸合作委员会	1991年	副部长级	《关于成立中越经贸合作委员会的协定》	两年一次
	经贸合作委员会	1994年	副部长级	《关于成立中越经贸合作委员会的协定》	每年一次
	双边合作指导委员会	2006年	副总理级	《关于成立中越双边指导委员会的谅解备忘录》	每年一次
以色列	经贸混合委员会	1992年	部长级	《贸易协定》中成立	必要时
	科学技术合作联合委员会	1993年	副局长级	《科学技术合作协定》中成立	两年一次
	创新合作联合委员会	2014年	副局长级	《关于成立中以创新合作联合委员会的备忘录》	每年一次

（续表）

国　别	机制名称	成立年份	级别	成立背景或文件	开会频次
亚　洲					
乌兹别克斯坦	经贸合作委员会	1992 年	副部长级	《关于建立经贸合作委员会的协定》	必要时
	中乌合作委员会	2011 年	副总理级	《联合声明》中成立	两年一次
沙　特	经济、贸易、投资和技术混合委员会	1992 年	部长级	《经济、贸易、投资和技术合作协定》中成立	必要时
	高级别联合委员会	2016 年	副总理级	《关于成立中沙高级别联合委员会的协定》	每年一次
哈萨克斯坦	经贸合作委员会	1992 年	副部长级	《建立经贸合作委员会协定》	必要时
	科技合作委员会	1992 年	副部长级	《建立科技合作委员会协定》	必要时
	地质矿产混合委员会	2004 年	部长级	《开展地质矿产和能源合作的谅解备忘录》中成立	必要时
	中哈合作委员会	2004 年	副总理级	为落实《中哈 2003—2008 年合作纲要》成立	每年一次
	中哈总理定期会晤机制	2012 年	总理级	—	两年一次

（续表）

国　别	机制名称	成立年份	级别	成立背景或文件	开会频次
亚　洲					
韩　国	经济、贸易和技术合作联合委员会	1992 年	副部长级	《关于成立经济、贸易和技术合作联合委员会的协定》	每年一次
	环境合作联合委员会	1993 年	局长级	《环境合作协定》中成立	每年一次
	海洋科技合作联合委员会	2013 年	局长级	《海洋科技合作备忘录》中成立	必要时
	人文交流共同委员会	2013 年	副部长级	《中韩面向未来联合声明》中成立	每年一次
	气候变化合作联合委员会	2016 年	局长级	《气候变化合作协定》后成立	必要时
卡塔尔	经贸混合委员会	1993 年	副局长级	《贸易协定》中成立	每年一次
吉尔吉斯斯坦	经贸合作委员会	1994 年	副部长级	《关于建立经贸合作委员会的协定》	必要时
塔吉克斯坦	经贸合作委员会	1996 年	部长级	《经济贸易关系协定》中成立	必要时
	农业合作委员会	2011 年	副部长级	《农业合作谅解备忘录》中成立	两年一次
黎巴嫩	经济、贸易和技术合作混合委员会	1996 年	部长级	《经济贸易和技术合作协定》中成立	每年一次
老　挝	经济、贸易和技术合作委员会	1997 年	副部长级	《贸易协定》中成立	必要时
缅　甸	经济贸易和技术合作联合委员会	1997 年	部长级	《关于成立经济贸易技术合作联合工作委员会协定》	必要时

（续表）

国　别	机制名称	成立年份	级别	成立背景或文件	开会频次
亚　洲					
土库曼斯坦	经贸合作委员会	1998 年	部长级	《关于建立中土政府间经贸合作委员会的协定》	必要时
	中土合作委员会	2008 年	副总理级	《关于成立中土合作委员会的协定》	两年一次
菲律宾	农业联合委员会	1999 年	副部长级	《农业及有关领域合作协定》中成立	两年一次
亚美尼亚	经贸合作委员会	1999 年	副部长级	《关于成立中亚经贸合作委员会的议定书》	必要时
阿塞拜疆	经贸合作委员会	1999 年	副部长级	《关于成立中阿经贸合作委员会的议定书》	必要时
格鲁吉亚	经贸合作委员会	1999 年	副部长级	《关于成立中格经贸合作委员会的议定书》	必要时
阿富汗	经贸合作联合委员会	2006 年	副部长级	《贸易和经济合作协定》中成立	必要时
柬埔寨	**政府间协调委员会**	2013 年	副总理级	落实《中柬全面战略合作伙伴关系的行动计划》	每年一次
马尔代夫	经贸联合委员会	2014 年	副部长级	《联合新闻公报》中成立	必要时

（续表）

国　别	机制名称	成立年份	级别	成立背景或文件	开会频次
		欧	洲		
法　国	科技合作联合委员会	1978 年	部长级	《科技合作协定》中成立	两年一次
	空间技术联合委员会	1985 年	—	《空间科学技术合作的议定书》中成立	每年一次
	战略对话机制	2000 年	副总理级	《联合声明》中成立	每年一次
	教育混合委员会	2003 年	局长级	《教育合作协议》中成立	两年一次
	中医药合作委员会	2007 年	局长级	《在中医药领域进行合作研究的协议》中成立	每年一次
	高级别经济财金对话	2013 年	副总理级	《中法联合新闻公报》中成立	每年一次
	高级别人文交流机制	2014 年	副总理级	《联合声明》中成立	每年一次
罗马尼亚	经济技术合作委员会	1978 年	副部长级	《经济技术合作的长期协定》中成立	每年一次
意大利	科技合作混合委员会	1978 年	副部长级	《科技合作协定》中成立	两年一次
	经济合作混合委员会	1979 年	副部长级	《经济合作协定》中成立	每年一次
	中意政府委员会	2004 年	部长级	《政府联合公报》中成立	每年一次
	水利指导委员会	2005 年	局长级	《水利合作谅解备忘录》中成立	每年一次
南斯拉夫	经济、科学和技术合作委员会	1978 年	副总理级	《长期经济、科学和技术合作协定》中成立	必要时
	经济贸易合作混合委员会	1995 年	副部长级	《经济贸易协定》中成立	每年一次
	科技合作混合委员会	1995 年	—	《科学技术合作协定》中成立	必要时

（续表）

国　别	机制名称	成立年份	级别	成立背景或文件	开会频次
欧　　洲					
瑞　典	科技混合委员会	1978年	局长级	《工业和科学技术合作协定》中成立	必要时
	贸易混合委员会	1979年	副部长级	《贸易协定》中成立	每年一次
比利时	科技混合委员会	1979年	局长级	《发展经济、工业、科学和技术合作协定》中成立	两年一次
芬　兰	经济、工业和科技合作混合委员会	1979年	局长级	《经济、工业和科学技术合作协定》中成立	必要时
联邦德国	经济合作联合委员会	1979年	部长级	《经济合作协定》中成立	必要时
	海洋科技合作联合委员会	1986年	副局长级	《海洋科学技术发展合作的议定书》中成立	每年一次
	战略对话	2006年	副部长级	德国总理默克尔访华时与温家宝总理共同宣布建立	每年一次
	气候变化工作组	2009年	局长级	《关于应对气候变化合作的谅解备忘录》中成立	每年一次
	高级别财金对话	2014年	副总理级	《中德合作行动纲要》中成立	两年一次
挪　威	经贸混合委员会	1980年	局长级	《经济、工业和技术合作协定》中成立	每年一次
奥地利	经贸联合委员会	1980年	局长级	《经济、工业和技术合作协定》中成立	必要时
	经贸联合委员会	1996年	局长级	《经济、工业、技术和工艺合作协定》中成立	必要时

（续表）

国别	机制名称	成立年份	级别	成立背景或文件	开会频次
欧洲					
丹麦	经贸联合委员会	1980 年	部长级	《经济技术合作协定》后成立	每年一次
西班牙	文化教育混合委员会	1981 年	局长级	《文化、教育、科学合作协定》中成立	三年一次
	经贸混合委员会	1984 年	副部长级	《发展经济和工业合作协定》中成立	每年一次
	科技联合委员会	1985 年	部长级	《科学技术合作基础协定》中成立	两年一次
	打击有组织犯罪联合委员会	2002 年	—	《打击有组织犯罪的合作协定》中成立	两年一次
	水资源联合指导委员会	2011 年	—	《水资源领域合作谅解备忘录》中成立	必要时
葡萄牙	经贸混合委员会	1982 年	—	《经济、工业和技术合作协定》中成立	每年一次
	科技合作混合委员会	1993 年	—	《科学技术合作协定》中成立	两年一次
	经济混合委员会	2005 年	部长级	《经济合作协定》中成立	每年一次
希腊	经贸混合委员会	1983 年	副部长级	《经济技术合作协定》中成立	每年一次
荷兰	经贸混合委员会	1984 年	副部长级	《经济和技术合作协定》中成立	必要时
塞浦路斯	经济和科技合作联合委员会	1984 年	部长级	《经济和科学技术合作协定》中成立	必要时
匈牙利	经济、贸易、科技合作委员会	1984 年	—	《经济技术合作协定》中成立	每年一次
	科技合作混合委员会	2002 年	—	《科技合作协定》中成立	两年一次
	检验检疫混合委员会	2003 年	—	《动物卫生及动物检疫的合作协定》中成立	必要时
	经济联合委员会	2004 年	部长级	《经济合作协定》中成立	每年一次

（续表）

国别	机制名称	成立年份	级别	成立背景或文件	开会频次
欧洲					
波兰	经济、贸易、科技合作委员会	1984年	副部长级	《经济技术合作协定》中成立	每年一次
	科学和技术合作联合委员会	1995年	副部长级	《科学技术合作协定》中成立	每年一次
	政府间合作委员会	2015年	部长级		两年一次
保加利亚	经济、贸易、科技合作委员会	1984年	部长级	《经济和科技合作协定》中成立	每年一次
捷克斯洛伐克	经济、贸易、科技合作委员会	1984年	部长级	《经济技术合作协定》中成立	每年一次
民主德国	经济、贸易、科技合作委员会	1984年	—	《经济合作协定》中成立	每年一次
	科技合作常任委员会	1986年	副部长级	《科学技术合作协定》中成立，1987年	每年一次
苏联	经济、贸易、科技合作委员会	1984年	副总理级	《关于成立中苏经济、贸易、科技合作委员会的协定》	每年一次
英国	空间技术联合委员会	1985年	—	《空间科学技术合作的谅解备忘录》中成立	每年一次
	经贸联合委员会	1995年	部长级	1995年英国代表团访华时决定成立	两年一次
	总理年度会晤机制	2004年	总理级	《联合声明》中成立	每年一次
	战略对话机制	2005年	副总理级	《联合声明》中成立	每年一次
	可持续发展高级别对话	2005年	部长级	《关于中英可持续发展高级别对话机制的联合声明》	每年一次

（续表）

国　别	机制名称	成立年份	级别	成立背景或文件	开会频次
欧　洲					
英　国	气候变化工作组	2006 年	局长级	《关于成立中英气候变化工作组的谅解备忘录》	必要时
	经济财金对话	2008 年	副总理级	温家宝总理和布朗首相共同倡导建立	每年一次
	高级别人文交流机制	2012 年	副总理级	温家宝总理访英时建立	每年一次
爱尔兰	经贸科技混合委员会	1986 年	局长级	《经济、工业、科学和技术合作协定》中成立	两年一次
阿尔巴尼亚	经济技术合作混合委员会	1989 年	局长级	《1990 换货和付款的议定书》后成立	必要时
	科学技术合作委员会	1996 年	—	《科学技术合作协定》中成立	必要时
立陶宛	经贸混合委员会	1992 年	局长级	《经济贸易合作协定》中成立	必要时
克罗地亚	经贸合作委员会	1992 年	局长级	《经济贸易协定》中成立	每年一次
	科学技术合作委员会	1997 年	副部长级	《科技合作协定》中成立	两年一次
爱沙尼亚	经贸混合委员会	1992 年	副部长级	《经济贸易协定》中成立	必要时
斯洛文尼亚	经贸合作委员会	1992 年	局长级	《经济贸易协定》中成立	每年一次
	科学技术合作委员会	1993 年	—	《科学技术合作协定》中成立	每年一次
	知识产权混合委员会	2008 年	局长级	《知识产权合作协议》中成立	必要时

（续表）

国　别	机制名称	成立年份	级别	成立背景或文件	开会频次
欧　洲					
捷　克	经贸合作委员会	1993 年	局长级	《经济贸易协定》中成立	每年一次
	经济联合委员会	2004 年	副部长级	《经济合作协定》中成立	必要时
拉脱维亚	经贸合作混合委员会	1994 年	副局长级	《经济贸易合作协定》中成立	必要时
斯洛伐克	经贸合作委员会	1994 年	局长级	《经济贸易协定》中成立	每年一次
马其顿	科学技术合作委员会	1995 年	局长级	《科学技术合作协定》中成立	每年一次
	经济贸易合作混合委员会	1995 年	局长级	《经济贸易协定》中成立	每年一次
俄罗斯	科技合作委员会	1993 年	部长级	《科学技术合作协定》中成立	每年一次
	总理定期会晤机制（包括以下机制）	1996 年	总理级	两国元首达成关于两国高层领导人交往机制化协议	每年一次
	总理定期会晤委员会	1996 年	副总理级	两国总理首次会晤后决定成立	每年一次
	人文合作委员会	2000 年	部长级	—	每年一次
	财长对话	2006 年	部长级	《关于启动中俄财长对话机制的谅解备忘录》	每年一次
	能源合作委员会	2008 年	副总理级	—	半年一次
	投资合作委员会	2014 年	副总理级	—	每年一次
	创新对话	2016 年	—	《关于在创新领域开展合作的谅解备忘录》	每年一次

（续表）

国别	机制名称	成立年份	级别	成立背景或文件	开会频次
欧洲					
冰岛	贸易与经济合作联合委员会	1995年	局长级	《关于设立中冰贸易与经济合作联合委员会的协议》	必要时
马耳他	贸易和经济合作委员会	1997年	副部长级	《贸易和经济合作协定》中成立	必要时
	科技联合委员会	2015年	局长级	—	必要时
塞尔维亚	科技合作联合委员会	2009年	局长级	《科技合作协定》中成立	必要时
乌克兰	**中乌合作委员会**	2011年	副总理级	《关于成立中乌合作委员会的协定》	两年一次
瑞士	金融对话	2013年	—	《金融对话谅解备忘录》	
白俄罗斯	**政府间合作委员会**	2014年	副国级	—	两年一次
美洲及大洋洲					
美国	科技合作联合委员会	1979年	部长级	《科学技术合作协定》中成立	每年一次
	联合经济委员会	1979年	部长级	邓小平副总理访问美国时与卡特总统共同商定	每年一次
	商务贸易联合委员会	1983年	副总理级	—	每年一次
	能源政策对话	2004年	副部长级	《关于开展能源政策对话的谅解备忘录》中建立	每年一次

（续表）

国　别	机制名称	成立年份	级别	成立背景或文件	开会频次
美洲及大洋洲					
美　国	环境合作联合委员会	2005 年	部长级	《环境合作联合委员会联合声明》	两年一次
	战略对话	2005 年	副总理级	中国国家主席胡锦涛和美国总统奥巴马共同发起	每年一次
	战略经济对话	2006 年	副总理级	中国国家主席胡锦涛和美国总统奥巴马共同发起	半年一次
	战略与经济对话	2009 年	副总理级	中国国家主席胡锦涛和美国总统奥巴马共同发起	每年一次
	人文交流高层磋商	2010 年	副总理级	《联合声明》中成立	每年一次
阿根廷	经贸混合委员会	1980 年	副部长级	《经济合作协定》中成立	每年一次
	农业合作联合委员会	2010 年	部长级	—	四年一次
	经济合作与协调战略对话	2013 年	部长级	《关于建立经济合作与协调战略对话机制的谅解备忘录》	两年一次
	政府间常设委员会	2013 年	部长级	《关于成立两国政府间常设委员会的谅解备忘录》	两年一次
智　利	科技混合委员会	1980 年	副局长级	《科技合作协定》中成立	必要时
	农牧科技合作协调委员会	1996 年	部长级	《农牧科技合作协定》中成立	两年一次

（续表）

国　别	机制名称	成立年份	级别	成立背景或文件	开会频次
美洲及大洋洲					
智　利	经济合作与协调战略对话机制	2013年	部长级	《关于建立经济合作与协调战略对话机制的谅解备忘录》	
	政府间常设委员会	2013年	—	《关于成立两国政府间常设委员会的谅解备忘录》	
哥伦比亚	经贸混合委员会	1981年	部长级	《贸易协定》中成立	必要时
	科技混合委员会	1981年	副部长级	《科学技术合作协定》中成立	必要时
圭亚那	经济、贸易和科技混合委员会	1984年	副部长级	《关于成立经济、贸易和科技混合委员会的换文》	必要时
委内瑞拉	贸易混合委员会	1985年	副部长级	《贸易协定》中成立	必要时
	高级混合委员会	2001年	部长级	《关于成立高级混合委员会的谅解备忘录》	每年一次
澳大利亚	经济联合委员会	1986年	部长级	万里副总理访澳期间宣布成立	每年一次
	总理年度会晤机制	2013年	总理级	澳大利亚总理吉拉德访华时两国正式启动	每年一次
	战略经济对话	2014年	部长级	两国元首共同倡议	每年一次

（续表）

国　别	机制名称	成立年份	级别	成立背景或文件	开会频次
美洲及大洋洲					
古　巴	科技合作混合委员会	1989 年	副部长级	《科学技术合作协定》中成立	两年一次
	经贸委员会	1996 年	部长级	《贸易协定》中成立	每年一次
墨西哥	科学技术合作混合委员会	1989 年	部长级	《科学技术合作协定》中成立	两年一次
	政府间常设委员会	2004 年	副部长级	《关于成立政府间两国常设委员会的谅解备忘录》	两年一次
	战略对话机制	2008 年	部长级	卡尔德龙访问中国时两国元首共同宣布建立	两年一次
	水利合作联合指导委员会	2011 年	—	《水利合作谅解备忘录》中成立	必要时
乌拉圭	科技混合委员会	1993 年	部长级	《科学技术合作协定》中成立	两年一次
厄瓜多尔	经贸混合委员会	1984 年	副部长级	《经济和科学技术合作的基础协定》中成立	必要时
	科技混合委员会	1999 年	副部长级	《科学技术合作协定》中成立	必要时
新西兰	科技合作联合委员会	2003 年	副部长级	《科技合作协定》中成立	三年一次
	自贸区联合委员会	2008 年	局长级	《中新自贸区协定》谈判之时成立	每年一次

（续表）

国　别	机制名称	成立年份	级别	成立背景或文件	开会频次
美洲及大洋洲					
巴　西	贸易混合委员会	1978 年	副部长级	《政府贸易协定》	
	科技混合委员会	1982 年	副部长级	《科学技术合作协定》	必要时
	高层协调与合作委员会	2004 年	副总理级	《关于建立中巴高层协调与合作委员会的谅解备忘录》	每年一次
	高级别科技创新对话	2011 年	部长级	—	必要时
	战略对话机制	2012 年	部长级	《联合声明》中成立	每年一次
加拿大	经贸联合委员会	1973 年	副部长级	《贸易协定》中成立	每年一次
	科技合作联合委员会	2007 年	副部长级	《科技合作协定》中成立	每年一次
	经济财金战略对话	2014 年	部长级	加拿大总理哈珀来华期间，双方宣布建立	每年一次
	总理年度会晤机制	2016 年	总理级	《联合声明》中启动	每年一次
非　洲					
尼日利亚	经贸混合委员会	1981 年	副部长级	《经济和科学技术合作协定》中成立	两年一次
加　蓬	合作混合委员会	1982 年	副部长级	《关于成立中、加合作混合委员会的协定》	必要时

（续表）

国别	机制名称	成立年份	级别	成立背景或文件	开会频次
非洲					
阿尔及利亚	经济、贸易和技术合作混合委员会	1982 年	部长级	《关于成立经济、贸易和技术合作混合委员会的协定》	两年一次
	航天合作联合委员会	2014 年	副部长级	许达哲会见阿航天局董事长泽豪尼时达成共识	必要时
利比亚	经贸混合委员会	1982 年	部长级	《关于成立混合委员会的协定》	每年一次
毛里求斯	经济技术和贸易合作混合委员会	1983 年	副部长级	《关于成立经济技术和贸易合作混合委员会的协定》	两年一次
卢旺达	经济技术贸易合作混合委员会	1983 年	副部长级	《关于成立经济技术和贸易合作混合委员会的协定》	必要时
突尼斯	经济、贸易和技术合作混合委员会	1983 年	副部长级	《关于成立经济、贸易和技术合作混合委员会的协定》	两年一次
毛里塔尼亚	经济、贸易混合委员会	1984 年	副部长级	《关于建立经济、贸易混合委员会的协定》	两年一次
	渔业合作混合委员会	1991 年	副部长级	《海洋渔业协定》中成立	必要时
刚果	经济、贸易和技术合作混合委员会	1984 年	副部长级	《中、刚合作混合委员会协定》	两年一次
坦桑尼亚	经济技术贸易混合委员会	1985 年	副部长级	《关于成立经济技术贸易混合委员会的协定》	两年一次

（续表）

国　别	机制名称	成立年份	级别	成立背景或文件	开会频次
非　洲					
津巴布韦	经济技术和贸易合作混合委员会	1985 年	副部长级	《成立经济技术和贸易合作混合委员会的协定》	两年一次
埃　及	经贸混合委员会 经济、贸易和技术合作混合委员会	1985 年 1995 年	部长级 部长级	《长期贸易协定》中成立 《经济贸易协定》中成立	必要时 必要时
塞拉利昂	经济技术合作混合委员会 经贸联合委员会	1985 年 2009 年	副部长级 部长级	《经济技术合作协定》中成立 《关于成立经贸联合委员会的协定》	两年一次 两年一次
苏　丹	经济、贸易合作混合委员会	1986 年	副部长级	《一九八六年度贸易议定书》中成立	必要时
喀麦隆	经贸混合委员会	1986 年	副部长级	《关于成立合作混合委员会协定》	两年一次
贝　宁	经济、贸易和技术合作混合委员会	1986 年	副部长级	《成立经济、贸易和技术合作混合委员会的协定》中成立	两年一次
赞比亚	经济贸易混合委员会	1986 年	副部长级	《关于成立经济贸易混合委员会的协定》	两年一次
加　纳	经济贸易联合委员会	1988 年	副部长级	《关于成立经济贸易联合委员会的协定》	两年一次
安哥拉	经贸混合委员会	1988 年	副部长级	《关于成立经济贸易联合委员会的协定》	必要时

（续表）

国别	机制名称	成立年份	级别	成立背景或文件	开会频次
非洲					
埃塞俄比亚	经济、科技合作和贸易委员会	1988 年	副部长级	《关于成立经济、科学技术合作和贸易委员会的协定》	每年一次
	科技合作联合委员会	2015 年	—	《科技合作协定》中成立	必要时
几内亚	经济、贸易和技术合作混合委员会	1995 年	副部长级	《关于成立合作混合委员会的协定》	两年一次
摩洛哥	经贸混合委员会	1995 年	部长级	《经济和贸易协定》中成立	必要时
	经济贸易和技术合作联合委员会	2015 年	副局长级	《经济技术合作协定》中成立	必要时
尼日尔	经贸混合委员会	1998 年	副部长级	《经济贸易合作协定》中成立	必要时
南非	经济和贸易联合委员会	1999 年	副部长级	《关于成立经济和贸易联合委员会的协定》	必要时
	科技合作联合委员会	1999 年	副局长级	《科学和技术合作协定》中成立	两年一次
	战略对话	2008 年	副部长级	中国外长杨洁篪访问南非时成立	每年一次
	国家双边委员会	2000 年	副总理级	《关于伙伴关系的比勒陀利亚宣言》中成立	三年一次
	海洋合作联合委员会	2013 年	副局长级	《海洋与海岸带领域合作谅解备忘录》中成立	必要时

（续表）

国　别	机制名称	成立年份	级别	成立背景或文件	开会频次
非　洲					
纳米比亚	经济贸易混合委员会	2004 年	副部长级	《关于成立经济贸易混合委员会的协定》	必要时
多　哥	经济、贸易和技术合作混合委员会	2004 年	副部长级	《联合公报》中成立	必要时
佛得角	经济、贸易和技术合作联合委员会	2009 年	副部长级	《关于成立经济、贸易和技术合作联合委员会的协定》	必要时
塞内加尔	经济、贸易和技术合作混合委员会	2009 年	部长级	《关于成立经济、贸易和技术合作混合委员会的协定》	两年一次
南苏丹	经济、贸易和技术合作联合委员会	2011 年	副部长级	《贸易、经济和技术合作协定》中成立	两年一次
科摩罗	经济、贸易和技术合作联合委员会	2014 年	副局长级	《关于成立经济、贸易和技术合作混合委员会的协议》	必要时
马拉维	经贸混合委员会	2015 年	副部长级	—	必要时
冈比亚	经贸联合委员会	2017 年	—	《经济、贸易、投资和技术合作谅解备忘录》中成立	必要时

资料来源：笔者自制。

注：字体加粗为综合性合作委员会。“—”代表未找到相关资料。

参考文献

一、中 文 文 献

《邓小平文选》(一九七五—一九八二年),北京:人民出版社 1983 年版。

《习近平谈治国理政》,北京:外文出版社 2014 年版。

《习近平谈治国理政》(第二卷),北京:外文出版社 2017 年版。

《中华人民共和国条约集》(第 1 至 58 集),北京:世界知识出版社。

外交部政策规划司:《中国外交》(2016 年版),北京:世界知识出版社 2016 年版。

外交部政策规划司:《中国外交》(2015 年版),北京:世界知识出版社 2015 年版。

商务部:《中国对外投资合作发展报告 2015》。

科技部社会发展科技司:《国家"十一五"应对气候变化科技工作》,北京:科学出版社 2013 年版。

复旦国务智库:《复旦国际秩序报告——互联世界中的自治与共治》。

毕正宇:《西方公共政策执行模式评析》,载《江汉论坛》2008 年第 2 期。

蔡拓:《全球主义与国家主义》,载《中国社会科学》2000 年第 3 期。

蔡拓:《中国学者论全球化与自主》,重庆:重庆出版社 2008 年版。

陈楚钟:《跨境上市监管的国际合作与协调——监管冲突的全球治理》,北京:经济科学出版社 2013 年版。

陈芳:《政策扩散、政策转移和政策趋同——基于概念、类型与发生机制的比较》,载《厦门大学学报》(哲学社会科学版)2013 年第 6 期。

陈济:《公约机制与气候变化国际合作》,载《世界环境》2014 年第 6 期。

陈振明:《政策科学:公共政策分析导论》,北京:中国人民大学出版社 2003 年版。

崔艳新:《欧盟应对气候变化政策的进展及影响》,载《世界经济合作》2010

年第6期。

崔晓静:《国际税收行政合作的新发展及其法律问题研究》,北京:中国社会科学出版社2014年版。

戴秉国:《战略对话——戴秉国回忆录》,北京:人民出版社2016年版。

丁煌:《西方行政学说史》,武汉:武汉大学出版社2004年版。

丁煌、定明捷:《国外政策执行理论前沿评述》,载《公共行政评论》2010年第1期。

丁煌:《政策执行阻滞机制及其防治对策——一项基于行为和制度的分析》,北京:人民出版社2002年版。

丁月牙:《论跨国主义及其理论贡献》,载《民族研究》2012年第3期。

樊勇明:《西方国际政治经济学》,上海:上海人民出版社2006年版。

樊勇明、钱亚平、饶芸燕:《区域国际公共产品与东亚合作》,上海:上海人民出版社2014年版。

房乐宪、张越:《当前欧盟应对气候变化政策新动向》,载《国际论坛》2014年第3期。

高翔、朱秦汉:《印度应对气候变化政策特征及中印合作》,载《南亚研究季刊》2016年第1期。

龚祖英:《加强国际税收管理,维护国家税收主权》,中国税务报,2013年5月22日。

何露杨:《巴西气候变化政策及其谈判立场的解读与评价》,载《拉丁美洲研究》2016年第2期。

何亚非:《风云论道》,北京:社会科学文献出版社2015年版。

何力:《一带一路战略与海关国际合作法律机制》,北京:法律出版社2015年版。

黄小勇:《"行政"概念疏义》,载《北京行政学院学报》2001年第5期。

胡象明:《应对全球化:中国行政面临的挑战与对策》,北京:北京师范大学出版社2011年版。

姜长斌:《全球化下的不同主权观》,载《国际经济评论》2002年第2期。

金立群、林毅夫:《"一带一路"引领中国》,北京:中国文史出版社2015年版。

孔凡伟:《中国与欧盟应对气候变化的合作:成就与挑战》,载《新视野》2011年第1期。

李永全:《“一带一路”建设发展报告(2016)》,北京:社会科学文献出版社2016年版。

李少军:《当代全球问题》,杭州:浙江人民出版社2006年版。

李扬:《中美清洁能源合作:基础、机制与问题》,载《现代国际关系》2011年第1期。

李晨阳:《缅甸政府为何搁置密松水电站建设》,载《世界知识》2011年第21期。

李新:《“上合”组织经济合作十年》,载《现代国际关系》2011年第9期。

李虹:《全球行政法的概念及其证成》,载《法理学论丛》2012年(第六卷)。

李巍:《理解中国经济外交》,载《外交评论》2014年第4期。

梁淑英:《国际法》,北京:中央广播电视大学出版社2002年版。

廖益新、蔡庆辉:《有害国际税收:竞争的规制问题研究》,北京:科学出版社2010年版。

林泰:《行政法国际化研究》,北京:人民出版社2013年版。

林泰、赵学清:《全球治理语境下的国际行政法》,载《南京社会科学》2011年第3期。

林泰:《论“国际行政”类型界分》,载《河北法学》2012年第11期。

卢国学:《国际刑警组织》,北京:社会科学文献出版社2003年版。

马建英:《浅析中美清洁能源合作》,载《现代国际关系》2009年第12期。

毛桂荣:《“行政”及“行政学”概念的形成:中国与日本》,载《中国公共管理论丛》2013年第1辑。

钱振明:《跨国行政:全球化时代行政学研究的新课题》,载《中国行政管理》2001年第10期。

阙天舒:《公共危机的全球治理——基于公共性的回归》,载《国际观察》2016年第2期。

史春林:《中美海运安全合作:进展及存在的问题》,载《现代国际关系》2010年第5期。

沈德昌:《中国参与国际公共管理的回顾与思考》,载《中国公共管理论丛》2013年第1辑。

时殷弘:《传统中国经验与当代中国实践:战略调整、战略透支和伟大复兴问题》,载《外交评论》2015年第6期。

苏长和:《共生型国际体系的可能——在一个多极世界中如何构建新型大

国关系》,载《世界经济与政治》2013 年第 9 期。

苏长和:《国际公共问题与国际合作:一种制度分析》,上海:上海人民出版社 2000 年版。

苏长和:《“四个全面”战略布局和大国外交新布局》,载《毛泽东邓小平理论研究》2015 年第 6 期。

苏长和:《中国外交的全球化及启示》,载《当代亚太》2009 年第 1 期,第 24 页。

苏长和:《在新的历史起点上思考中国与世界的关系》,载《世界经济与政治》2012 年第 8 期。

孙学玉:《关于行政概念的再思与再认》,载《江苏社会科学》1999 年第 6 期。

谈康林:《欧盟独立机构与欧洲治理模式的变迁》,载《武汉大学学报》2011 年第 4 期。

唐颖侠:《国际气候变化条约的遵守机制研究》,北京:人民出版社 2009 年版。

王雅丽、毕乐强:《公共规制经济学》,北京:清华大学出版社 2011 年版。

王学东:《气候变化问题的国际博弈与各国政策研究》,北京:时事出版社 2014 年版。

王勇:《中美经贸关系》,北京:中国市场出版社 2007 年版。

王乐夫、刘亚平:《国际公共管理的新趋势:全球治理》,载《学术研究》2003 年第 3 期。

王乐夫、李伟权:《全球化背景下国际公共事务管理主体的合法性思考》,载《中山大学学报》2003 年第 1 期。

王文硕:《公安部与国际刑警组织联合打击跨国侵犯知识产权犯罪取得积极成效》,载《中国防伪报道》2015 年第 6 期。

王晓荣:《反倾销政策何以扩散》,载《经济评论》2014 年第 5 期。

王辉耀:《中国企业全球化报告(2015)》,北京:社会科学文献出版社 2015 年版。

王俊峰、胡烨:《中哈跨界水资源争端:缘起、进展与中国对策》,载《新疆大学学报》2011 年第 5 期。

魏淑艳、张琦:《政策转移研究的相关视域》,载《北京行政学院学报》2012 年第 6 期。

魏淑艳:《国外政策转移理论研究述评》,载《上海行政学院学报》2009 年第 5 期。

吴永辉:《全球治理中的国际软法的勃兴》,载《国际经济法学刊》,北京:北京大学出版社,2008 年第 15 卷第 1 期。

吴志成、李金潼:《国际公共产品供给的中国视角与实践》,载《政治学研究》2014 年第 5 期。

吴显庆:《当代国际公共事务管理概论》,广州:华南理工大学出版社 2007 年版。

杨力:《二十国集团发展报告(2012)》,上海:上海人民出版社 2013 年版。

席艳乐:《国际公共产品视角下的国际经济组织运作——以三大国际经济组织为例》,成都:西南财经大学出版社 2012 年版。

夏书章:《行政管理学》,太原:山西人民出版社 1984 年版。

解振华:《中国应对气候变化的政策与行动——2012 年度报告》,北京:中国环境出版社 2013 年版。

解振华:《中国应对气候变化的政策与行动——2014 年度报告》,北京:中国环境出版社 2015 年版。

熊炜:《国际公共产品合作与外交谈判:利益、制度和进程》,北京:世界知识出版社 2014 年版。

徐大同:《西方政治思想史》,天津:天津教育出版社 2005 年版。

徐绍史:《"一带一路"与国际产能合作:行业布局研究》,北京:机械工业出版社 2017 年版。

徐绍史:《"一带一路"与国际产能合作:企业生存之道》,北京:机械工业出版社 2017 年版。

徐绍史:《"一带一路"与国际产能合作:国别合作指南》,北京:机械工业出版社 2017 年版。

徐绍史:《"一带一路"与国际产能合作:地方发展破局》,北京:机械工业出版社 2017 年版。

闫世刚:《低碳经济视角下的中国新能源国际合作》,载《外交评论》2012 年第 5 期。

于文轩、田丹宇:《美国和墨西哥应对气候变化立法及借鉴意义》,载《江苏大学学报》2016 年第 2 期。

于鑫淼:《我国反垄断法国际合作的模式选择》,北京:法律出版社 2012

年版。

俞新天:《国际体系中的中国角色》,北京:中国大百科全书出版社 2008 年版。

曾峻:《公共管理新论:体系、价值与工具》,北京:人民出版社 2006 年版。

张宇燕、任琳:《全球治理:一个理论分析框架》,载《国际政治科学》2015 年第 3 期。

张金马:《公共政策分析:概念、过程、方法》,北京:人民出版社 2004 年版。

张康之、张乾友:《公共行政的概念》,北京:中国社会科学出版社 2013 年版。

张勇:《中国应对气候变化的政策与行动——2013 年度报告》,北京:中国环境出版社 2014 年版。

张勇:《中国应对气候变化的政策与行动——2015 年度报告》,北京:中国环境出版社 2016 年版。

张庆阳:《国际社会应对气候变化发展动向综述》,载《中外能源》2015 年第 8 期。

张贵洪:《中国联合国外交的转型》,载《中国发展观察》2016 年第 11 期。

张帆:《"行政"史话》,北京:商务印书馆 2007 年版。

张磊:《国际公共管理的工具与工具选择》,载《国际观察》2016 年第 2 期。

张磊:《全球化时代的国际公共管理:理论构建与事实阐释》,上海:上海交通大学出版社 2016 年版。

赵然:《金融危机背景下的金融监管国际合作》,郑州:河南人民出版社 2013 年版。

赵毅:《密松水电站项目能重启吗》,载《世界知识》2016 年第 19 期。

赵龙跃:《制度性权力:国际规则重构与中国的策略》,北京:人民出版社 2016 年版。

赵德余:《公共政策:共同体、工具与过程》,上海:上海人民出版社 2011 年版。

周世逑:《行政管理学理论》,北京:劳动人事出版社 1989 年版。

周育:《中美战略与经济对话:机制构建与意义解析》,载《国际视野》2016 年第 7 期。

朱新光、张文潮、张文强:《中国—东盟水资源安全合作》,载《国际论坛》2010 年第 6 期。

朱云汉:《高思在云:中国兴起与全球秩序重组》,北京:中国人民大学出版社 2015 年版。

邹艳艳、侯毅:《中美海洋合作:特点与努力方向》,载《国际问题研究》2016 年第 6 期。

上海社会科学院智库建设处、“一带一路”信息研究中心:《“一带一路”智库报告》2018 年第 1 期。

上海社会科学院智库建设处、“一带一路”信息研究中心:《“一带一路”智库报告》2018 年第 2 期。

上海社会科学院智库建设处、“一带一路”信息研究中心:《“一带一路”智库报告》2018 年第 3 期。

【韩】朴贞子、金炯烈、李洪霞:《政策执行论》,北京:中国社会科学出版社 2010 年版。

【美】安妮-玛丽·斯劳特:《世界新秩序》,任晓等译,复旦大学出版社 2010 年版。

【美】本尼迪克特·金斯伯里、尼科·克里希、理查德·B.斯图尔德:《全球行政法的产生(上)》,范云鹏译,载《环球法律评论》2008 年第 5 期。

【加】彼得·哈吉纳尔:《八国集团体系与二十国集团:演进、角色与文献》,朱杰进译,上海:上海人民出版社 2010 年版。

【美】查尔斯·金德尔伯格:《1929—1939 年世界经济萧条》,宋承先、洪文达译,上海:上海译文出版社 1986 年版。

【法】蒂埃里·德·蒙布里亚尔:《行动与世界体系》,庄晨燕译,北京:北京大学出版社 2007 年版。

【美】弗兰克·古德诺:《政治与行政》,丰俊功译,北京:北京大学出版社 2012 年版。

【美】弗里德里克·勒米厄:《国际警务合作的理论与实践》,曾范敬译,北京:中国人民公安大学出版社 2016 年版。

【美】乔治·弗雷德里克森:《公共行政的精神》,北京:中国人民大学出版社 2013 年版。

【美】盖伊·彼得斯:《政治科学中的制度理论:“新制度主义”》,王向民、段红伟译,上海:上海人民出版社 2011 年版。

【美】海伦·米尔纳:《利益、制度、信息:国内政治与国际关系》,曲博译,上海:上海人民出版社 2010 年版。

【印】基尚·拉纳:《双边外交》,罗松涛、邱敬译,北京:北京大学出版社2005年版。

【英】克恩·亚历山大、拉胡尔·都莫、约翰·伊特威尔:《金融体系的全球治理:系统性风险的国际监管》,赵彦志译,大连:东北财经大学出版社2010年版。

【英】迈克·希尔、【荷】彼特·休普:《执行公共政策——理论与实践中的治理》,黄健荣等译,北京:商务印书馆2011年版。

【德】佩特拉·多布娜:《水的政治:关于全球治理的政治理论、实践与批判》,强朝晖译,北京:社会科学文献出版社2011年版。

【美】斯特科·巴雷特:《合作的动力:为何提供全球公共产品》,黄智虎译,上海:上海人民出版社2012年版。

【美】托马斯·伍德罗·威尔逊:《行政学研究》中译文,载《国外政治学》1988年第1期。

【美】詹姆斯·多尔蒂、小罗伯特·普法尔茨格拉夫:《争论中的国际关系理论》,阎学通、陈寒溪译,北京:世界知识出版社2013年版。

二、外 文 文 献

Abbott, K. W., & Snidal, D., "Strengthening International Regulation through Transnational New Governance: Overcoming the Orchestration Deficit", *Vanderbilt Journal of Transnational Law*, Vol.42, 2009.

Abonyi, G., & Van Slyke, D.M., "Governing on the Edges: Globalization of Production and the Challenge to Public Administration in the Twenty-First Century", *Public Administration Review*, Vol.70, 2010.

Alimi, D., "Going Global': Policy Entrepreneurship of the Global Commission on Drug Policy", *Public Administration*, Vol.93, No.4, 2015.

Andonova, L. B., Betsill, M. M., & Bulkeley, H., "Transnational Climate Governance", *Global Environmental Politics*, Vol.9, No.2, 2009.

Bach, D., "Varieties of Cooperation: The Domestic Institutional Roots of Global Governance", *Review of International Studies*, Vol.36, 2010.

Bach, D., & Newman, A., "Domestic Drivers of Transgovernmental Regulatory Cooperation", *Regulation & Governance*, Vol.4, 2014.

Bach, D., & Newman A., "Transgovernmental Networks and Domestic Policy Convergence: Evidence from Insider Trading Regulation", *International Organization* , Vol.64, No.3, 2010.

Bach, D., & Newman A., "The European Regulatory State and Global Public Policy: *Micro-Institutions*, *Macro-Influence*", *Journal of European Public Policy*, Vol.14, 2007.

Bäckstrand, Karin, & Ole Elgström., "The EU's Role in Climate Change Negotiations: from Leader to 'Leadiator'", *Journal of European Public Policy*, Vol.20, No.10, 2013.

Barrett, S., & Fudge, C., *Policy and Action*, London: Methuen, 1981, p.25.

Beck, U., *Power in the global age*: *A New Global Political Economy*, Cambridge: Polity Press, 2005.

Benner, T., Reinicke, W.H., & Witte, J.M., "Multisectoral Networks in Global Governance: Towards a Pluralistic System of Accountability", *Government and Opposition*, Vol.39, No.2, 2004.

Benson, D., & Jordan, A., "What Have We Learned from Policy Transfer Research? Dolowitz and Marsh Revisited", *Political Studies Review*, Vol.9, 2011.

Bermann, G.A., Herdegen, M., & Lindseth, P.L., *Transatlantic Regulatory Cooperation*: *Legal Problems and Political Prospects*, Oxford University Press, 2001.

Betsill, M.M., & Bulkeley, H., "Transnational Networks and Global Environmental Governance", *International Studies Quarterly*, Vol.48, No.2, 2004.

Bevir, M., & Richards, D., "Decentring Policy Networks: A Theoretical Agenda", *Public Administration*, Vol.87, No.1, 2009.

Braun, D., & Gilardi, F., "Taking 'Galton's Problem' Seriously: towards a Theory of Policy Diffusion", *Journal of Theoretical Politics*, Vol.18, No.3. 2006.

Breslin, S., "China and the Global Order: Signalling Threat of Friendship?", *International Affairs*, Vol.89, No.3, 2013.

Bulmer, S., Dolowitz, D., Humphreys, P., & Padgett, S., *Policy Transfer in the European Union*, London: Routledge, 2007.

Cairney, P., "Complexity Theory in Political Science and Public Policy", *Political Studies Review*, Vol.10, No.3, 2012.

Cerny, P., *Rethinking World Politics: A Theory of Transnational Pluralism*. Oxford: Oxford University Press, 2010.

Clark, J., "Policy Diffusion and Program Scope: Research Directions", *Publius*, Vol.15, No.4, 1985.

Deacon, B., *Global Social Policy and Governance*. London: Sage, 2007.

Dolowitz, D., & Marsh, D., "Who Learns What from Whom: A Review of the Policy Transfer Literature", *Political Studies*, Vol.44, No.2, 1996.

Dolowitz, D., & Marsh, D., "Learning from Abroad: The Role of Policy Transfer in Contemporary Policy-Making", *Governance*, Vol.13, No.1, 2000.

Drezner, D.W., *All Politics is Global: Explaining International Regulatory Regimes*, Princeton University Press, 2007.

Drori, G.S., Meyer, J.W., & Hwang, H., *Globalization and Organization:World Society and Organizational Change*. Oxford: Oxford University Press, 2006.

Dryzek, J.S., "Transnational Democracy", *Journal of Political Philosophy*, Vol.7, No.1, 1999.

Dunoff, J. L., Mapping A Hidden World of International Regulatory Cooperation, *Law and Contemporary Problems*, 2015.

Evenett, S.J., & Stern, R.M., *Systemic Implications of Transatlantic Regulatory Cooperation and Competition*, World Scientific Publishing Company, 2011.

Erickson, A. S., & Strange, A. M., "Ripples of Change in Chinese Foreign Policy? Evidence from Recent Approaches to Nontraditional Waterborne Security", *Aisa Policy*, No.7, 2014.

Farazmand, A., & Pinkowski, J. (Eds.), *Handbook of Globalization, Governance, and Public Administration*, Boca Raton, FL: Taylor and Francis.

Fritzen, S.A., "Envisioning Public Administration as a Scholarly Field in 2020: Toward Global and Comparative Administrative Theorizing", *Public*

Administration Review, 70, s1, s300—s301, 2010.

Gerrard, C.D., Ferroni, M.A., & Mody, A., *Global Public Policies and Programs: Implications for Financing and Evaluation: Proceedings from a World Bank Workshop*, Washington, DC: World Bank Group, 2001.

Gilley, B.,"Authoritarian Environmentalism and China's Response to Climate Change", *Environmental Politics*, Vol.21, No.2, 2012.

Haas, P.M., "International Institutions and Social Learning in the Management of Global Environmental Risks",*Journal of Policy Studies*, Vol.28, No.3, 2000.

Haas, P.M., "Do Regimes Matter? Epistemic Communities and Mediterranean Pollution Control", *International Organization*, Vol.43, No.3, 1989.

Haas, E. B., " Why Collaborate? Issue-Linkage and International Regimes", *World Politics*, Vol.32, No.3, 1980.

Hensengerth, O.,"Transboundary River Cooperation and the Regional Public Good: The Case of the Mekong River",*Contemporary Southeast Asia: A Journal of International and Strategic Affairs*, Vol.31, No.2, 2009.

Ho, S.,"River Politics: China's Policies in the Mekong and the Brahmaputra in Comparative Perspective", *Journal of Contemporary China*, Vol.23, No.85, 2014.

Hochstetler, K., & Viola, E., "Brazil and the Politics of Climate Change: beyond the Global Commons", *Environmental Politics*, Vol.21, No.5, 2012.

Holzinger, K., & Knill, C., "Causes and Conditions of Cross-national Policy Convergence". *Journal of European Public Policy*, Vol.5, 2005.

Hopkins, R.F., "The International Role of 'Domestic' Bureaucracy". *International Organization*, Vol.30, No.3, 1976.

Hou, Y., Ni, A.Y., Poocharoen, O.O., Yang, K., & Zhao, Z.J., "The Case for Public Administration with a Global Perspective". *Journal of Public Administration Research and Theory 21* (Supp 1), 2011.

Jia, J., & Xin, H., "Dilemma and Resolution of Transnational Public Administration Cooperation in CAFTA", In *2013 International Conference on Public Management(ICPM-2013)*. Atlantis Press.

Kaiser, K., "Transnational Politics toward a Theory of Multinational Politics", *International Organization*, Vol.25, No.4, 1971.

Kauppinen, I., "Towards Transnational Academic Capitalism", *Higher Education*, 2012.

Kennett, P., *Governance, Globalization and Public Policy*. Cheltenham: Edward Elgar, 2008.

Keohane, R.O., "Governance in a Partially Globalized World", *American Political Science Review*, Vol.95, No.1, 2001.

Keohane, R.O., & Nye, J.S., "Transgovernmental Relations and International Organizations", *World Politics*, Vol.27, No.1, 1974.

Kiik, L., "Nationalism and Anti-ethno-politics: Why 'Chinese Development' Failed at Myanmar's Myitsone Dam", *Eurasian Geography and Economics*, Vol.57, No.3, 2016.

Kindleberger, C. P., "International Public Goods without International Government", *the American Economic Review*, No.1.

Knill, C., "Introduction: Cross-National Policy Convergence: Concepts, Approaches and Explanatory Factors", *Journal of European Public Policy*, Vol.12, No.5, 2005.

Knill, C., *Cross-national Policy Convergence: Concepts, Causes and Empirical Findings*, Taylor and Francis, 2013.

Kütting, G., & P.G.Cerny., "Rethinking Global Environmental Policy: From Global Governance to Transnational Neopluralism", *Public Administration*, Vol.93, No.4, 2015.

Legrand, T., "Transgovernmental Policy Networks in the Anglosphere", *Public Administration*, Vol.93, No.4, 2015.

Lv, J., Su, M., Hong, Z., Zhang, T., Huang, X., Wang, B., & Li, L., "Implementation of the WHO Framework Convention on Tobacco Control in Mainland China", *Tobacco Control*, Vol.20, No.4, 2011.

Mamudu, H., Cairney, P., & Studlar, D., "Global Public Policy: Does the New Venue for Transnational Tobacco Control Challenge the Old Way of Doing Things?", *Public Administration*, Vol.93, No.4, 2015.

Majone, G., "Cross-National Sources of Regulatory Policymaking in Europe and the United States", *Journal of Public Policy*, Vol.11, No.1, 1991.

Mattli, W., & Woods, N., *In Whose Benefit? Explaining Regulatory Change in Global Politics*. In the Politics of Global Regulation. Eds. Walter Mattli and Ngaire Woods, Princton: Princeton University Press, 2009.

Mclaughlin, M., "Implementation as Mutual Adapation: Change in Classroom Organization", *Teachers College Record*, Vol.77, No.3, 1976.

Meier, H.E., & GARCíA, B.O.R.J.A., "Protecting Private Transnational Authority against Public Intervention: FIFA's Power over National Governments", *Public Administration*, Vol.93, No.4, 2015.

Miller, S.D., "Lessons from the Global Public Policy Literature for the Study of Global Refugee Policy", *Journal of Refugee Studies*, Vol.27, No.4, 2014.

Petrie, M., "Jurisdictional Integration: A Framework for Measuring and Predicting the Depth of International Regulatory Cooperation in Competition Policy", *Regulation & Governance*, Vol.10, 2016.

Nagel, S. S., *Global Policy Studies: International Interaction toward Improving Public Policy*, Palgrave Macmillan UK, 1991.

Nanz, P., & Steffek, J., "Global Governance, Participation and the Public Sphere", *Government and Opposition*, Vol.39, No.2, 2004.

Newmark, A.J., "An Integrated Approach to Policy Transfer and Diffusion", *Review of Policy Research*, Vol.19, 2002.

Normile, D., & Yimin, D., "Science Emerges from Shadows of China's Space Program", *Science*, Vol.296, 2002.

Pressman, J.L. & Wildavksy, A., *Implementation: 3rd edn*, Berkeley: University of California Press.

Ronit, K., & Schneider, V., *Private Organisations in Global Politics*, Routledge/ECPR Studies in European Political science, 2001.

Ruggie, J. G., "Reconstituting the Global Public Domain—Issues, Actors, and Practices", *European Journal of International Relations*, Vol.10, No.4, 2004.

Sabatier, P.A.,"Top-down and Bottom-up Approaches to Implementation Research: A Critical Analysis and Suggested Synthesis", *Journal of Public Policy*, Vol.6, No.1, 1986.

Sabatier, P.A.,"Toward Better Theories of the Policy Process", Political Science and Politics, Vol.24, 1991.

Slaughter, A. M., "The Real New World Order", *Foreign Affairs*, Vol.76, No.5, 1997.

Slaughter, A. M., *A New World Order*, Princeton University Press, 2004.

Soroos, M. S., "A Theoretical Framework for Global Policy Studies", *Journal of Peace Research*, Vol.27, No.2, 1990.

Smith, T. B., "The Implementation Process", *Policy Sciences*, Vol. 4, No.2, 1973.

Steffek, J., "Public Accountability and the Public Sphere of International Governance",*Ethics & International Affairs*, Vol. 24, No.1, 2010.

Stone, D., "Transfer Agents and Global Networks in the 'Transnationalization' of Policy",*Journal of European Public Policy*, Vol.11, No.3, 2004.

Stone, D., "Global Public Policy, Transnational Policy Communities, and Their Networks", *Policy Studies Journal*, Vol.36, No.1, 2008.

Stone, D., "Private Philanthropy or Policy Transfer? The Transnational Norms of the Open Society Institute", *Policy & Politics*, Vol.38, No.2, 2010.

Stone, D., "Transfer and Translation of Policy", *Policy Studies*, Vol.33, No.6, 2012.

Stone, D., & Ladi, S., "Global Public Policy and Transnational Administration", *Public Administration*, Vol.93, No.4, 2015.

Sun, Y., "China's Strategic Misdjudgement on Myanmar", *Journal of Current Southeast Asian Affairs*, Vol.31, No.1, 2012.

Thurner, P. W., & Binder, M., "European Union Transgovernmental Networks: The Emergence of a New Political Space Beyond the Nation-state?", *European Journal of Political Research*, Vol.48, 2009.

True, J., "Mainstreaming Gender in Global Public Policy', International Feminist", *Journal of Politics*, Vol.5, No.3, 2003.

Van Meter, D.& Van Horn, C.E., "The Policy Implementation Process: A Conceptual Framework", *Administration and Society*, Vol.6, No.4, 1975.

Wade, R.H., "Emerging World Order? From Multipolarity to Multilateralism in the G20, the World Bank and the IMF", *Politics & Society*, Vol.39, No.3, 2011.

Walker, J. L., "The Diffusion of Innovations among the American States", *American Political Science Review*, Vol.33, No.3, 1969.

Walker, R.M., "Globalized Public Management: An Interdisciplinary Design Science?", *Journal of Public Administration Research and Theory*, 21, suppl 1, 2011.

Wang, H. Y, & French, E., "China in Global Economic Governance", *Asian Economic Policy Review*, Vol.9, 2014.

Warner, J., & Zawahri, N., "Hegemony and Asymmetry: Multiple-chessboard Games on Transboundary Rivers", *Int Environ Agreements*, Vol.12, 2012.

Wimmer, A., & Glick Schiller, N., "Methodological Nationalism and Beyond: Nation-State Building, Migration and the Social Sciences", *Global Networks*, Vol.2, No.4, 2002.

Wolff, S., "EU Budget Support as a Transnational Policy Instrument: Above and Beyond the State?", *Public Administration*, Vol.93, No.4, 2015.

Zaring, D.T., "Informal Procedure, Hard and Soft, in International Administration", *Chicago International Law Journal*, Vol.5, 2005.

图书在版编目(CIP)数据

中国跨国行政合作研究/吴泽林著.—上海:上海人民出版社,2019
(中国与世界丛书)
ISBN 978-7-208-15876-4

Ⅰ.①中… Ⅱ.①吴… Ⅲ.①行政管理-国际合作-研究-中国 Ⅳ.①D63

中国版本图书馆 CIP 数据核字(2019)第 097899 号

责任编辑 王 琪
封面设计 王小阳

中国与世界丛书
中国跨国行政合作研究
吴泽林 著

出 版 上海人民出版社
(200001 上海福建中路 193 号)
发 行 上海人民出版社发行中心
印 刷 常熟市新骅印刷有限公司
开 本 635×965 1/16
印 张 14
插 页 4
字 数 205,000
版 次 2019 年 7 月第 1 版
印 次 2019 年 7 月第 1 次印刷
ISBN 978-7-208-15876-4/D·3417
定 价 52.00 元